호스피탈리티 산업의 이해

Understanding the Hospitality Industry

정유경 · 장기룡 · 채신석

북넷

머리말

이 책은 호스피탈리티 산업(hospitality industry), 즉 환대산업에 대하여 정리한 교재이다. 호텔이나 외식산업에 대한 관심이 집중되면서 이와 관련된 분야를 전공으로 공부하고자 하는 학생들이나 비전공자들로서 호텔 · 외식분야를 공부하고자 하는 학생들이 기초적이면서 학습하기 용이하도록 이 책을 설계하게 되었다. 사실 관광산업에 대한 개론적인 내용을 다루고 있는 대부분의 기본서는 호텔·관광·외식분야의 전반적인 내용을 다루면서 관광부분에 많은 영역을 할애하고, 호텔이나 외식산업에 대해서는 다소 가볍게 다루고 있는 경우가 많다. 그러나 호텔과 외식부분은 객실과 식음료 등을 포함한 유형의 상품을 무형적인 서비스로 그 가치를 높여 고객에게 제공한다는 점에서 많은 유사점을 갖고 있는 환대산업이다. 따라서 이러한 점이 고려된 실질적이고 운영적인 내용의 기초가 되는 기본서의 필요성을 느껴 본서를 집필하게 되었다.

이러한 의미에서 제1장에서는 호스피탈리티 산업에 대한 전반적인 이해를 돕기위한 내용으로 구성하였다. 호스피탈리티의 의미와 관광산업과의 관계를 비롯하여 호스피탈리티 산업의 특성 및 호스피탈리티 산업과 관광산업의 최근 경향에 대해서 논의하여 이 분야의 공부를 시작하는 학생들이 이해하기 쉽도록 구성하였다.

계속해서 제2장부터 제6장까지는 호텔산업에 대한 전반적인 내용으로 전개되고 있다. 제2장에서는 호텔의 개념과 기능 및 발전사를 다루고 있으며, 제3장에서는 독립경영과 체인경영방식을 다루고 있는 호텔의 경영방식 및 호텔브랜드의 이해에 대하여 논의하고 있다. 제4장에서는 호텔의 조직과 주요부서의 업무에 대해서 설명하면서 제5장과 제6장에서는 객실부서와 식음료부서의 중요성, 주요조직과 그에 대한 역할 등에 대해서 설명하고 있다. 호텔의 식음료부서에 대한 설명과 함께 레스토랑 및 외식부분에 대한 내용으로 자연스럽게 넘어가 제7장에서 11장까지 이어지는 외식산업에 대한 설명으로 연결되도록 구성하였다.

따라서 외식산업의 개념과 분류에 대한 설명으로 제7장이 시작되며, 외식산업의 경영방식은 제8장에서 논의하고 있다. 제9장에서는 외식기업의 조직과 업무에 대해서 그리고 제10장에서는 외식산업의 경영환경과 경쟁력 확보방안에 대해서 설명하고, 외식산업의 성과와 성과 향상 방안에 대한 설명으로 제11장을 마무리 하고 있다.

호스피탈리티 산업을 대표하는 호텔과 외식부분에 대한 내용을 한권으로 정리하려다 보니, 넣어야 할 내용과 넣지 않아도 되는 내용 등을 명확하게 구분하는 것이 그리 쉽지않아, 교재를 마무리하면서도 많은 아쉬움을 남기게 된다. 더 나은 책을 만들 수 있도록 독자 여러분들의 많은 비판이 있기를 바라며 다소 부족함을 뒤로한 채 이 책을 펴낸다.

이 책이 독자들에게 전달될 수 있도록 저자들을 격려해 주시고, 기다려 주신 북넷의 류재식 사장님을 비롯한 편집부 여러분께 감사의 마음을 전하고 싶다. 끝으로 호스피탈리티 산업에 대해 처음 접하는 많은 학생들이 이 책을 통하여 좀 더 이 분야를 해하게 되는 계기가 될 수 있길 바래본다.

2016년 6월

광개토관에서 저자들 씀

차 례

5장 호텔의 객실부서

6장 호텔의 식음료부서

7장 외식산업개념과 분류

8장 외식산업의 경영방식

9장 외식기업조직과 업무

10장 외식산업 경쟁력 확보

11장 외식산업의 성과

제1장 호스피탈리티 산업의 이해

01 호스피탈리티의 의미와 관광산업과의 관계

02 호스피탈리티 산업의 특성

03 호스피탈리티 산업과 관광산업의 최근 경향

• 학습목표

이 장을 학습한 후, 다음 내용들을 이해할 수 있어야 한다.

1. 호스피탈리티의 의미를 이해할 수 있다.
2. 호스피탈리티 산업과 관광산업의 관계를 설명할 수 있다.
3. 호스피탈리티 산업의 주요 서비스 영역을 설명할 수 있다.
4. 호스피탈리티 산업의 일반적인 특성과 서비스적인 특성을 설명할 수 있다.
5. 호스피탈리티 산업과 관광산업의 최근 경향을 설명할 수 있다.

GO

본 장에서는 호스피탈리티와 관광산업에 대한 관계 및 구조적인 관계를 이해하고 호스피탈리티 산업의 주요 서비스 영역을 파악해 본다. 또한 호스피탈리티 산업의 일반적인 특성과 서비스적인 특성을 알아보고 산업에 영향을 미치는 최근 동향에 대해 논의해 본다.

01 호스피탈리티의 의미와 관광산업과의 관계

1. 호스피탈리티의 의미

호스피탈리티(hospitality)란 '호스피스(hospice)'라는 말에서부터 유래되어 중세의 여행사들과 순례자들에게 편안한 안식처를 제공해 준다는 의미로 사용되었고, 이런 이유로 병원의 의미인 호스피탈(hospital)과도 관련이 있는 단어이다. 호스피탈리티는 이렇게 광의의 의미에서 출발하여 현대로 오면서 그 의미가 다소 산업의 한 부분을 지칭하는 단어로 사용되었으며, 그에 따라 고객을 환영하여 접대하는 역할을 하는 사람들과의 관계를 일컫는 것으로 자리잡았다. 즉, 고객맞기, 고객이나 방문객 등을 진심으로 대접하기 등을 포함하게 되어, 고객을 접대하는 관계에서 주로 식사, 음료, 그리고 숙소와 관련된 고객의 가장 기본적인 니즈를 충족시켜주는 것을 말하는 의미로 사용되고 있다. 즉 호스피탈리티 산업이라고 하면 일반적으로 호텔이나 레스토랑과 관련되어 집으로부터 떠나온 사

안락하고 편안한 숙소의 제공

집에서 식사하는 듯한 식음료 서비스의 제공

자료 : 해비치호텔, 제주

람들에게 집과 유사한 쉴 수 있는 숙소(home away from home: HAFH)를 제공해 주고, 마치 집에서 먹는듯한 식사(food away from home: FAFH)를 제공해 주는 회사나 조직을 의미하는 경우가 많다.

2. 호스피탈리티 산업과 관광산업의 구조적인 관계

호스피탈리티의 단어적인 의미를 고려한 호스피탈리티 산업에 대한 이러한 정의가 일반적인 학자들에게 통용되어 사용되지만, 집을 떠나 여행을 하는 관광객이 이러한 시설을 이용하는 주요고객이 되다보니 관광산업과 서로 뗄 수 없는 불가분의 관계에 놓여 호스피탈리티 산업과 관광산업은 상호 보완적이며 거의 같은 산업으로 고려되기도 한다.

[그림 1-1]에 나타난 바와 같이 호스피탈리티 산업은 병원, 요양원 등과 같이 복지차원의 서비스로 숙소와 함께 식사가 제공되는 곳에서부터, 학교 혹은 회사 등의 기관 내 구내식당, 레스토랑이나 호텔에서 운영되는 모든 식음료 업장 및 각종 교통수단, 관광지의 축제, 이벤트 등에서의 제공되는 숙소와 식음료 서비스에 이르기까지 그 범위가 무척 넓다고 볼 수 있다. 관광산업의 경우도 관광객들이 머물게 되는 숙소와 이들에게 제공되는 식음료를 서비스하는 기관의 모든 활동을 포함하여 카지노, 리조트, 축제, 컨벤션, 이벤트 등의 기획 및 운영, 교통수단의 운영 및 관련된 서비스 제공 등의 넓은 분야를 포함하게 된다. 호스피탈리티의 기본적인 의미에 입각해서 그에 해당되는 기관이나 사업체를 구분한다면 [그림 1-1]과 같이 다양한 여러 형태로 설명 할 수 있다.

그림 1-1 호스피탈리티 산업과 관광산업의 관계

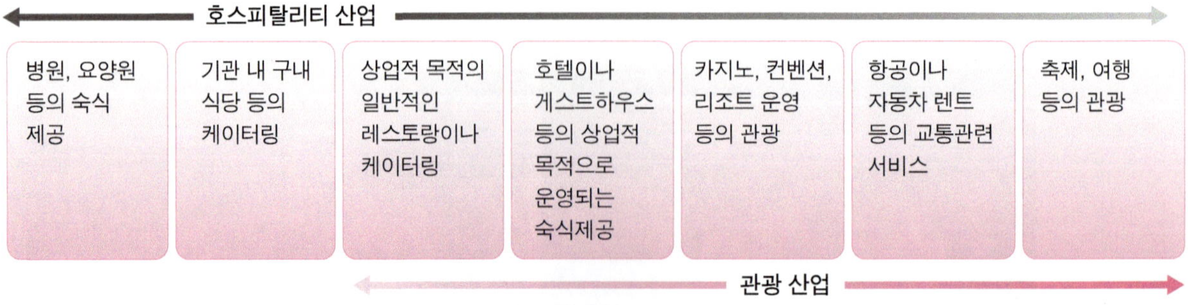

3. 호스피탈리티 산업의 주요서비스 영역

앞에서 살펴본 바와 같이 호스피탈리티 산업은 관광산업과 분리될 수 없고 서로 밀접한 관계에 있으며, 제공되는 주요 서비스에 따라 구분될 수 있다. 고객에게 제공하는 서비스의 기능적인 측면을 고려하여 네 가지로 구분하여 보면 [그림 1-2]와 같이 나누어볼 수 있다. 즉, 숙소제공 서비스(Acomodation), 식음료제공 서비스(Foodservice), 가족들의 즐길거리인 놀이공원이나 놀이요소인 카지노(Entertainment), 교통수단의 제공(Travel service) 등으로 크게 구분하여 볼 수 있다.

호스피탈리티 산업과 관광산업에 대한 이러한 구조적인 관계에서 우리가 알아야 하는 것은 범위나 분류 혹은 그 영역을 구분한 결과보다는, 결국 이러한 구분을 통하여 고객에게 제공되는 상품과 서비스가 무엇인지를 이해하여야 한다는 것이다. 호스피탈리티 산업이나 관광산업의 어떤 위치에서 서비스를 제공하는 비즈니스이든지 가장 중요하게 인지하여야 하는 것은 자신들이 서비스하는 주요영역이 무엇인지, 그 영역에서 갖추어야 하는 강점이 무엇인지, 그리고 자신들의 고객에게 만족스런 서비스 제공을 위해 어떤 구체적인 노력을 해야 하는지를 알아야 한다는 것이다.

숙박업을 운영하는 경우, 식음료를 제공하는 외식업을 운영하는 경우, 즐길거리 등이

그림 1-2 호스피탈리티 산업의 네 가지 영역

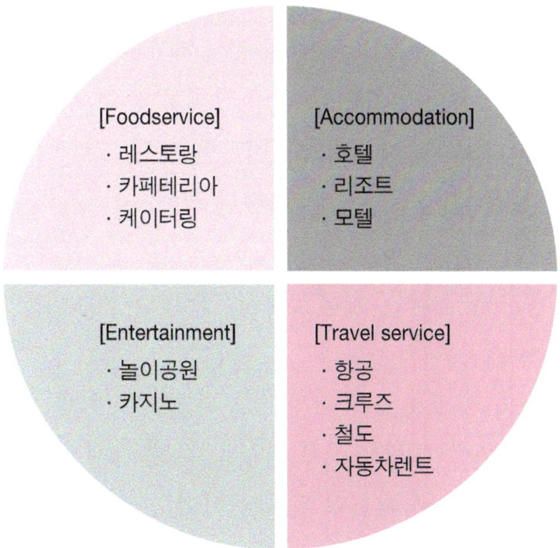

그림 1-3 호스피탈리티 산업의 주요 핵심영역

숙박업		외식산업	
· 호 텔	· 캠 프	· 호 텔	· 케이터링
· 모 텔	· 호스텔	· 레스토랑	· 자동판매기
· 리조트	· 방갈로	· 연 회	· 테이크아웃

강조되는 엔터테인먼트 비즈니스를 운영하는 경우, 관광이나 여행을 위한 교통 및 기타 관련된 서비스를 제공하는 관광업을 하는 경우 등 모든 분야에서, 고객만족을 위한 기업의 최종목표가 이루어지도록 직원들은 그 주요 영역분야에서 최고가 될 수 있는 기술적 직무스킬과 운영을 위한 전문적인 지식을 갖추어야 하며, 관리자들도 이와 관련된 관리자적 자질을 갖추도록 하는 것이 가장 중요하게 이해되어야 한다.

본 교재에서는 [그림 1-3]과 같이 호스피탈리티 산업의 범위를 크게 두 가지 주요영역 즉, 숙소를 제공하는 숙박업과 음식과 음료를 제공하는 외식산업으로 구분하여 이후 각 분야에 대해 좀 더 자세히 논의하고자 한다.

어떤 분류로 나눠지든지 호스피탈리티 산업은 집을 떠나 집에서와 같은 식사를 하고자 하는 고객에게 또는 같은 지역에 거주하는 지역고객에게 음식, 음료, 숙소를 제공하며 이와 관련된 상품과 서비스를 제공한다는 의미에서 호스피탈리티 산업의 운영자들은 많은 공통의 문제에 직면하게 된다. 반듯하고 깨끗한 건물의 건립, 전기, 냉난방 등의 제공, 업장의 청결 및 유지보수 등의 시설적인 문제에서부터 직원의 채용 및 관리, 고객을 만족하기 위한 숙소 및 식음료의 준비와 서비스 제공 등의 서비스적인 문제에 이르기까지 호스피탈리티 산업의 관리자들은 고객의 만족을 위해 고려하고 해결해야 하는 유사한 문제들은 안고 있다. 또한 종사하는 모든 관련된 직원들이 고객을 위해 진심으로 서비스를 제공할 수 있도록 하는 마음가짐을 갖도록 하는 것도 큰 과제가 될 수 있다. 제공되는 서비스가 한번의 제공으로 끝나는 이벤트적인 서비스가 아니고, 언제다시 찾아도 항상 일관성 있는 서비스가 제공되어야 한다. 호스피탈리티 산업에서는 인적 서비스의 비중이 높기 때문에 서비스의 일관성을 유지하여 지속적으로 변함없는 서비스 제공이 쉬운 일이 아니지만 교육과 훈련을 통해서 이를 완성할 수 있어야 한다. 따라서 이러한 사업을 운영하기 위해서 다음과 같은 서비스의 목표를 기억하는 것이 바람직하다.

① 고객을 개인적으로 친근하게 환영하여야 한다.
② 모든 일들은 고객중심으로 고객을 위해 진행되어야 한다.
③ 업장에서 지속적으로 일관된 서비스가 제공되도록 운영되어야 한다.

02 호스피탈리티 산업의 특성

1. 호스피탈리티 산업의 일반적인 특성

호스피탈리티 산업은 다른 산업에 비교하여 독특한 환경에서 운영된다. 특히 1년 365일, 24시간, 다른 사람들이 모두 쉬는 주말이나 공휴일에도 영업을 해야 하는 비즈니스이므로 운영시간이 다르다는 것을 그 특징의 첫 번째로 들 수 있다. 이러한 이유로 직원들은 교대제 근무를 통해 각각의 근무소선을 맞추어 운영하여야 한다. 언제 어느 시간대라도 개별고객들의 식(食)과 주(住) 및 이들의 편안한 휴식과 엔터테인먼트까지 고려하는 고객중심적인 서비스를 제공하여 고객의 경험에 바탕을 둔 고객만족이 실현되어야 한다.

호텔이나 레스토랑의 서비스 제공과정에는 사람이 직접 참여하는 인적인 서비스가 서비스의 질에 중요한 역할을 하고, 이러한 인적 서비스는 타 산업에 비해 중요한 역할을 하기 때문에 호스피탈리티 산업을 노동집약적인 산업이라고도 한다. 또한 호스피탈리티 산업의 각 분야에서 제공되는 상품이나 제품 혹은 서비스는 다른 소비재처럼 고객이 소유하여 이동하거나, 저장하였다가 나중에 다시 사용할 수 있는 것이 아니고 서비스가 제공되는 순간에 고객이 경험하고 느끼는 것으로 그 자리에서 생산과 동시에 소멸되는 특징을 가지고 있다.

- 긴 운영시간 : 주말과 공휴일이 포함된 365일, 24시간 운영
- 교대제 근무(shift work)에 의존적
- 고객의 만족에 중점을 두는 고객중심적 운영
- 제품이나 서비스의 소멸성
- 노동집약적

이러한 호스피탈리티 산업의 일반적인 운영상의 특징을 좀 더 구체적으로 알아보고자 한다.

(1) 임금과 급여

일반적으로 고객에게 제공되는 상품이 그 기능이나 품질에 따라서 여러 수준으로 판매되듯이, 호텔이나 레스토랑에서의 고객에 대한 인적 서비스도 역시 제공되는 서비스의 품질수준에 따라 낮은 정도부터 높은 정도에 이르기까지 여러 층으로 제공될 수 있다. 호스피탈리티 산업은 노동집약적인 산업이므로 제공하는 서비스 수준에 따라 필요한 인력의 기술수준도 달라지고 그에 따른 임금이나 급여에도 차이가 있게 된다. 즉, 비교적 낮은 수준의 기술이 요구되는 생산 및 서비스직 직원이나 적은 임금으로 가능한 여러분야의 직무에서부터 판매, 촉진, 기획, 인사, 회계, 재무 등의 각종 사무직에 이르기까지 각 분야에서의 업무수준에 따라 차등적인 급여가 지급될 수 있는 산업이다.

(2) 근무환경

근무하는 공간의 환경적인 면을 고려하면 고객을 직접 응대하는 호텔의 프론트(front)나 레스토랑의 홀(hall)에서 근무하는 경우와 고객을 직접 응대하지 않는 후방의 지원부서에서 근무하는 경우가 서로 다르다고 볼 수 있다. 전자의 경우는 근무하는 곳이 최상급의 고급호텔이나 레스토랑이라면 일하기에 아주 좋은 곳이라고 말할 수 있으나, 오래되고 낡은 호텔이나 레스토랑에서 일한다면, 그렇게 좋은 근무환경이라고 말하기 어려울 수도 있다. 후자의 경우는 일반적인 사무직 직원과 다르지 않지만, 레스토랑의 주방에서 근무하는 직원들은 업장의 상태에 따라 쾌적한 곳부터 그렇지 않은 곳까지 다양한 근무환경을 만날 수 있게 된다.

(3) 근무시간

호스피탈리티 산업의 고객은 대부분 관광지를 여행하는 관광객, 회사의 업무차 다른 지역에 묶고 있는 집과 회사를 떠나 또 다른집과 사무실이 필요한 직장인이나 사업가, 일상의 업무를 떠나 가족과 혹은 지인들과 여유로운 시간을 보내고자 하는 사람들이 대부분이다. 이들은 공통적으로 타인으로부터 호스피탈리티, 즉 환대를 받고자 하는 고객들이 대부분이기 때문에 특정한 시간대에 한정되어 있지 않고 밤과 낮, 24시간 1년 365일 동안 문을 열어야 한다. 호텔의 경우는 일반적으로 24시간 운영하며, 레스토랑은 운영시간을 따로 정하거나 혹은 밤에는 운영하지 않는 경우도 많다.

(4) 기업내 유사 서비스 이용기회

일부체인이나 다점포로 운영되는 호스피탈리티 기업은 직원들에게 복지혜택의 일환으로 회사의 다른 업장을 이용할 수 있는 기회를 제공하기도 한다. 같은 회사이지만 본인이 일하는 업장이 아니고 다른 지역에서 유영되는 업장을 이용해 봄으로써 회사의 고급스러운 고가의 상품을 이용하는 기회를 갖을 수도 있다. 뿐만 아니라 그 회사의 직원이면서 같은 회사의 다른 직원으로부터 호스피탈리티 서비스를 받는 직접적인 경험을 통해 고객의 입장이 되어 회사의 상품과 서비스를 평가할 수도 있게 된다.

(5) 승진 및 이동 등을 통한 직무의 유동성

호스피탈리티 산업의 각 업무분야는 서로 밀접하게 연관되어 있기 때문에 한 부서에서 오랫동안 근무하기도 하지만, 회사에서 내부적으로 부서를 이동하거나 업무를 전환하기도 한다. 업무의 전문성을 요구하는 시대이지만, 호스피탈리티 산업에서는 전체적인 업무를 더욱 잘 이해하여 서비스의 흐름에 지장이 없도록 하는 직무의 유동성이 더욱 필요하다.

(6) 고객 지향적인 전문성

호스피탈리티 산업에서는 대부분의 직원들이 여러 형태의 고객들을 끊임없이 상대하고 접촉하여 기업의 상품과 서비스를 판매하고 경험하게 하므로 직원들은 사회적인 스킬(social skill)이나 다른 사람들과 효과적으로 의사소통을 할 수 있는 능력을 중요하게 생각한다. 직원들의 대고객스킬과 능력은 이러한 호스피탈리티 산업의 가장 중요한 자산이라고 볼 수 있다.

2. 호스피탈리티 산업의 서비스적인 특성

호스피탈리티 산업분야에 종사한다는 것은 다른 산업에서 일하는 것과는 많이 다르다. 특히 서비스 중심적인 사고를 갖고, 고객과의 거래과정에 사람이 직접적으로 관여된다는 특징 때문에 호스피탈리티 분야에서의 고객만족은 더욱 쉽지 않다. [그림 1-4]는 호스피탈리티 산업의 서비스적인 특성을 이해하기 위하여 중요한 요소들을 요약한 것이다. 운

그림 1-4 호스피탈리티 산업의 서비스적 특성

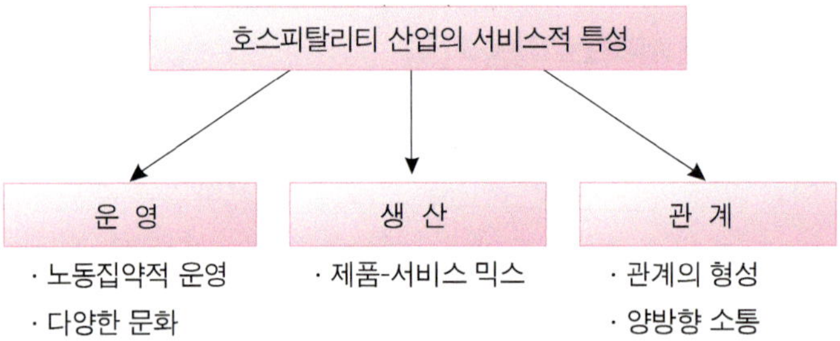

영적인 측면에서는 노동집약적이고, 다국적 고객 및 직원들이 형성하는 다양한 문화, 생산적인 측면에서는 제품과 서비스가 믹스되어야 한다는 것, 관계적인 측면에서는 고객과의 끊임없는 관계형성이 무엇보다도 중요하고 이는 양방향 소통을 통해서 이루어져야 한다는 것이다. 이에 대하여 좀 더 자세히 알아보고자 한다.

(1) 노동집약적 운영

호스피탈리티 산업은 서비스 중심적인 특성을 가지고 있기 때문에 고객들에게 기억할 만한 경험을 만들어 주기 위해서는 많은 인력이 필요하게 된다. 이러한 특성은 특별히 고급서비스를 추구하는 경우에는 더욱 그렇다고 볼 수 있다. 예를 들어 최고급 레스토랑의 경우에는 직원-고객의 비율이 대단히 높게 나타나고, 5성급 호텔의 경우에도 거의 개별 고객 서비스를 제공하므로 직원과 고객의 비율이 높게 나타나게 된다.

호스피탈리티 산업의 전체적인 서비스 과정에서 보면 아주 간단하고 단순한 업무가 기계로 대체될 수 있다해도 결국 개별적이고 고객화된 서비스를 제공하는 단계에서는 인간적인 접촉이 절대적으로 필요하며, 이를 통해서 각 고객들은 개별적인 관심과 서비스를 제공받았다고 느끼게 된다. 이러한 이유에서 호스피탈리티 산업은 항상 노동력이 절대적으로 필요한 산업으로 인식되며, 이 산업에서 일하고자 하는 경우라면 작업현장에서 원활한 서비스를 제공하기 위해 지속적인 훈련과 교육을 받아야 하고 이를 위해 기꺼이 노력하여야 하는 자세를 갖추어야 한다.

(2) 다양한 문화

호스피탈리티 산업은 관광산업과 밀접한 관련성을 가지고 있기 때문에 여러 사람들과 상호작용을 한다는 것은 앞에서 이미 알아보았다. 세계 각국의 다양한 곳에서 찾아오는 관광객들 뿐만 아니라 같은 조직내의 직원들조차도 다양한 국적을 갖거나 다양한 문화적인 차이를 보일수 있다. 이러한 문화적인 다양성으로 인해 종교적인 믿음이나 신념이 달라질 수 있고, 서비스의 이해도가 달라질 수 있으며, 받아들이는 정도에서 상호혼란과 충돌도 일어날 수 있다. 따라서 직원들은 다양한 문화에 대해 열린마음을 갖고 있어야 하며 어떤 문제가 발생했을 경우에도 적극적으로 문제를 해결하기 위해 충분히 이해하는 마음을 가져야 한다. 예를 들어 고객의 입장에서 어떤 고객들은 종교적인 이유로 고기 먹는 것을 삼가해야 하는 경우가 있을 수 있으므로 이런 경우를 위해 채식메뉴를 갖추고 있는 것이 좋다. 또한 같이 일하는 동료들 중 무슬림이 있다면, 이들 앞에서는 돼지고기 성분이 들어간 음식 먹는 것을 삼가해 주는 것이 그들의 종교적인 믿음에 대한 경의의 표시를 보여주는 것이라고 볼 수 있다. 이러한 동료나 고객들의 다양한 문화에 대한 관심과 배려는 다른 국적의 사람들과 함께 상호협조적인 조직문화를 만들어 서비스의 질을 더 높일 수 있기 위한 기본적인 이해심과 융통성에 기여할 수 있다.

(3) 제품-서비스 믹스

호텔이나 외식분야에서의 경험을 기억해 보면, 단지 순수한 제품만을 소비한 경우는 매우 드물다는 것을 알 수 있다. 호스피탈리티 산업의 고객들은 언제나 제품과 서비스가 합해진 제품-서비스 믹스를 소비하면서 그들만의 경험을 하게 된다. 레스토랑에서 식사를 한 후 계산할 때, 고객은 음식과 음료에 대해서 지불하는 것과 동시에 서버들로부터 제공받은 서비스에 대해서도 지불하게되어 결국 고객의 비용에는 유형적인 서비스와 무형적인 서비스가 모두 포함되어 있다.

예를 들어 유형적인 특성으로는 레스토랑의 주요리가 되는 스테이크, 제공되는 하우스와인, 단정한 직원과 실내의 멋진 인테리어 등을 들 수 있으며, 무형적인 특성으로는 안락한 레스토랑의 분위기, 서비스 직원들의 친절하고 정중한 태도 등을 들 수 있다. 하지만 성공적인 호스피탈리티 비즈니스는 제품과 서비스 그 자체를 가지고 평가하게 되는 것은 아니다. 제품과 서비스가 어떤 방식으로 고객에게 전달되었는지가 더 중요한 이슈가 된다. 같은 제품과 서비스를 제공하는 곳에서라도 서비스를 제공하는 직원들의 자질에 따라 어떤 고객은 만족하기도 하고 또다른 고객들은 만족하지 못할 수 있다. 따라서 제품과 서비스의 무형적 혹은 유형적 특성이 고객의 전체적인 서비스 경험의 질을 높일 수 있도록 기여할 수 있도록 서비스 전달과정에 대한 적절한 교육과 훈련이 필요하다. 더욱이 제품을 비롯한 유형적인 특성은 다른 경쟁자에 의해 쉽게 모방이 되므로 고급서비스를 지향하는 경우에는 무형적 측면에서 경쟁자와 차별화되기 위한 서비스 전달방법의 개발이 더욱 요구된다.

(4) 양방향 소통

호스피탈리티 산업에서 훌륭한 서비스를 제공하기 위해서는 양방향 소통이 중요한 요소가 된다. 양방향 소통은 서비스 전달과정에서 고객과 직원이 함께 참여하여 상호작용이 이루어지는 것을 말한다. 소통하는 상호작용과정에서 직원은 고객의 니즈와 기대를 파악할 수 있는 중요한 정보를 듣게 되고, 혹은 즉각적인 응대가 필요한 경우 즉시 수행하여 고객의 만족을 창출할 수 있다. 이러한 양방향 소통은 기업의 조직내에서 서로 다른 업무를 하는 각 부서 간의 직원들 간에도 이루어져야 한다. 부서 간의 원활한 의사소통으로 정보의 상호전달이 분명하게 되어 조직내에서의 팀웍이 잘 이루어진 서비스가 전달되어야 하며 이를 통하여 궁극적으로 고객만족에 기여할 수 있어야 한다.

(5) 관계의 형성

호스피탈리티 산업의 경우는 반복하여 방문하는 고객들에 더욱 의존적인 산업이다. 따라서 고객들과의 장기적인 관계를 유지하는 것은 계절성에 상관없이 조직의 안정적인 수입창출에 크게 기여하게 되며, 단골고객의 긍정적인 구전을 통해서 기업의 브랜드 명성도 더욱 높아지게 될 수 있다. 고객들의 브랜드 충성도를 높게 하기 위해서는 어떤 상품이나 서비스를 주로 소비하는 고객인지에 따라서 개별적으로 다른 방법을 이용하여야 한다. 예를 들어 숙박을 주로하는 고객과 레스토랑 고객에게는 그들에게 제공되는 특전이나 혜택, 자주오는 경우 제공되는 서비스 등이 서로 다르게 적용되어야 한다. 어떤 경우에는 멤버십 프로그램 같은 방법보다는 업장의 개별직원들과 고객과의 친근한 유대관계가 브랜드의 로열티구축에 더 기여하므로 업장서비스 직원들의 역할을 더욱 중요시 한다.

03 호스피탈리티 산업과 관광산업의 최근 경향

지난 수세대 동안 사회적이고 경제적인 무수한 변화와 함께 다양성을 추구하는 급변하는 고객의 요구를 충족시키고자 호스피탈리티 산업은 비약적으로 성장해 왔다. 이러한 변화를 이끌었던 배경에는 여러 가지 요인들이 있었으며 이러한 요인들은 산업과 직접, 간접적으로 관련되어 산업의 트랜드에 영향을 끼쳐왔다. 제공하는 서비스의 형태가 달라도 모든 호스피탈리티 분야에서는 이러한 요인들을 간과하지 않도록 해야 한다.

(1) 글로벌화

글로벌화라는 것은 이제는 더 이상 새로운 트랜드나 새로운 개념이 아니다. 국가 간의 경계는 더 이상 큰 의미가 없으며 세계는 점점 하나의 글로벌 빌리지로 변화되고 있다. 재무직인 상호거래나 정보의 흐름은 국가 간의 경계를 더욱 약화시키고 있으며 사람들은 실질적으로 세계 각 나라들을 더 자유롭게 이동하는 것이 가능해졌다. 이러한 환경은 고객들의 수요를 동질하게 만드는 요소가 되어, 어떤 특정한 지역이나 국가에서 찾아볼 수 있었던 것들을 세계 다른 곳에서도 쉽게 찾아볼 수 있는 환경이 만들어지고 있다. 세계적으로 널리 분포되어 있는 맥도날드, 스타벅스커피, 체인경영의 브랜드 호텔의 기업들을 보더라도 국적은 달라도 고객들이 원하는 서비스에서 많은 동질성을 발견할 수 있어 고객시장을 이해하는데 더욱 용이해졌다고 볼 수 있다. 하지만 기업들은 이러한 동질한 고객시장 속에서 더욱 개인적인 차별화된 서비스를 제공하기 위한 방법을 찾도록 더욱 노력하여야 한다.

글로벌화는 원자재 시장에서도 마찬가지이다. 원자재를 공급할 수 있는 범위가 한 지역이나 국가에 제한되지 않고 전 세계로 판매되는 공급망을 갖추는 기업들이 늘어나게 되어 식재료의 유통시장도 더욱 경쟁적이고 활성화 되고 있다. 이는 고객들에게 다국적의 다양한 제품들을 손쉽게 만날 수 있게 해 주지만 기업의 입장에서는 글로벌한 경쟁의 대열에서 생존해야 하는 위협이 될 수도 있다.

(2) 다양성

글로벌화되는 세계로 인해 호스피탈리티 및 관광기업들의 고객의 국적도 다양해졌다. 그 뿐만 아니라 이들의 조직에서 종사하는 직원들까지도 다양한 국적을 가지고 있다. 시장과 조직의 문화적 다양성으로 인해 호스피탈리티 기업들은 세계 각국에서 찾아오는 고객들을 응대하기 위한 직원들의 교육과 훈련에 많은 투자가 필요하며, 다양한 언어를 구사할 수 있는 직원들의 고용 및 직원들의 언어능력 향상에 더욱 힘을 써야 한다. 또한 다양한 국적의 고객을 위한 각국의 문화를 이해하는 서비스를 창출하고 제공하는 것도 중요한 과제가 되고 있다.

(3) 호스피탈리티 조직의 서비스 양극화

호스피탈리티 조직은 서비스 중심적인 비즈니스를 하고 있지만, 제공하는 서비스의 수준이나 정도에 따라 제한적인 서비스 혹은 최고급 서비스로 나뉘어지는 양극화 현상이 나타나고 있다. 호텔의 경우, 가장 저렴한 가격으로 투숙할 수 있는 경제적인 호텔부터 최고급 호텔에 이르기까지 고객의 소비상황에 맞추어 서비스를 계층적으로 달리 제공하고 있으며, 레스토랑의 경우, 테이크아웃, 드라이브 쓰루, 배달 등의 최소한의 서비스 제공에서부터 고급 레스토랑의 최상위 서비스까지 서비스 수준의 계층적 차이가 더욱 강하게 나타나고 있다. 호스피탈리티 조직은 자신들이 목표로 삼고 있는 고객집단의 소비성향과 욕구 및 니즈를 파악하고 그에 맞는 서비스를 제공하여 고객이 형성하는 기업의 이미지를 확고히 자리잡을 수 있어야 한다.

(4) 경쟁의 가속화

호스피탈리티 산업에서 대부분의 호텔, 레스토랑 등의 주요 비즈니스 조직들은 특정한 고객층을 타겟으로 운영하는 경향이 증가되고 있는데, 이러한 경향은 같은 시장에 공급과잉현상을 초래하고 있다. 경쟁이 심화되면서 기업들은 고객의 편의를 고려하여 고객에게 조금이라도 가깝게 다가가기 위해 작지만 새로운 점포들을 계속 설립하고 있으며, 이는 체인경영방식에 의해 더욱 가속화되고 있다. 이에 따라 고객은 다국적의 다양한 호스피탈리티 브랜드를 어디에서나 접하는 것이 가능하게 되고 있다.

(5) 인구통계 특성의 변화

가족들의 구조가 바뀌어 3세대가 사는 가족보다는 2세대의 가족들이 더욱 증가되었으며, 1인가구의 수도 예년에 비해 급속도로 증가되는 사회적인 현상이 나타나고 있다. 가족의 규모가 작아지고 소득은 증가함에 따라 가처분소득이 증가하고 휴일의 여가를 즐기고자 하는 사람들이 증가됨에 따라 점점 더 많은 사람들이 집을 떠나는 여행을 계획하고 외식을 하는 경우가 많아지고 있다. 사회적으로 인구통계적인 변화는 이렇듯 산업에 다양한 형태로 영향을 끼치게된다.

(6) 가격과 가치

오늘날의 안목있는 고객들은 가격과 가치에 대한 관련성을 더욱 중요하게 생각한다. 고객들의 교육수준과 생활수준이 높아짐에 따라 제품이나 서비스에 대해 요구하는 수준도 달라졌으며 고객들이 기꺼이 지불하고자 하는 비용 및 비용대비 얻고자 하는 기대수준도 변화되었다. 금전적으로 직접 관련이 있는 경제적 가치뿐만 아니라 고객들이 투자하게 되는 시간이나 노력과 같은 비경제적 가치도 함께 고려하는 고객중심의 서비스 제공을 위해 기업은 더욱 노력해야 한다.

(7) 첨단기술

첨단기술의 발달로 자동화와 컴퓨터화로 인해 이미 많은 기업에서는 비즈니스 업무들이 단순해지고 편리해지는 혜택을 누리고 있다. 호스피탈리티 산업분야에서도 예외는 아니다. 숙박업에서는 글로벌화된 예약시스템으로 국경을 넘나들어 호텔객실을 예약할 수 있으며, 발달된 인터넷 서비스 시스템을 이용하여 고객들과의 의사소통의 범위가 확장되고 있어 정보의 상호교환이 신속해지고 있다. 즉, 첨단기술은 고객에 대한 서비스를 통합하고 효율성의 향상을 위해 절대적으로 필요한 요소가 되었다. 그뿐 아니고 컴퓨터화나 인터넷, 인트라넷 등의 네트워크를 통해 기업 내의 각 기능부서의 관리 및 업무에 대한 조직내의 계층적인 보고과정도 더욱 효율적으로 바뀌고 있다. 기술의 발전에 따른 이러한 긍정적인 측면 이외에 잘못된 정보의 급속한 확산으로 인한 기업의 피해도 있으므로 첨단기술로 인한 부정적인 영향도 간과해서는 안된다. 고객과의 의사소통을 위해 항상 양방향 간의 관리가 잘 이루어지도록 지속적인 관리가 필요하다.

(8) 안전과 보안 및 위생

고객들의 숙박과 식음료제공이 주요 사업영역인 호스피탈리티 산업은 고객들의 안전과 보완 및 위생 등을 고려해야 하는 많은 순간을 접하게 된다. 정부관리자나 관련 기업에서는 관광객들이 여행하는 동안 노출되는 많은 위험요인을 미리 방지하고 관리하여 어디를 가든지 안전과 보안이 보장될 수 있도록 노력하여야 한다. 또한 위생문제는 외식업체 성공의 가장 중요한 요인으로, 외식서비스 시스템이 복잡해지고 업장 수가 늘어남에 따라 식중독의 발생률이 더욱 증가된다는 점을 잊지말아야 한다. 안전, 보안, 위생에 대한 문제들은 한번 발생하게 되면 호텔이나 레스토랑의 명성에 치명적인 영향을 미치게 되어 기업전체의 생존에도 위협을 줄 수 있다. 고객들은 언제나 안전이 보장되고 위생적인 환경에서 준비되고 생산되는 건강한 음식을 제공받을 것을 기대하고 있다. 호스피탈리티 산업의 운영자들은 고객들의 안전과 위생에 대하여 더욱 경각심을 갖고 운영하여야 한다.

논 의 과 제

01 호스피탈리티의 의미를 설명하시오.

02 호스피탈리티 산업과 관광산업의 관계를 설명하시오.

03 호스피탈리티 산업의 주요 서비스 영역을 설명하시오.

04 호스피탈리티 산업의 특성에 대해 설명하시오.

05 호스피탈리티 산업과 관광산업에 영향을 미친 최근 경향을 생각해 보시오.

제2장 호텔의 개념과 기능, 발전사

• 학습목표

이 장을 학습한 후, 다음 내용들을 이해할 수 있어야 한다.

1. 호텔의 개념과 기능을 설명할 수 있다.
2. 호텔의 분류체계에 대하여 설명할 수 있다.
3. 서양호텔산업의 발전과정을 설명할 수 있다.
4. 호텔산업 발전과정에서 도입된 다양한 호텔경영방식을 설명할 수 있다.
5. 한국 호텔산업의 발전과정을 설명할 수 있다.

GO

본 장에서는 호텔의 개념과 기능 그리고 호텔의 분류체계를 살펴본다. 또한 호텔의 시대별 발전사와 근대부터 현대에 이르기까지 호텔산업의 발전사를 유럽과 미국을 중심으로 살펴보고, 한국호텔의 발전사에 대해서 함께 논의해 보고자 한다.

01 호텔의 개념과 기능

1. 호텔의 개념

오늘날 우리가 생각하고 이해하는 호텔은 일반적인 「가정」이 확대된 개념으로서 호텔을 이용하는 고객들이 호텔에 머무는 동안 가정에서 느끼는 편안함을 느낄 수 있도록 고객에게 편의성을 제공하는 영리목적의 성격을 가진 장소라 할 수 있다.

호텔의 어원은 여행자·나그네·타향인·손님들을 접대하는 주인을 의미하는 라틴어 hopes, '융숭한 대접, 후대한다'는 의미의 라틴어 hospitalis의 변형어로 라틴어 hospitale에서 찾을 수 있다. 이것은 여행자들이 심신의 휴식을 취할 수 있는 간이 숙박장소의 의미와 여행에서 생긴 병자 혹은 노약자의 간호시설의 두 가지 의미를 갖고 있으며, 현대어에서 병원을 의미하는 'hospitale'과 웹스터(Webster's) 사전에서의 「a place of shelter and rest for travellers」로 제시되는 숙박시설과도 관련되어 있다. 즉 초기 호텔의 성격은 병원이나 기숙사처럼 공공시설의 의미를 지녔으나, 시대가 변천됨에 따라 숙박, 식사, 회의장소 등으로 이용되었고, 점차적으로 여행자들에게 가정을 떠난 집(a home away from home)처럼 아늑한 분위기를 제공해주는 환대사업체(hospitality business)로 변화되었다.

우리나라 관광진흥법에서는 호텔을 '관광객의 숙박에 적합한 시설을 갖추어 이를 관광객에게 이용하게 하고, 숙박에 부수되는 음식·운동·오락·휴양·공연 또는 연수에 적합한 시설 등(이하 '부대시설'이라 한다)을 함께 갖추어 이를 관광객에게 이용하게 하는 업'이라고 정하고 있다.

호텔을 이용하는 고객들은 숙박과 식음료의 이용을 통하여 자신의 집처럼 편안하면서 안전하게 환대받는 것을 원할 것이다. 따라서 호텔의 법적인 시설규정과 이용자 입장을 고려하여 「호텔을 정의하면 호텔이란 객실이나 식음료 기타 부대시설을 이용하고자 하는 고객에게 환대나 색다른 경험을 제공하고 그에 대한 대가를 받아 경영하는 서비스 기업이다」라고 할 수 있다.

2. 호텔의 기능

초기의 호텔은 집을 떠나 여행을 하는 여행자들에게 가장 기본적인 숙박, 음식, 안전만을 충족시켜 주는 단순한 공간이었다. 즉, 호텔을 이용하는 여행자들에게 숙박과 식사, 그리고 신변과 도난 등의 안전을 지켜주는 것이 호텔의 주요 역할이었다.

고객의 기본적인 욕구충족이라는 근대적 기능에서 현대의 호텔은 그 전통적 기능과 함께 이용객의 국제화·대중화·다양화에 따라 다양한 영역으로 기능이 확장·발전하게 되어, 고객들을 위한 단순한 가사(家事)적인 공간을 떠나 해당국가 또는 지역사회의 경제·문화·예술 및 커뮤니케이션의 활용공간으로서 공공의 기능도 수행하는 유용한 장소로 발전하게 되었다.

[그림 2-1]과 같이, 호텔을 이용하는 고객들이 호텔내에서 여가활동, 건강단련, 가족

그림 2-1 근대적 호텔과 현대적 호텔의 기능 변화

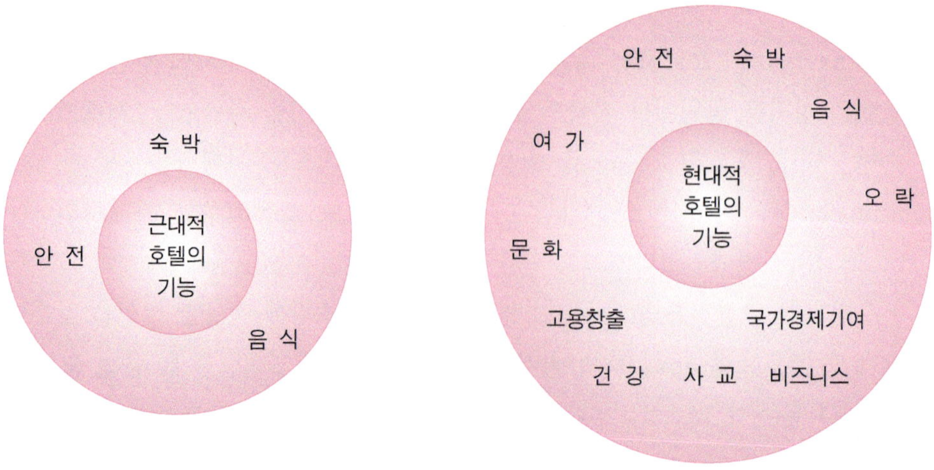

및 사교모임, 비즈니스 등의 다양한 기능을 요구함에 따라, 현대적 개념의 호텔에서는 기존의 숙식이나 안전 등의 기본적인 기능 외에 고객들의 경제 및 사회문화적 욕구를 충족시키고자 노력하고 있다. 이에 따라 다양한 서비스 상품의 생산 및 판매를 주목적으로 하는 여가, 오락, 휴식, 문화, 건강, 사교, 비즈니스를 위한 복합적인 기능을 제공하고 있으며, 공공성을 고려하여 지역사회와 함께 할 수 있는 프로그램도 제공하고 있다. 호텔의 주요기능을 살펴보면 다음과 같다.

① **오락여가기능** : 여가활동 공간, 나이트클럽, 전자오락실, 게임룸, 바 등
② **사교·집회·문화장소기능** : 사교공간, 연회행사, 문화행사, 회의·컨벤션행사 등
③ **레저 스포렉스기능** : 수영장, 볼링장, 실내골프장, 탁구장, 당구장, 스쿼시볼장 등
④ **건강헬스기능** : 사우나, 에어로빅, 헬스, 미용실, 마사지샵 등
⑤ **쇼핑센터기능** : 면세점, 의상실, 기념품점, 베이커리 등
⑥ **비즈니스센터기능** : 전화수신 대행, 사무실 비서대행, 팩스·복사·프린터 활용, 소회의실 사용
⑦ **정보제공기능** : 관광안내, 시내안내, 행사안내 등

02 호텔의 형태별 분류

호텔은 그 종류가 다양한 것에서 알 수 있듯이 여러 형태의 경영방식을 갖고 있으며, 그에 따라 이를 분류하는 기준이나 고려하는 측면도 여러 종류이다. 일반적으로 호텔의 서비스 종류, 호텔의 등급, 호텔이 위치한 입지, 호텔의 규모, 소유권 및 가맹방식, 고객의 여행목적, 및 여러 가지 기준에 의해 분류될 수 있다(표 2-1 참조). 본 장에서는 관광진흥법에 따른 분류, 호텔등급에 따른 분류, 서비스의 종류에 따른 분류, 마지막으로 고객의 여행목적에 따른 분류를 논의해 보고자 한다.

1. [관광진흥법]에 따른 분류

우리나라 관광진흥법 제3조 제1항 제2호에서는 관광숙박업을 호텔업과 휴양콘도미니엄업으로 나누고, 호텔업은 다시 관광호텔업, 수상관광호텔업, 한국전통호텔업, 가족호텔업, 호스텔업, 소형호텔업, 의료관광호텔업으로 세분되고 있다(관광진흥법 시행령 제2조 제1항 제2호).

(1) 관광호텔업

관광객의 숙박에 적합한 시설을 갖추어 이를 관광객에게 이용하게 하고 숙박에 부수되는 음식·운동·휴양·공연·오락 또는 연수에 적합한 시설 등(이하 '부대시설'이라 한다)을 함께 갖추어 이를 관광객에게 이용하게 하는 업을 말한다.

(2) 수상관광호텔업

수상에 구조물 또는 선박을 고정하거나 계류시켜 놓고 관광객의 숙박에 적합한 시설을 갖추거나 부대시설을 함께 갖추어 이를 관광객에게 이용하게 하는 업을 말한다.

(3) 한국전통호텔업

한국전통의 건축물에 관광객의 숙박에 적합한 시설을 갖추거나 부대시설을 함께 갖추어 이를 관광객에게 이용하게 하는 업을 말한다.

(4) 가족호텔업

가족단위 관광객의 숙박에 적합하도록 숙박시설 및 취사도구를 갖추어 이를 관광객에게 이용하게 하거나 숙박에 부수되는 음식·운동·휴양 또는 연수에 적합한 시설을 갖추어 이를 관광객에게 이용하게 하는 업을 말한다.

(5) 호스텔업

배낭여행객 등 개별 관광객의 숙박에 적합한 시설로서 샤워장, 취사장 등의 편의시설과 외국인 및 내국인 관광객을 위한 문화·정보 교류시설 등을 함께 갖추어 이용하게 하는 업을 말한다.

(6) 소형호텔업

관광객의 숙박에 적합한 시설을 소규모로 갖추고 숙박에 딸린 음식·운동·휴양 또는 연수에 적합한 시설을 함께 갖추어 관광객에게 이용하게 하는 업을 말한다.

(7) 의료관광호텔업

의료관광객의 숙박에 적합한 시설 및 취사도구를 갖추거나 숙박에 딸린 음식·운동 또는 휴양에 적합한 시설을 함께 갖추어 주로 외국인 관광객에게 이용하게 하는 업을 말한다.

2. 호텔등급에 따른 분류

(1) 관광호텔등급결정 추진배경과 목적

우리나라는 호텔업의 등급결정을 관광진흥법 시행령 제66조 제3항 및 관광진흥법 시행규칙 제25조 제3항의 규정에 의거 호텔업 등급결정업무의 위탁과 등급결정기준 및 그 절차 등에 관한 세부적인 사항을 정함으로써 호텔업의 등급결정이 합리적이고 효율적으로 이루어지도록 함을 목적으로 한다.

관광호텔등급결정의 추진배경으로는 등급평가의무화 도입('14.9.12 법규개정)으로 인한 호텔서비스 선진화 도모, 글로벌 스탠다드의 호텔등급표시제 운영과 호텔등급결정의 공정성과 신뢰성 확보 및 국내외 호텔등급관련 홍보강화를 위해 공공기관(한국관광공사)에서 진행하는 것을 추진배경으로 하고 있다.

추진배경에 따른 등급결정목적은 첫째, 호텔등급결정제도의 객관성 및 공공성 확보이다. 즉 공공기관 평가제도운영을 통한 공신력 확보, 신뢰성 있는 제도마련을 통한 평가의 객관성 및 공정성 지향, 체계적 인력 풀교육을 통한 엄정한 평가제도운영이다. 둘째, 호텔산업 질적성장의 토대마련이다. 이는 호텔업 경쟁력 강화 및 소비자 만족지향, 국제적 기준에 부합한 호텔서비스 표준화, 평가 및 호텔운영관련 컨설팅 서비스 제공을 통해 호텔운영 선진화 유도에 있다.

(2) 등급별 호텔 서비스 기준정의

호텔 등급	서비스 기준 정의
1성급 호텔	고객이 수면과 청결유지에 문제가 없도록 깨끗한 객실과 욕실을 갖추고 있는 조식이 가능한 안전한 호텔이다.
2성급 호텔	고객이 수면과 청결유지에 문제가 없도록 깨끗한 객실과 욕실을 갖추며 식사를 해결할 수 있는 최소한 식음료 부대시설을 갖추어 운영되는 안전한 호텔이다.
3성급 호텔	청결한 시설과 서비스를 제공하는 호텔로서 고객이 수면과 청결유지에 문제가 없도록 깨끗한 객실과 욕실을 갖추고 다양하게 식사를 해결할 수 있는 1개의 이상(직영·임대포함)의 레스토랑을 운영하며, 로비, 라운지 및 고객이 안락한 휴식을 취할 수 있는 부대시설을 갖추어 고객이 편안하고 안전하게 이용할 수 있는 호텔이다.
4성급 호텔	고급수준의 시설과 서비스를 제공하는 호텔로서 고객에게 맞춤 서비스를 제공. 호텔로비는 품격있고, 객실에는 품위있는 가구와 우수한 품질의 침구와 편의용품이 완비됨. 비즈니스센터, 고급메뉴와 서비스를 제공하는 2개 이상(직영·임대포함)의 레스토랑, 연회장, 국제회의장을 갖추고, 12시간 이상 룸서비스가 가능하며, 휘트니스센터 등 부대시설과 편의시설을 갖춘 호텔이다.
5성급 호텔	최상급 수준의 시설과 서비스를 제공하는 호텔로서 고객에게 최고의 맞춤서비스를 제공. 호텔로비는 품격있고, 객실에는 품위있는 가구와 뛰어난 품질의 침구와 편의용품이 완비됨. 비즈니스센터, 고급메뉴와 최상의 서비스를 제공하는 3개 이상(직영·임대포함)의 레스토랑, 대형 연회장, 국제회의장을 갖추고, 24시간 룸서비스가 가능하며, 휘트니스센터 등 부대시설과 편의시설을 갖춘 호텔이다.

자료 : 한국관광공사 호텔업등급결정사업 홈페이지(2015)

(3) 등급평가 점수(현장평가 및 암행/불시평가)

호텔의 등급평가점수는 현장평가 및 암행 그리고 불시평가에 의해 평가되어지는데, 각 등급별 기준점수에 대한 평가가 진행되고 평가결과 점수에 따라서 호텔별 등급이 결정된다. 등급별 평가점수표와 등급별 결정기준표는 다음과 같다.

① 호텔의 등급결정기준과 점수

등급결정기준표

〈호텔업의 등급결정 기준(제7조 제1항 관련)〉

구 분		5성	4성	3성	2성	1성
등급평가 점 수	현장평가	700점	585점	500점	400점	400점
	암행평가/불시평가	300점	265점	200점	200점	200점
	총 배점	1,000점	850점	700점	600점	600점
결 정 기 준	공통 기준	1. 등급별 등급평가 기준 상의 필수항목을 충족할 것 2. 제11조 제1항에 따른 점검 또는 검사가 유효할 것				

구 분		5성	4성	3성	2성	1성
결 정 기 준	등급별 기준	평가점수가 총 배점의 90% 이상	평가점수가 총 배점의 80% 이상	평가점수가 총 배점의 70% 이상	평가점수가 총 배점의 60% 이상	평가점수가 총 배점의 50% 이상

* 필수항목 미비시 등급불가
* 6가지 안전점검필증 미비시 등급 보류

② 등급별 평가위원

호텔등급	별등급제도 평가
5성급	현장평가 3인, 암행평가 2인
4성급	현장평가 3인, 암행평가 2인
3성급	현장평가 2인, 암행평가 1인
2성급	현장평가 2인, 암행평가 1인
1성급	현장평가 2인, 암행평가 1인

③ 호텔의 등급표시

호텔의 등급표시의 변경에 대하여 신(별등급)제도와 구(무궁화등급)제도의 등급표시를 비교해 보면 [그림 2-2]와 같다.

그림 2-2 호텔의 신(별등급) vs 구(무궁화등급)제도의 등급표시 비교

* 특1등급 호텔은 무궁화 바탕색이 금색, 특2등급 호텔은 파랑색 바탕으로 규정하고 있다.
* 바탕 색채로는 청명한 하늘을 표현하기 위해 감청색(쪽빛)을 적용하였는데, 특별히 5성급 문양의 바탕에는 차별성을 강조하기 위해 고급스러움, 고귀함, 화려함을 상징하는 고궁갈색(전통자색)을 적용

3. 서비스 종류에 의한 분류

고객에게 제공되는 호텔의 물적 서비스와 인적 서비스의 종류나 서비스의 품질 및 수준 등에 의하여 호텔을 구분하면 한정서비스(limited-service)호텔, 장기체류(extended-stay)호텔, 고급서비스(full-service)호텔 등으로 분류 할 수 있다.

(1) 한정서비스 호텔

한정서비스 호텔(limited-service hotel)은 일반적으로 일부 서비스가 제공되지 않거나, 제한된 수준의 서비스를 고객에게 제공하는 호텔을 의미한다. 객실가격에 포함된 아침식사를 제외하고 그 이외의 식음료 업장이 없다든지, 또는 호텔내에 식당은 존재하지 않으며 회의실, 연회장, 벨 서비스, 주차대행(valet parking) 등의 서비스는 제한적이거나 제공되지 않는 경우 등이 이에 해당된다. 한정서비스 호텔들은 비교적 규모가 작아서 객실의 수가 100실 이내인 곳이 많다.

과거 이러한 한정서비스 호텔은 모텔(motel)이라고 불렸다. 그러나 1990년대 이후 호텔산업의 시장세분화 동향으로 한정서비스 호텔은 중급(midscale without F&B)호텔, 경제가(economy)호텔, 저가(budget)호텔 등으로 더욱 세분화되었다. 한정서비스 호텔의 주요 고객들은 가격에 민감한 상용 및 여가여행자들이며 보통 하루나 이틀정도 체류한다.

미국호텔산업을 기준으로 했을 때 대표적인 중급호텔의 브랜드 또는 체인호텔로는 Holiday In Express, Hampton Inn, Comfort Inn, La Quinta Motor Inn 등이 있고, 경제가 호텔에는 Days Inn, Fairfield Inn, Ramada Limited, Travelodge, 저가호텔에는 Motel 6, Super 8 등을 들 수 있다.

국내에서도 일부 중저가호텔들이 이 부류에 속한다고 할 수 있으며, 이비스 버젯 앰버서더(Ibis Budget Ambassador), 롯데 시티호텔(Lotte City Hotel), 신라 스테이호텔(Shila Stay Hotel) 등을 그 예로 들 수 있다.

(2) 장기체류호텔

장기체류호텔(extended-stay hotel)의 원조는 1960년 후반기에 Marriott호텔에서 시도했던 all-suite hotel이다. 그 후 1995년 후반부터 여행지에서 하루 이상을 체류하려는 상용 및 여가여행자들에게 전통적인 숙박형태의 대안으로 등장했다. 장기체류호텔은 보통 객실과 거실 및 주방이 분리되어 있으며 객실은 상당히 넓은편으로 고객에게는 자

표 2-1 호텔의 분류

분류기준	호텔의 종류	
입지조건	· Downtown Hotel(도시내 호텔) · Suburban Hotel(교외호텔) · Airport Hotel(공항호텔) · Station Hotel(기차역 호텔) · Highway Hotel(고속도로 호텔)	· Metropolitan Hotel(도심지 호텔) · Country Hotel(지방호텔) · Seaport Hotel(항구호텔) · Terminal Hotel(터미널 호텔)
규 모	· Small Hotel(소규모 호텔) · Large Hotel(대규모 호텔)	· Average Hotel(보통규모호텔)
숙박목적	· Commercial Hotel(상용호텔) · Business Hotel(비즈니스 호텔) · Apartment Hotel(주거형 호텔)	· Convention Hotel(컨벤션 호텔) · Resort Hotel(휴양지 호텔)
숙박기간	· Transient Hotel(단기체재호텔) · Permanent Hotel(주거형 호텔)	· Residence Hotel(장기체재 호텔)
요금지불방식	· American Plan Hotel · Continental Plan Hotel · Dual Plan Hotel	· European Plan Hotel · Modified American Plan Hotel · Bermuda Plan Hotel
경영형태	· Independent Hotel(단독경영호텔)	· Chain Hotel(체인호텔)
관광진흥법	· 관광호텔업 · 한국전통호텔업 · 호스텔업 · 소형호텔업	· 가족호텔업 · 수상관광호텔업 · 의료관광호텔업
등 급	· 5성급 · 4성급 · 3성급	· 2성급 · 1성급
기 타	· Motel(모텔) · Lodge(로지) · Botel(보텔) · Yachtel(요텔) · Eurotel(유로텔) · Pension(빵숑)	· Inn(인) · Youth Hostel(유스호스텔) · Flotel(프로텔) · Parador(파라도) · 민박

● 자료 : 호텔경영론, 채신석, 2015, p.46

기 집처럼 편안하게 모든 설비를 갖춘 아파트형태의 서비스가 제공되고 있으나, 고급서비스는 제한적으로 제공된다. 따라서 장기체류호텔의 서비스 수준에 따라 회의시설, 주차대행, 24시간 식음료서비스, 운동시설, 비즈니스센터, 프리미엄 객실서비스 등이 제공되기도 한다.

국내 장기체류호텔은 그랜드 힐튼호텔을 효시로하여 오크우드프리미어호텔(Oakwood Premier Hotel), 프레이저 플레이스(Fraser Place), 써머셋 팰리스(Sommerset Palace) 등이 있다.

(3) 고급서비스 호텔

고급서비스 호텔(full-service hotel)들은 한정서비스 호텔이나 장기체류호텔에 비해 훨씬 다양하고 질 높은 서비스를 고객에게 제공하는 호텔로서 일반적으로 고급객실 및 다양하고 수준높은 식음료서비스, 벨서비스, 룸서비스, 시설이 잘 갖춰진 비즈니스센터, 회의실, 연회장, 운동 및 오락시설 등을 제공하고 있다. 고객은 객실과 식음료서비스의 최고수준에 대해 최고가의 객실료를 지불하게 된다.

이러한 고급서비스 호텔은 다시 최고급(luxury)호텔, 고급(upscale)호텔, 중급(midscale with F&B)호텔 등으로 세분화된다. 최고급호텔은 등급기준에 의하면 주로 별다섯 개 또는 네 개의 호화호텔들을 말한다. 이 호텔의 주요고객들은 대체로 지불하는 가격의 수준에 개의치 않는 기업·단체·여가여행자 등이다. 대표적인 브랜드로는 Four Seasons, Ritz-Carlton, Fairmont, Plaza, Waldorf-Astoria 등이 있다. 고급호텔은 최고급호텔에 비해 조금 낮은 수준의 서비스를 제공한다. 그래서 객실요금도 조금 낮은 편이다. 대표적인 브랜드에는 Marriott, Sheraton, Hyatt, Hilton, Westin, Renaissance, Omni, Wyndham, Inter Continental, Sofitel, Radisson 등이 있다.

4. 고객의 여행목적에 의한 분류

호텔에 투숙하고자 하는 고객의 여행목적 또는 숙박목적에 의하여 호텔을 구분하면 비즈니스호텔, 거주형호텔, 모텔, 유스호스텔, 휴양지호텔로 분류될 수 있다.

(1) 비즈니스호텔

비즈니스를 목적으로 여행을 하는 사람들은 주로 도심지에 위치한 금융기관, 관공서 및 공공기관, 기업체 등을 방문한다. 이러한 고객들을 유치하기 위해 상용호텔들은 도심 중심지역에 위치하여 비즈니스 목적의 고객들을 위해 객실의 시설과 기물들을 숙소겸 사무실같이 사용할 수 있도록 설비한다. 이러한 호텔을 비즈니스호텔(business hotel)이라고 한다.

객실에는 침대외에 편안하게 업무를 볼 수 있는 큰 책상, 초고속 인터넷서비스, 두 개 이상의 전화 콘센트, 밝은 실내등, 각종 문구류 등이 비치되며 컴퓨터, 프린터, 팩시밀리 등 비즈니스 관련장비 등을 갖추고 있거나 대여해 주기도 한다. 또한 객실에서 불가능한 회의를 위해 회의시설을 제공하고 특히 비즈니스 센터는 비즈니스에 필요한 모든 설비를 갖추고 있다.

(2) 거주형호텔

거주형호텔(residential hotel)은 주로 장기적으로 체류할 고객을 대상으로 한다는 점에서 단기체재위주의 일반호텔들과 성격이 다르다고 할 수 있다. 거주형호텔의 가장 큰 주안점은 자기 집처럼 편안한 분위기를 연출해서 손님이 오랫동안 머물 수 있도록 배려한다는 것이다. 즉 객실구조는 스위트 룸(suite room)과 유사하여 침실, 거실, 주방 등이 독립적으로 구성된다. 객실에는 일반호텔처럼 객실청소 서비스(maid service)가 제공되며, 일반호텔보다 다양하지는 않지만 식음료서비스와 룸서비스도 제공된다. 아파트형(apartment) 호텔도 이 범주에 속한다고 할 수 있다.

(3) 모 텔

모텔(motel)은 자동차(motor)+호텔(hotel)의 합성어로 주로 자동차로 여행을 하는 손님을 대상으로 주요 도로주변에 위치하고 있는 숙박시설을 일컫는다. 따라서 제2차 세계대전 이후 미국내에서 각 주를 연결하는 고속도로들이 개발되면서 급격히 증가하였다. 그러나 현재는 가격이 저렴한 숙박시설을 통칭하여 도처에 위치하고 있으나 주로 지대가 싼 도심지역, 교외지역, 도로변에 위치하고 있다. 모텔의 특징은 호텔에 비해 현저히 낮은 저층의 건축구조로 단순한 시설을 갖추고 있으며, 등록절차도 간편하고 직원과 접촉이 적은 셀프서비스(self-service)방식으로 운영되어 낮은 객실요금을 지불한다는 것이다.

(4) 유스호스텔

유스호스텔(youth hostel)은 1909년 독일에서 처음 시작된 이후, 1932년 암스테르담에서 국제유스호스텔연맹이 결성되었다. 청소년들에게 여행을 장려하기 위해 주로 유적지, 관광명소, 경치가 좋은 곳 등이나 일부도심에 위치하여 저렴한 가격에 적절한 수준의 숙소를 제공하는 숙박시설이며 다른 호텔들과 달리 비영리목적으로 운영된다. 유스호스텔의 객실은 1~2인용보다는 다인용 형태가 일반적이며, 철저히 셀프서비스 방식에 의하여 운영된다. 즉, 식사준비 및 식후 설거지, 객실에서 침구준비, 정리·정돈, 청소 등은 스스로 해야하며 고객들은 유스호스텔에 머무는 기간 동안 그곳의 정해진 규칙을 잘 따라야 한다.

(5) 휴양지호텔

휴양지호텔(resort hotel)은 휴양과 여가 또는 레저활동을 즐기려는 여행객들을 위한 호텔로서, 주로 여름 또는 겨울에 방문하기 좋은 기후조건을 갖추고 있어 스키장·골프장·요트장 등 여가활동을 할 수 있는 시설주변으로 유명하고 한적한 해변이나 산록에 위치한다. 이러한 휴양지호텔은 도심호텔과 달리 주중보다는 주말에 방문하는 고객들이 더 많고, 성수기와 비수기가 확실하게 나눠진다. 또한 가족단위 고객들이 많으며 최근에는 기업의 포상휴가(incentive tour)로 오는 고객들도 증가하는 추세이다.

휴양지호텔

(6) 공항호텔

공항호텔(airport hotel)은 주로 공항근처에 위치하여 승무원과 조종사 등 항공사 직원들이나 비행기 사정으로 출발 및 도착이 지연되어 불가피하게 공항근처에서 숙박을 해야 하는 여행자들이 체류하거나, 지리적으로 서로 멀리 떨어져 있는 비즈니스 여행자들이 편리하게 공항근처에서 만나 회의·세미나 등을 위한 목적으로 이용되는 호텔이다. 보통 도심호텔에 비해 가격이 저렴하고, 체류기간은 비교적 짧으며 고급호텔부터 중저가호텔까지 다양하게 있다.

03 호텔산업의 발전사

1. 고대(BC3000-AD476)의 숙박업

호텔의 기원은 사람들이 생존하고 상호 왕래를 했던 시기에서부터 찾을 수 있으나, 하나의 영업형태로서 잠자는 곳과 음식을 마련해 주는 숙박시설의 출현은 화폐의 유통시기에서 그 유래를 찾을 수 있다. 초기의 형태는 여인숙 형태의 규모로 문서상으로는 고대 이집트와 로마시대까지 거슬러 올라간다.

고대 이집트 왕조는 15세기경 바빌로니아와의 통상관계 및 종교적 활동으로 인해 여행 왕래가 빈번하였으며, 고대 로마는 도로망의 형성으로 교역, 종교, 휴양 등의 왕래가 성행하였다. 이 시대의 여행동기는 현대의 레저활동을 위한 여행과는 달리 대부분 생존을 위한 여행이었다. 따라서 숙소의 시설이 대제로 매우 빈약하였지만 그 시설에 대한 쾌적성은 중요한 요건이 될 수 없었고 수면, 휴식, 생명, 재산의 보호에 관계되는 최소한의 필요조건을 확보하는 것이 우선이었다. 이와 같이 고대시대의 숙박업은 고대 그리스와 로마를 중심으로 공용, 상용, 요양 목적의 여행자를 위한 숙박시설이 발전한 것임을 알 수 있다.

2. 중세(AD476-1400)의 숙박업

중세시대는 로마시대의 멸망부터 문예부흥인 르네상스시대까지로 구분되어진다. AD476년 서로마제국의 멸망으로 유럽의 도로나 숙박시설은 황폐화되었고, 그 이후 AD1450년까지 약 1000년 간은 관광의 암흑시대였다. 중세유럽은 로마교황을 중심으로 한 기독교 문명의 공동체였으므로 세속적인 향락과 여행이 금지되었고, 여행은 십자군 원정과 종교 순례자들의 순례여행으로 겨우 명맥을 이어갔다.

11세기에서 13세기까지 십자군의 열광적인 종교심, 호기심, 모험심으로 가득한 원정 여행이 유럽에서 관광이 부활되는 원인이 되었다. 따라서 중세유럽의 관광은 성지순례(pilgrim)의 형태를 취하여 순례자들은 수도원에 머물고 승원의 기사단으로부터 보호받으면서 가족을 동반하여 여행을 하였으며 수도원, 승원 등이 숙박시설의 기능을 담당하였다. 그러나 중세후반 1200년대 말에는 동서양의 통상무역 및 문화교류가 확대되어 이들을 수용할 수 있는 인(inn)이라는 숙박시설이 등장하여 근대 숙박업의 기초를 제공하였다.

3. 근대(1400-1900)의 숙박업

① 그랜드투어의 등장

국가간 종교갈등으로 인해 국내 도시여행을 제외하고는 대부분의 여행은 극히 제한적이었다. 이는 1700년경에 종교갈등이 완화되고 경제력이 향상되면서 변화되기 시작하였다. 전쟁을 거치고 외교를 위한 예법을 익히고, 선진해외의 문화를 경험하고 배우고자 하는 욕구가 커지면서 문화적 변방에 있던 영국, 독일의 귀족들은 자녀들에게 고전문화의 유산이 찬란히 남아있는 프랑스, 이탈리아와 같은 국가로 몇 개월 또는 몇 년씩 장기여행을 떠나도록 하였으며, 이것이 그랜드투어의 시발점이 되었다.

② 상업여행 증대

14세기 유럽에서 일어난 문예부흥운동과 15~16세기에 스페인·포르투갈·영국에 의해 나타난 대항해시대의 신대륙의 발견은 유럽근대화의 외면적 확대와 유럽중심의 세계관을 파괴시켰고 지중해 중심의 무역을 신대륙으로 확장시키면서 상업적 여행이 증대되었다.

③ 인과 터번의 등장

그랜드투어와 상업여행은 숙박업의 발전을 이끌었으며 여행자들을 위한 여인숙 또는 작은 여관이라고 할 수 있는 인(inn), 그리고 선술집인 터번(tavern) 등이 나타났다. 이러한 형태는 호텔에 비하여 시설이 매우 빈약하였으며, 여행에 필요한 최소한의 필요조건인 수면, 음식, 생명·재산보호에 관련된 기본적인 요건만 갖춘 형태였다.

이러한 근대의 호텔산업은 유럽과 미국 두 대륙을 중심으로 지역적 특성에 따라 각기 다른 방식으로 발전하였다.

(1) 유 럽

① 바디쉬 홉

1807년 독일의 온천관광지 바덴바덴에 건립된 바디쉬 홉(Badische Hof)은 근대호텔의 시초라 볼 수 있다. 이 호텔은 초기의 여관에 비해 대단히 호화스러운 숙박시설로서 건물 구조도 크고 대·소규모의 응접실, 발코니, 식당, 침실 및 욕실 등이 잘 정비되어 있을 뿐만 아니라, 냉수와 온수가 공급이 되고 정원이 마련되어 있어 근대호텔과 크게 다를바 없었다. 이런 의미에서 바디쉬 홉은 여인숙에서 호텔로의 가교로 평가받으며 유럽호텔의 발전사에서 차지하는 의미가 크다.

② 그랜드호텔

1850년 파리에 세워진 회사조직에 의한 호텔경영의 최초의 호텔은 그랜드호텔(Grand Hotel)로서 여행자에게 제공되는 숙박과 음식을 호화스럽게 제공하였고, 귀족세력 붕괴 이후 새로운 부유계층을 위한 사교장이 되었다.

③ 세자르 리츠(Cesar Ritz, 1850~1918)

사보이호텔의 전경

그랜드호텔(grand hotel)의 시대에 대표적인 호텔경영자였던 세자르 리츠가 호텔경영에 성공을 거두게 된 계기는 당대 최고의 요리사 에스코피에르(Escoffier)와의 만남이었다. 이들은 사보이호텔에서 함께 일하면서 전성기를 맞이하게 되는데, 이때 호텔경영은 물론 식당업을 번창시켜 영국의 외식산업에 큰 영향을 끼쳤으며, 상류사회의 고급사교장으로 객실 60개에 승강기와 화려한 전광조명장치를 갖춘 최고급호텔로 인기가 높았다. 이후 리츠는 1898년 호텔 리츠(Hotel Ritz)를 파리에 개업하면서 대성공을 거두게 되었으며, 1899년에는 영국 런던에 칼튼호텔(Carlton Hotel)을 개관하면서 호텔경영 사상 최초로 프랜차이즈에 의한 체인화를 실시하였고 고급호텔로서 손색이 없었으며 영국에서는 최초로 호텔에 욕실을 구비하기도 하였다.

④ 고객은 항상 옳다(guest is always right)

리츠의 고객중심경영으로 '고객은 항상 옳다'라는 경영이념을 갖고 있었으며 이는 후

사례 리츠칼튼 꿈의 서비스

César Ritz : 1850~1918

선언문에 자사의 비전, 목적, 가치관을 훌륭하게 묘사한 회사는 무수히 많다. 그러나 리츠칼튼만큼 직원들이 이 지침을 마음에 새기는 기업은 없을 것이다. 리츠칼튼 경영진은 자사의 신사숙녀가 일상생활에서 회사의 목적과 가치관을 명심하도록 만들 방법을 찾았다. 그것은 바로 '황금표준'을 담은 3단접이 포켓카드이다. 직원들은 이를 '크레도 카드'로 부르면서 유니폼에 지니고 다니며 매일 되새기고 심지어 고객에게 보여준다.

> 크레도
> 모토
> 서비스의 3단계

◆ 크레도-나는 믿는다

리츠칼튼은 기억하기 쉬운 운율을 이용해 가장 우아하게 '최상의 고객경험(ultimate guest experience)'을 정의했다.

* 리츠칼튼은 고객에게 진심어린 환대와 안락함을 제공하는 일을 가장 중요한 사명감으로 삼는다.
* 우리는 고객이 항상 따뜻하고 편안하며 세련된 문위기를 즐기도록 최상의 개인 서비스와 시설을 제공할 것을 약속한다.
* 리츠칼튼의 경험은 고객에게 활기를 불어넣고 행복감을 주며 고객이 표현하지 않은 욕구를 충족시킨다.

◆ 모토

리츠칼튼의 모토인 '신사숙녀에게 봉사하는 신사숙녀'는 언뜻 지나치게 진부하고 구태의연해 현대적인 기업에 어울릴만한 신선함이 부족한 것처럼 보일지도 모른다. 하지만 이 모토에는 직원과 고객에 대한 암묵적인 존중심과 이들의 관계를 명확히 이해했다는 뜻이 담겨 있다.

◆ 리츠칼튼의 서비스 3단계

리츠칼튼 경영진은 너무나 기본적이어서 카드에 명시할 필요가 없을 것 같은 '서비스의 3단계'를 크레도 카드에 포함시켰다.

1. 따뜻하고 진심어린 인사를 하며 고객의 이름을 부른다.
2. 모든 고객의 욕구를 예상하고 충족시킨다.
3. 다정한 작별인사를 한다. 고객의 이름을 부르고 따뜻하게 작별을 고한다.

◆ 리츠칼튼의 20가지 기본수칙

크레도 카드에 담지는 않았지만 리츠칼튼은 독특한 서비스를 제공하는 지침을 마련해 직원들을 교육하고 있다. 이 20가지 수칙은 서비스의 3단계를 토대로 더욱 탁월한 서비스를 제공하도록 원칙을 제시한다.

지금까지 리츠칼튼은 20가지 기본수칙의 일부를 좀 더 유연한 대안으로 대체했지만 이 핵심서비스 기준은 리츠칼튼의 과거와 미래의 성공에 지속적으로 중요한 밑받침이 되고 있다.

20가지 기본수칙은 직원이 일상적인 업무에 얽매이지 않고 고객의 문제에 대처하고, 고객의 기호를 확인해 기록하도록 권장함으로써 직원에 대한 권한 부여와 개별적인 고객서비스 등에 대해 명확한 메시지를 전달한다. 또한 용모와 청결에 섬세하고 철저하게 주의를 기울이도록 규정한다. 아울러 불만처리, 커뮤니케이션 스타일, 예절, 심지어 회사 자산관리규정에 대해서도 언급한다.

1. 크레도는 우리회사의 주된 신념이다. 모든직원이 이를 이해하고, 숙지하고, 실천해야 한다.
2. 우리의 모토는 "우리는 신사숙녀에게 봉사하는 신사숙녀"이다. 서비스 전문가로서 우리는 고객과 동료를 존경심과 품위를 가지고 대한다.
3. 서비스의 3단계는 리츠칼튼 서비스의 기본이다. 고객만족, 고객보유, 고객의 충성심을 확보하기위해 모든 고객들에게 이 단계를 반드시 활용해야 한다.
4. '직원에 대한 약속'은 리츠칼튼 업무환경의 토대이다. 모든 직원은 이 서약을 존중해야 한다.
5. 모든 직원은 매년 자신의 직책에 맞는 훈련을 받아야 한다.
6. 회사의 목표는 모든 직원과 공유되어야 한다. 회사의 목표를 지원하는 것은 모든 직원의 책임이다.
7. 모든 직원은 자랑스럽고 즐거운 직장을 창조하기 위해 자신과 관련된 업무의 계획에 참여할 권리가 있다.
8. 모든 직원은 호텔 전반의 결함(MR.BIV : 실수(mistake), 재정비(rework), 파손(breakdown), 비효율성(inefficiency), 변동(validation)을 축약해 만든 용어)를 끊임없이 확인해야 한다.
9. 고객과 동료의 욕구를 충족시키기 위해 팀워크와 탁월한 서비스를 제공하는 업무환경을 조성하는 것은 모든 직원의 책임이다.
10. 모든 직원은 권한을 부여받았다.이를테면 고객에게 문제가 발생하거나 특별한 서비스가 필요할 때 일상적인 임무에서 벗어나 그 문제에 대처하고 해결해야 한다.
11. 모든 직원은 절대적으로 청결해야 할 책임이 있다.
12. 모든 직원은 고객에게 최상의 서비스를 제공하기 위해 고객 개개인의 기호를 확인하고 기록해야 할 책임이 있다.
13. 결코 고객을 잃지 말아야 한다. 고객을 즉각 만족시키는 것이 모든 직원의 책임이다. 누구든 고객의 불만을 받은 사람은 그것을 인정하고 고객이 만족하도록 해결한 다음 기록한다.
14. '웃어라-우리는 지금 무대에 있다' 항상 호의적으로 눈을 맞춘다. 고객이나 동료에게 예의바른 어휘로 말한다('Good morning' 'Certainly' 'I'll be happy to' 'My pleasure'라는 표현을 이용한다. 'OK' 'Sure' 'Hi/Hello' 'Folks' 'No problem'이라고 표현하지 않는다).

15. 직장 안팎에서 자신이 근무하는 호텔의 대사가 된다. 항상 긍정적으로 이야기 한다. 걱정거리가 생기면 적절한 사람과 대화를 한다.
16. 고객이 호텔내에서 다른 곳을 가기를 원하면 방향만 가리키지 말고 직접 안내한다.
17. 리츠칼튼 전화 예절수칙을 따른다. 벨이 세 번 울리기 전에 '미소를 띠며' 전화를 받는다. 가능하다면 고객의 이름을 부른다. 필요할 경우 전화를 건 사람에게 '잠시 기다려 주시겠습니까'라고 부탁한다. 전화를 가려서 받지 않는다. 가능하면 전화를 이리저리 연결하지 않는다. 음성사서함 규정을 준수한다.
18. 자신의 용모에 관심과 자신감을 갖는다. 모든 직원은 리츠칼튼 복장 및 용모규정을 준수함으로써 전문가다운 이미지를 전달할 책임이 있다.
19. 안전을 먼저 생각한다. 모든 직원은 고객과 동료를 위해 위험요소와 사고가 없는 안전한 환경을 조성할 책임이 있다. 화재 및 비상사태 안전절차를 숙지하고 안전상 위험요소가 있으면 즉시 보고한다.
20. 모든 직원은 리츠칼튼호텔의 자산을 보호할 책임이 있다. 에너지를 절약하고 호텔을 적절히 관리하며 환경을 보호한다.

에 호텔업을 근대산업으로 발전시킨 미국의 스타틀러에게 슬로건을 제시해 주기도 하였다.

⑤ 프랜차이즈에 의한 체인경영호텔시스템

이후 1902년에는 Ritz Development Company를 설립하여 파리, 런던, 마드리드 그리고 리스본에 리츠호텔경영체인화를 추구하면서 다소 원시적인 형태지만 최초의 체인경영호텔시스템을 갖추었으며 이 형태가 프랜차이즈에 의한 체인경영호텔의 효시라고도 볼 수 있다.

The Hotel Ritz Paris, Place Vendôme 1

(2) 미 국

① 인과 터번

미국의 초기 숙박시설은 16~18세기에 걸쳐 영국과 비슷한 인(inn)과 터번(tavern)의 형태로 운영되었다. 미국의 숙박업은 동부지역의 항구도시로부터 발전하기 시작하였고 경영방식은 그대로 모방하였으나, 미국의 호텔경영인들은 훨씬 진취적이었고 모험적이었으며, 적극적인 사고방식을 가지고 운영하였기 때문에 호텔산업의 발전을 가져오게 되었다.

② 시티호텔

미국 최초의 근대적 호텔은 1794년 뉴욕에서 개장한 시티호텔(City Hotel)이다. 호텔업을 목적으로 건축한 최초의 건물로서 73실의 객실을 보유하고 그 당시 3만 인구의 도시에 사교의 중심지가 되었다.

③ 그랜드호텔시대

1800년대가 되면서 좀 더 현대적인 형태를 갖춘 대규모 고급호텔들이 들어서기 시작

사례 트레몬트 하우스 특징

Tremont House

트레몬트 하우스의 특징을 살펴보면 다음과 같다.

- 한 객실에 여러 개의 침대로 많은 인원을 수용했던 종전과 달리 최초로 1인용 객실(single room)과 2인용 객실(double room)을 구비
- 각 객실에 열쇠와 키 구비
- 200석 규모의 대식당과 최초로 각 객실별 욕실완비
- 각 객실에 욕실과 화장실 및 물주전자와 비누·타월 등의 객실비품제공
- 미국호텔로서는 최초로 프랑스 요리제공
- 벨보이 제도도입
- 객실에 호출기를 도입하여 프런트 데스크와 소통가능
- 프랑스 요리와 메뉴카드사용

하였는데 이때를 그랜드호텔의 시대라고 한다. 이 시기의 대표적인 호텔은 호텔산업의 원조라 불리는 트레몬트 하우스(Tremont House)로 170개의 객실을 갖추어 1829년 개장하였다. 이것은 종전과는 전혀 새로운 경영형태와 고가의 건축비로써 건립되었으며 그 후 50년간 구미호텔양식에 큰 영향을 미쳤다.

④ 상용호텔(커머셜호텔)의 시대

산업혁명이후 미국의 국가 경쟁력이 성장됨에 따라 비즈니스 여행자들이 날로 증가하였으며, 교통의 발달로 여행이 편리해짐과 동시에 일반여행객들이 급속하게 증가되었고, 적은비용으로도 여행이 가능해 졌다. 경제발전과 더불어 상용여행객들의 증가는 미국호텔산업을 새롭게 변화시키게 되었으며 상용고객을 중심으로 상용여행자들과 중산층에 맞는 숙박시설의 형태, 서비스의 신개발, 요금책정 등의 호텔전략을 혁신하기 시작하였다.

⑤ 스타틀러

19세기말부터 20세기초에 걸쳐 미국의 숙박시설은 상용여행객의 증대라는 환경변화를 맞이하여 일반대중도 이용 가능한 저렴한 요금의 고급호텔과 다를 바 없는 시설과 서비스를 제공받을 수 있는 호텔의 사회적 요청이 표면화되었으며, 스타틀러(E. M. Statler :

사례 스타틀러 호텔의 특징

- 최초로 전체객실에 개인용 욕실구비
- 객실에 열쇠구멍을 표준화하여 어두워도 쉽게 열수 있게 함
- 객실입구 옆에 표준화된 전등 스위치 부착
- 객실에 전신거울 비치
- 객실에 무료 조간신문제공
- 객실 문고리에 'Do not Disturb'를 걸게 함
- 객실에 옷장, 전화, 침대, 책상 등 비치
- 객실에 얼음물 제공
- 익일세탁물 서비스 제공
- 계단에 화재시를 위한 비상구 설치

Ellsworth Milton Statler(1863~1928)

(좌) John Willard Marriott(1900~1985)
(우) Bill Marriott
출처 : O'Brien, Robert, Marriott: The J. W. Marriott Story, Salt Lake City, Utah: Deseret Book Co, 1977

1863~1928)는 이러한 일반대중의 욕구를 포착하여 혁신적인 호텔운영을 창조해 나갔다.

⑥ 버팔로 스타틀러호텔

스타틀러가 건설·운영한 최초의 본격적인 호텔은 1908년 개업한 버펄로(Buffalo)의 스타틀러호텔(Statler Hotel)로, 비상방화문, 열쇠, 현관 스위치비, 개인욕실, 객실에 얼음물, 전신(全身)거울 등 혁신적인 시설 및 서비스를 갖추고 있었다. '1.5달러의 욕실딸린 객실'이라는 선전문구를 내걸고 당시로서는 파격적인 저렴한 가격으로 판매하여 큰 성공을 거두었다.

⑦ 스타틀러의 혁신적인 경영 및 현대적 프랜차이즈

저가격을 실현하기 위하여 테일러의 과학적 관리기법을 도입하였으며, 경영관리시스템 등에 대해서 실적주의에 근거한 단순화(간소화)와 표준화(규격화) 및 과학적 계수관리를 추진했다. 스타틀러의 출현으로 숙박산업은 새로운 발전단계로 들어서게 되었고, 이 단계를 가리켜 '커머셜호텔(commercial hotel)'의 시대라고 부르고 있다. 스타틀러는 그 후 클리브랜드, 디트로이트, 쌘트루이스 등에 대규모 호텔을 건설하고 운영하여, 현대적 의미의 프랜차이즈를 처음으로 시작하였으며 규모의 경제를 이루고 호텔사업의 경쟁력을 강화시켰다. 그러나 힐튼호텔의 창시자 힐튼(C. N. Hilton)이 전체 체인호텔을 인수함으로써 스타틀러호텔 시대는 막을 내리게 되었다.

4. 현대(1900-현재)의 호텔산업

현대의 호텔산업은 미국이 주축이 되어 급속하게 변화되었다. 제2차 세계대전 이후 군인들의 이동과 전쟁을 복구하기 위한 활동으로 인해 호텔산업은 더욱 활발해 질 수 있었다. 또한 사회간접자본의 발달로 접근성이 용이해지고 항공기·자동차·고속열차 등 교통과 운송수단의 혜택에 의해 여행객들이 더욱 증가하였으며, 여행패턴도 변화되었으며, 여행의 목적에 따라 각기 다른 여행 소비층이 형성되어 여행자들이 선호하는 숙박시설도 다양화되었다.

(1) 모텔의 시대

자동차 산업의 발달은 자동차 여행을 하는 여행객들이 급속히 늘어나는 현상을 가중시켰다. 대부분 중소득층 근로자들인 이들은 장기여행을 즐기면서 새로운 여행지를 찾아다니는 새로운 여행패턴을 보였으며, 그에 따라 선호하는 숙박지는 고가의 숙박료와 미비한 주차시설의 도심호텔보다는, 저렴하면서 접근이 용이한 모텔을 선호하기 시작하였다. 「모텔」이 최초로 사용된 것은 1925년 쌘트루이스 오비스포의 마일스톤 모텔(Milstone Motel)이다. 그 이후 몇몇 Holiday Inn, Ramada Inns, Marriott 호텔 등과 같이, 체인화된 호텔들이 모텔로 진화하였다.

① 체인호텔의 출현

모텔의 등장은 체인호텔시스템인 프랜차이즈 운영방식이 본격적으로 등장하게 되는 계기가 되었으며, 1950년대 중반에는 Hilton이나 Sheraton과 같은 대규모의 호텔체인이 등장하게 되었다. 이러한 체인호텔개념의 급속한 성장은 기존의 개별경영호텔(independent)에 의해서 주도되던 호텔산업에 지각변동을 일으키는 계기가 되었다.

리츠(C. Ritz)가 체인호텔경영을 최초로 도입하였다면 이를 현대적 시스템으로 발전시킨 사람은 스타틀러(E. M. Statler)이다. 스타틀러는 1908년 최초의 상용호텔을 시작으로 10개의 스타틀러체인을 구축하여 현대적 체인호텔의 발전에 상당한 영향을 미치면서 체인경영의 합리적이고 효율적인 운영방향을 제시해 주었다. 스타틀러 이후 힐튼(Conrad Hilton), 윌슨(Kemmons Wilson), 존슨(Wallace Johnson) 등의 호텔산업의 여러 선구자들에 의해 체인경영의 개념이 비로소 확대·발전하게 되었다. 이러한 사회분위기에 의해 쉐라톤호텔(Sheraton Hotel)과 힐튼호텔(Hilton Hotel), 홀리데이 인 호텔(Holiday inns)이라는 3대 호텔체인이 호텔업계를 주도하는 세력으로 등장하게 되었다.

Conrad Nicholson Hilton(1887~1979)

② 힐튼의 경영대리 계약방식

특히 힐튼호텔의 창시자인 힐튼(Hilton)은 체인호텔의 성장을 촉진했던 호텔경영계약(Hotel Management Contract)의 창시자로 그 공로를 인정받고 있다.

③ 윌슨의 프랜차이즈 방식

또한 홀리데이 인 호텔(Holiday inns)의 창시자인 윌슨(Kemmons Wilson)과 존슨(Wallace Johnson)은 1950~ 1960년대에 걸쳐 홀리데이 인 호텔의 브랜드를 전국에 확산시켜 프랜차이징을 통한 호텔체인경영에 상당한 기여를 했다. 세계 호텔시장은 미국에 의해 주도되고 있었고, 미국의 소수 체인호텔들이 해외시장에 진출함으로써 명실공히 글로벌시대에 접어들게 되었다. 미국호텔은 세계의 호텔산업을 주도할 정도로 급격한 성장을 보이고 있어 영국, 일본 등 아시아 기업들도 점차 미국의 호텔기업과 파트너가 되고자 하며 이러한 추세는 앞으로도 지속될 것으로 보인다.

5. 한국호텔산업의 발전

(1) 숙박업의 발전

① 삼국시대-조선시대

숙박시설에 관한 우리나라의 최초의 기록은 「삼국사기」에서 찾아볼 수 있다. 주로 관리들이 지방을 순찰할 때 머무는 숙소로 이용된 「역관」이 신라 소지왕 9년에 개설되어 이용되었다. 이러한 시설은 고려시대에 와서 「참역제」의 발달로 이어져 역마를 두고 관리업무를 하는 역장, 역리 등이 공무로 왕래하는 관리들에게 교통 및 숙박의 편의를 제공하거나 공문서의 전달, 공물의 수송 등의 업무를 했다. 또한 공설주막이 있어 선비들이 숙식을 하기도 하였으며, 이러한 「주막」의 형태는 조선시대에 와서 더욱 영업형태가 커졌다. 주막에서의 매매행위가 확대되면서 「객주」라는 계층이 나타났고, 위탁매매를 주업으로 하는 물상객주와 숙박을 전문으로 하는 보상객주로 나뉘어 영업활동을 하였다.

② 구한말의 숙박시설

1876년 일본과의 수호조약으로 일본공사관이 설치되었고, 신미양요 이후 1882년에 미국과의 조약체결 후 미국공사관도 설치되었다. 그 이후 영국, 프랑스, 러시아 등을 포함한 많은 나라들이 한국으로 진출하고자 하면서 외국인들에 의해 외국인들의 숙박을 위한 숙박업이 발전하게 되었다.

(2) 호텔업의 발전과 역사

① 근대 숙박시설의 발전

〈표 2-2〉는 근대에서부터 한국의 호텔이 발전되어온 과정을 호텔의 건립연도와 함께 제시한 표이다.

- **대불호텔** : 우리나라에 최초로 호텔이라는 숙박시설이 등장한 것은 1888년에 인천에 세워진 대불호텔이다. 인천항을 드나들던 일본인과 외국인의 유치를 위해 3층 벽돌건물로 11실의 객실을 갖추고 있었다. 경인선 개통이전 인천에 도착한 외국인들이 하루 이상을 인천에 머물러야 했기 때문에 인천은 지리적으로 유리한 곳이었다.
- **손탁호텔** : 프랑스계 독일인 존탁(Sontag, 孫鐸)에 의해 1902년 서울 정동 29번지(이화여중 자리)에 손탁호텔이 건립되었다. 존탁은 궁중에서 서양문물 소개에 대한 자문을 하면서 고종의 신임을 얻어 정동의 땅을 하사받았고, 여기에 2층 양옥의 호텔을 개업했다. 손탁호텔의 윗층에는 귀빈실의 객실, 아래층에는 보통객실과 식당이 있었다. 이 호텔은 서울에 세워진 최초의 서양식 호텔이며, 서양가구·장식품·악기·의류·서양요리를 처음으로 도입하는 등 서구식 호텔건축과 운영으로 호텔발전에 전환기를 가져다 주었다. 서양문화전파의 창구가 되기도 하였으나, 1909년 존탁 양이 조선을 떠남으로써 개관 8년만에 문을 닫게 되었다.
- **철도호텔** : 1899년 경인철 개통을 시작으로 경부선과 경의선이 운행되면서 철도 이

표 2-2 근대 한국호텔의 발전개관

년 도	호 텔 명	설 명
1888	대불호텔	외국인 유치를 위해 인천항에 건립
1902	손탁호텔	프랑스계 독일인 손탁에 의해 설립된 최초의 서양식 호텔
〈국영호텔(철도호텔) : 교통부 직영호텔〉 1959년 철도호텔이 모두 관광호텔로 개칭됨		
1912	부산철도호텔	최초의 철도호텔(역사를 겸한호텔)
1912	신의주철도호텔	역사를 겸한 호텔로 서양식 여관시설
1914	조선호텔	호텔이 처음으로 회의장소로 이용 (처음엔 철도호텔로 개장하였음)
1915	금강호텔	외금강산장
1918	장안사호텔	내금강산장
1920	온양온천철도호텔	
1925	평양철도호텔	
1929	경성호텔, 광화문호텔, 중앙호텔, 목표호텔, 신천온천호텔, 송수호텔(원산), 호탕호텔(인천) 등	휴양지 호텔의 등장
〈상용호텔〉		
1936	반도호텔	일본이 노구찌에 의해 최초의 상용호텔 등장
〈민영호텔〉		
1952	대원호텔	
1955	금수장호텔	지금의 앰배서더 호텔그룹
1957	해운대호텔	
1957	사보이호텔	
1961	메트로호텔, 아스토리아호텔, 뉴코리아호텔, 사보이호텔, 그랜드호텔 등이 관광호텔로 선정	관광사업진흥법 제정으로 관광호텔이 발전하는 계기가 됨

● 자료 : 『개항 100년』-년표 · 자료집-(동아일보사, 1976), 『서울육백년사』 4(서울특별시사편찬위원회, 1981

용객의 편의를 위해 철도역사(station)와 함께 철도호텔들이 생겨나기 시작했다. 경부선 개통이후 1912년 2층 벽돌건물로 부산역사를 세우면서 1층은 대합실로, 2층은 호텔객실로 이용한 것이 철도호텔의 효시인 부산 철도호텔이다. 또한 1912년 건축된 신의주 철도호텔도 역시 3층 벽돌건물로 철도역사와 호텔을 함께 겸하여 영업한 형태로 운영되었다. 1914년에 서울에서도 일본 총독부 철도국 주관으로 조선호텔이 건립되었다. 이 호텔은 69개의 객실을 가진 서구식과 한국식을 겸한 4층건물

호텔로 프랑스 요리가 제공되고, 사교의 중심 및 국제회의장 역할도 하여 최초로 호텔에서 회의를 진행하는 등 현대적 의미의 호텔로 발전하게 되었다.

철도호텔들은 호텔사업이 운수사업의 일부로서 운영되었다. 광복 이후에도 국내외 관광객을 위하여 교통부에서 철도호텔을 오랫동안 직영하였다.

② 현대 숙박시설의 발전

해방 이후 1960년대에 정부시책의 지원과 민간기업의 노력으로 호텔은 눈부신 발전을 거듭하여 신규호텔이 개관되었으며, 민영호텔이 생겨나고 철도호텔은 1959년 11월 관광호텔로 명칭이 개칭되어 새로운 모습으로 바뀌어 운영되었다. 1970년,80년대의 호텔산업은 정부주도하에서 민영화하기에 이르렀고, 민간자본으로 대규모 호텔들이 신축되었다.

- **상용호텔** : 철도와 항공노선의 개설로 교통이 더욱 편리해지자 일본인 노구찌에 의해 1936년 상용호텔인 반도호텔이 개관되었다. 반도호텔은 지상 8층 지하 1층 건물로 객실 111개에 수용인원 150명 규모의 영국식 호텔이었다. 미국의 스타틀러호텔의 경영방식을 도입하였으며, 최초로 간부급 종사원들을 외국에 파견시켜 호텔전문 교육훈련을 받고 돌아와 근무하게 하였다. 일반대중을 상대로 영업한 상용호텔로 당시 한국 최대의 시설규모를 갖춘 호텔이었다. 그러나 이 시기는 우리 국민의 여행이 극도로 제한된 상태였기 때문에 일본인과 외국인을 위한 시설이었고, 호텔사업도 일본인이 독점하고 있었다. 1974년 현대식 대규모 호텔인 롯데호텔의 신축공사로 인하여 헐리게 되었다.
- **민영호텔의 출현** : 휴전이후 UN 한국부흥단위원들의 한국방문으로 관광사업의 필요성을 인식하기 시작하여 정부에 관광과가 설치되고 여행사와 민영호텔들이 생겨나기 시작하였다. 국내 최초로 대한여행사가 창설되었고, 민영호텔로는 1952년 대원호텔, 1955년 금수장호텔(현 그랜드 엠버서더 호텔그룹), 1957년 해운대관광호텔과 사보이호텔 등이 각각 개관되었다.
- **관광사업진흥법이 제정·공포** : 1960년도에는 경제개발이라는 시대적 요청에 따라 외화획득의 수단으로 관광산업의 진흥에 역점을 두기 시작했으며, 1961년에 관광사업진흥법이 제정·공포되어 관광호텔의 발전에 계기를 부여하였다. 최초의 관광호텔로 선정된 호텔은 메트로호텔, 아스토리아호텔, 뉴코리아호텔, 사보이호텔, 그랜드호텔 등이었다.
- **국제관광공사 설립** : 1962년 국제관광공사가 설립되면서 반도호텔·조선호텔 및 지

사례 현존하는 한국의 최고(最古)의 호텔

현존하는 한국의 최고(最古)의 호텔은 1914년 조선총독부 산하 철도국이 서울 소공동에 건립한 '조선호텔', 현재의 웨스틴 조선호텔이다. 독일건축가 궤데란트의 설계로 약 1,920m²(580평)건평에 지하 1층, 지상 4층으로 지어졌다. 52개의 객실과 한식당·양식당·커피·로비라운지·바·댄스홀·도서실을 갖췄고, 한국 최초의 엘리베이터(입명 수직열차), 아이스크림, 뷔페식사, 댄스피티, 서구식 결혼식 등 신문화 도입이 이곳에서 이뤄졌다. 해방 이후에는 미(美) 군정청이 관리했고 건국 이후에는 한국정부(교통부)가 운영했다.

1967년 박정희 전(前) 대통령의 지시로 기존건물을 철거하고 아메리칸 에어라인과 합작해 지하 2층, 지상 20층 규모의 호텔을 재건축했다.

조선호텔은 1983년 삼성그룹에서 1991년 신세계그룹으로 바뀌어서 운영되고 있으며, 2011년 면세점 사업에도 진출하였다.

● 조선일보, 2014.10.10.

방 7개의 호텔들의 경영권을 인수하였고, 1963년에 개장한 워커힐은 254개의 객실과 오락시설을 구비한 리조트호텔로 한국관광공사에서 운영하였다. 조선호텔은 1914년에 건립되어 1967년에 허물고 1970년 3월 국제관광공사와 아메리칸 에어라인의 공동투자로 재개관되었다. 국내에서는 처음으로 자본과 경영이 분리되어 운영되는 호텔이 등장한 것이다. 새롭게 재개관된 조선호텔은 지하 2층 지상 19층으로 객실 471실과 수용인원 1,000명의 그랜드볼룸 등의 시설을 갖춘 현대적 대규모 호텔의 효시라고 볼 수 있다.

- **정부 직영호텔의 민영화** : 1965년 정부에서는 공사산하의 8개 호텔을 모두 민영화하기 시작하여 워커힐호텔은 1973년 3월에 선경그룹에서 인수한 후 미국의 Sheraton

회사와 프랜차이즈 계약을 맺고 증축하여 1978년 7월에 신규호텔로써 쉐라톤워커힐호텔(Sheraton Walker Hill Hotel)이 탄생하게 되었다.

- **관광호텔의 질적·양적 향상** : 1970년대에는 제3차 경제개발 5개년 계획에 따라 호텔사업이 더욱 빠른 발전을 하였으며, 관광호텔등급화제도(특급, 1급, 2급, 3급)와 관광호텔 지배인 자격시험제도를 실시하여 호텔의 질적수준과 경영의 전문성을 도모하였고 호텔서비스를 국제적 수준으로 향상하는데 큰 공헌을 하게 되었다. 또한 정부에서는 관광법규를 정비하였으며, 관광호텔의 개·보수촉진에 소요되는 일부자재에 대한 특별소비세를 면제해 주는 세제상의 지원과 관광진흥개발기금으로 융자를 해주어 관광호텔의 수준향상을 도모하였다.
- **대기업의 호텔업진출과 호텔산업의 부흥** : 1980년도에는 국민관광과 국제관광의 조화발전, 서비스 수준의 향상, 국제회의의 국내유치, '86아시안게임과 '88서울올림픽 등을 통하여 우리나라 호텔산업도 일대 도약을 하게 된다. 특히 이 시기에 국내 대기업들의 호텔사업진출이 본격적으로 시작되었고, 국제적인 체인호텔들이 대거 들어와 호텔산업의 부흥기를 맞이하게 된다. 1983년에 대우그룹에서 힐튼호텔을 개관하고, 스위스그랜드호텔, 인터컨티넨탈호텔, 라마다르네상스호텔, 롯데월드호텔도 각각 개관되어 현대적 시설을 갖춘 국제수준의 특급호텔이 확충되었다.
- **장기체재 호텔의 등장** : 서울지역에 오랫동안 체재하는 외국인들을 위해 그랜드힐튼호텔에서는 특별한 객실을 신축하여 장기체재객을 유치할 수 있는 호텔을 만들었으며, 이것은 레지던스호텔의 효시가 되었다. 외국인 관광객의 유입증가에 따른 호텔의 부족으로 레지던스호텔의 발전과 더불어 관광호텔의 객실이 비약적으로 늘어나게 되었으며, 향후 우리나라의 호텔은 국제적인 사정과 경제적 발전에 의하여 지속적인 성장세를 보일 것으로 전망된다.

논 의 과 제

01 호텔의 개념과 기능을 설명하시오.

02 호텔의 분류를 설명하시오.

03 서양호텔산업의 발전에서 유럽과 미국의 특징을 비교하시오.

04 리츠칼튼호텔의 크레도 카드에 대하여 논해보시오.

05 현대의 호텔산업에서 도입된 호텔의 경영방식의 특징을 논의하시오.

06 한국의 호텔산업의 발전과정을 설명하시오.

제3장 호텔의 경영형태와 브랜드의 이해

• 학습목표

이 장을 학습한 후, 다음 내용들을 이해할 수 있어야 한다.

1. 호텔의 경영방식을 설명할 수 있다.
2. 외국호텔들의 체인경영방식의 도입이유를 설명할 수 있다.
3. 우리나라에 진출한 호텔들의 경영방식과 브랜드를 설명할 수 있다.

GO

본 장에서는 호텔의 경영방식 중에서 독립경영방식, 체인경영방식, 업무제휴방식, 합작투자 경영방식 그리고 임차경영방식에 대하여 살펴보고, 세계 유명체인호텔들의 브랜드와 국내 진출한 호텔브랜드에 대해 살펴보고자 한다.

01 호텔경영방식

호텔산업에서 어떤 경영방식을 선택하는가는 매우 중요한 문제이다. 경영방식을 선택하는 것은 이미 호텔을 계획할 때부터 검토해야 하며 자사호텔의 강점·약점을 파악하여 가장 적정한 경영방식을 선택하는 것이 중요하다. 〈표 3-1〉은 호텔의 경영방식을 독립경영방식과 체인 및 협력경영방식으로 나누어 그 유형을 제시한 것이다.

1. 독립경영방식

독립경영방식(independent hotel)이란 호텔운영에 있어 다른 호텔과 연계되지 않고 소유와 운영을 해나가는 호텔을 말하는데, 이러한 호텔들은 주로 호텔운영의 초기단계에서

표 3-1 호텔의 경영형태와 체인의 유형

경영형태	유 형
독립경영	· 독립(단독)경영호텔(independent hotel)
체인경영 및 협력경영	· 본사직영(regular, ownership chain) · 위탁경영협약 체인(management contract chain) · 프랜차이즈 체인(franchise chain)
	· 리퍼럴 그룹(referral group) · 임차경영(leased chain) · 합작투자경영(joint venture chain) · 업무제휴경영(affiliation chain)

표 3-2 독립경영호텔의 장·단점

구분	내용
장 점	·변화하는 시장에 유연성있게 적응하여 신축적인 경영이 가능 (경영자의 자유로운 의사결정권) ·시장규모가 작은 지역에 적합 ·세분시장 진출이 가능 ·수익극대화(체인 수수료가 없음)
단 점	·경영이 실패하였을 경우 위험부담이 큼 ·자본조달의 한계 ·경영합리성 유지의 어려움 ·우수한 인력채용의 어려움

많이 볼 수 있는 형태로서 소규모의 호텔에서 주로 적용하고 있다. 독립경영호텔들은 개인기업, 합명회사, 합자회사, 유한회사, 주식회사 등의 형태를 취하고 있으며, 일반적으로 소유권(ownership)과 경영(management)이 분리되어 있지 않고 모두 소유주에게 있는 것이 그 특성 중 하나이다.

독립경영방식의 주요 특징으로는 호텔 소유주가 호텔을 직접 경영함에 따라 의사결정이 신속하고, 독자적인 운영이 가능하며 기타 체인경영으로 발생할 수 있는 운영수수료가 없다는 장점이 있다. 하지만 반대로 운영노하우의 부족으로 경영능력에서 한계를 보이거나 해외마케팅의 부족 및 선진 호텔경영기법을 적용하는데 많은 제한이 있다는 단점을 갖고 있다. 〈표 3-2〉는 이러한 독립경영호텔의 장점과 단점을 정리하여 제시하였다.

2. 체인경영방식

(1) 체인경영의 개념

현대적 호텔경영에서 가장 큰 특징 중 하나는 체인호텔(chain hotel)의 등장이다. 체인(chain)이란 고리가 서로 연결되었다는 의미로 여러 호텔들이 서로 연결되어 하나의 호텔집단을 이루고 있는 형태를 말하며, 프랜차이즈(franchise system), 위탁경영(management contract), 컨소시엄(consortium) 등의 경영방식을 예로 들 수 있다. 이러한 호텔들은 동일한 상호를 사용하는 2개 이상의 호텔들이 하나의 그룹으로 형성되어 서로 직접적 혹은 간접적으로 관계를 유지하여 운영되는 호텔경영형태를 의미한다. 체인경영호텔은 짧은 역사에도 불구하고 빠르게 성장하고 있으며 현대에 있어서 호텔경영의 중심적인 경영방식이 되고 있다.

그림 3-1 체인경영의 형태

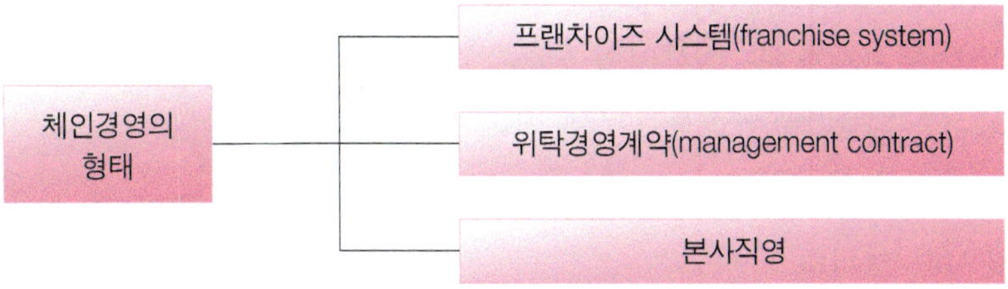

체인경영호텔의 등장 배경을 살펴보면, 1950년대부터 대형 호텔체인들은 자사의 브랜드와 규모의 경제(economics of scale)를 최대한 살릴 수 있는 경영방식으로 체인경영을 도입하게 되었는데, 먼저 타 지역의 호텔을 사들여 경영진을 파견하는 소유직영방식과 타 호텔기업과의 상호협정에 따라 호텔을 확장하는 수단으로 프랜차이즈 시스템(franchise system)과 위탁경영계약(management contract)방식이 있다(그림 3-1 참조).

대표적인 체인경영호텔로는 1950년대에 홀리데이 인(Holiday Inns)을 중심으로 한 모텔회사와 쉐라톤(Sheraton), 라마다 인(Ramada Inns) 등의 호텔이 프랜차이즈 시스템(franchise system)을 본격화시켰으며, 1960년대 이후에는 힐튼(Hilton), 쉐라톤(Sheraton), 웨스틴(Westin), 하얏트(Hyatt), 메리어트(Marriott) 등의 국제적인 호텔기업이 세계 여러곳에 체인망을 형성하면서 프랜차이즈(franchise) 및 위탁경영계약

표 3-3 호텔 체인경영의 장·단점

구분	내용
장 점	·전문가(호텔경영진, 고문변호사, 서비스교육강사 등) 공동활용 ·자본조달 용이 ·공동마케팅(광고, 홍보, 판촉활동) 효과 ·예약 네트워크 구축 ·규모의 경제(대량구매·대량생산·대량소비) 활용 ·브랜드 가치활용 및 상승 ·표준화된 서비스 매뉴얼 및 시설 구축 ·경영부담 및 위험 감소
단 점	·자본주의 경영참여 제한 ·과다한 수수료(royalty) 지급 ·자본주에게 최소한의 수익이 보장되어 있지 않음 ·자본주에 계약파기권이 없음 ·부당한 인사 및 인건비와 기타 경비의 과다지출 ·체인본부의 불합리한 구매관계

(management contract) 형태의 경영방식을 도입하게 되었다.

체인경영호텔은 호텔경영에 경험이 없어도 체인본부로부터 시장조사, 입지선정, 건축기술지원, 전산시스템, 종사원의 교육, 개관업무, 각종 영업매뉴얼을 통한 서비스표준화 등의 지원을 받을 수 있으므로 단독경영호텔보다 호텔사업의 진출과 확장이 용이하여 영업목표달성에 좀 더 유리할 수 있다는 장점이 있다. 〈표 3-3〉은 호텔체인경영의 장·단점을 제시한 것이다.

(2) 체인의 유형

1) 본사 직영체인

본사 직영체인(regular, ownership chain)은 하나의 소유주가 2개 이상의 호텔을 체인화한 형태로서, 체인의 모회사가 소유권에 대한 지분을 보유하거나 주주로부터 경영권을 위임받아 운영하는 형태이다. 〈표 3-4〉에 제시된 바와 같이 호텔의 본사가 되는 모회사는 체인본부의 역할을 하고 호텔경영 전반에 대해 관리하며 호텔의 정책에 따라 브랜드의 정체성과 통일성을 유지하게 된다. 주요 호텔로는 롯데호텔과 신라호텔 등이 여기에 속한다.

표 3-4 국내 주요 본사직영 체인호텔 현황

본사호텔	본사직영 체인호텔명(개관연도)	
롯 데	·롯데호텔(1979) ·롯데호텔 부산(1997) ·롯데호텔 울산(2002) ·롯데시티호텔 김포공항(2011) ·롯데시티호텔 대전(2014) ·롯데호텔 모스크바(2010)	·롯데호텔월드(1988) ·롯데호텔 제주(2000) ·롯데시티호텔 마포(2009) ·롯데시티호텔 제주(2014) ·롯데시티호텔 구로(2014) ·롯데시티호텔 울산(2015)
현대중공업	·호텔현대 경포대(1971) ·호텔현대 경주(1992) ·호텔현대 목포(2006)	·호텔현대 울산(1983) ·호텔현대 블라디보스톡(1997)
신 라	·신라호텔(1979)	·제주신라호텔(1998)
파라다이스	·파라다이스호텔부산(1981) ·파라다이스호텔도고(1998)	·파라다리스호텔제주(1990) ·파라다이스올림푸스호텔(2000)
호텔 인터불고	·호텔인터불고 대구(2001) ·호텔인터불고 원주(2009) ·호텔인터불고 안산(2015)	·호텔인터불고 엑스코(2012) ·호텔인터불고 마리나 앙골라(1996)

● 자료 : 호텔경영론, 채신석, 2015, p.86

2) 프랜차이즈 방식

전 세계적으로 대형호텔체인들은 자사 호텔브랜드의 빠른 확산과 수익을 위해 프랜차이즈 시스템(Franchise system)을 적극적으로 도입하고 있다. 호텔경영에서 프랜차이즈(franchise)란 특별한 상표나 서비스 명칭을 가진 소유자가 타인에게 동일한 제품이나 서비스 명칭 등을 사용할 수 있도록 허용하는 특권을 의미한다. 본부호텔(franchisor)이 가맹호텔(franchisee)에게 일정기간동안 특정장소에 본부호텔의 상호와 상표(trade mark), 운영시스템의 제공, 예약시스템과 마케팅기법, 구매혜택, 영업시스템 등을 제공하고 이에 대응하는 수수료를 받는 형태로 운영된다. 즉, 호텔은 소유주가 직접 경영에 참여하지만, 호텔체인 브랜드와 경영방식을 공유하고 그 브랜드를 사용하는 대가로 로열티를 지급하게 된다.

호텔의 프랜차이즈 방식의 도입이 본부호텔에 미치는 영향을 살펴보면, 우선 브랜드의 확장과 더불어 수수료를 통한 수익을 얻을 수 있으며, 가맹호텔의 입장에서는 선진화된 경영지원을 바탕으로 안정적인 사업을 영위할 수 있다는 것이 가장 큰 장점이 된다. 실제로 프랜차이즈 사업의 실패율은 10~15% 미만으로 직영으로 운영시 사업실패율인 40~50%를 크게 하향하고 있다. 프랜차이즈 체인경영의 장·단점을 〈표 3-5〉에 제시하였다.

프랜차이즈 기법은 전 세계적으로 가장 많이 적용되고 있으며, 우리나라에서는 쉐라톤 워커힐과 그랜드힐튼호텔, 인터컨티넨탈호텔 등이 대표적이다. 앰버서더호텔그룹은 프랑스의 아코르(Accor) 그룹과 프랜차이즈 계약을 통하여 그랜드 앰배서더(Grand

표 3-5 프랜차이즈 체인의 장·단점

구분	내용
장 점	·경영노하우 도입이 용이하며 호텔사업의 진출이 용이 ·브랜드 및 표준시설 사용으로 초기에 사업 신뢰성 확보가 가능 ·구매·인사·조리·서비스 등의 기술지원을 받음 ·체인 예약망을 활용 ·공동광고를 통해 원가를 절감 ·대량구매를 통해 구매원가 절감 ·금융기관으로부터 자금조달이 용이
단 점	·가입비(initial franchise fee)와 사용수수료(royalties) 부담이 큼 ·지역 및 기업 특성을 고려한 독자상품의 개발과 판매를 제한 ·본부로부터 과도한 요구와 통제를 받음 ·계약위반과 계약취소나 종료 시 비용문제가 발생 ·인접지역 내에 가맹점을 남발하는 경우 손실이 발생

Ambassador), 풀만 앰배서더(Pullman Ambassador), 노보텔 앰배서더(Novotel Ambassador), 머큐어 앰배서더(Mercure Ambassador), 이비스 앰배서더(ibis Ambassador) 브랜드로 5개 주요 도시에 12개 호텔 3,495객실 호텔 네트워크를 운영하고 있다.

3) 위탁경영방식

위탁경영방식(management contract system)은 전 세계적으로 호텔산업이 빠르게 팽창하던 1970년대 이후에 영향을 미친 경영방식이다. 이 방식은 호텔의 소유주가 호텔체인 본사에 의뢰하여 경영계약을 맺는 것으로, 국내에서는 1969년 웨스틴조선호텔, 1970년 쉐라톤워커힐호텔이 처음으로 도입한 것으로 알려져 있다.

위탁경영방식은 호텔소유주가 호텔전반에 대한 운영권을 체인본사에 위탁하는 것이기 때문에 경영권 자체가 상실되며 체인본사가 운영에 대한 책임을 지고 경영활동을 하게 된다. 즉 체인본사에서는 전문가에 의한 운영을 실시하고, 전 세계를 대상으로 하는 마케팅과 중앙예약방식(CRS : Central Reservation System)을 통한 세일즈를 바탕으로 매출을 극대화시키고 있다. 〈표 3-6〉은 위탁경영방식에 따른 체인본사의 개관 전과 후의 서비

표 3-6 체인본사의 서비스 내용

개관 전 서비스	시장조사, 사업수지 예측, 건설기획의 제안과 지도, 인테리어 기획의 제안과 지도, 경영기획의 입안과 실시, 물자구입에 대한 지원, 관리운영 스텝의 파견, 개업준비 인력파견
개관 후 서비스	호텔명칭의 사용권 제공, 주요 경영관리자 파견, 판매관리 서비스, 종사원 훈련, 물자조달 서비스, 경영분석과 지도

표 3-7 위탁경영방식의 장·단점

장 점	·호텔경영을 전문적인 경영회사(체인 본부회사)가 담당하므로 소유자는 호텔경영 경험이 없어도 운영이 가능 ·체인본부의 상호를 사용하기 때문에 신뢰와 명성을 확보 ·체인 예약망 활용으로 체인본부 계열의 타 호텔로부터 고객을 받음 ·인지도 높은 브랜드의 사용으로 신뢰성 확보 ·공동광고 효과가 높고 경영노하우의 습득이 용이 ·브랜드의 가치로 인해 금융권으로부터 자금조달의 용이
단 점	·호텔소유자는 과다한 수수료의 지불에 따른 수익률 저하 ·호텔소유자는 호텔경영상의 통제력 행사 불가능 ·호텔소유자와 경영자 사이에 의사소통 문제 발생 ·경영호텔의 브랜드가 약해지거나 부정적 이미지로 바뀌면 영업력이 하락하며 계약 종료후 이미지 저하 ·불합리한 계약조건에도 불구하고 장기간의 계약기간에 따른 손실 감수

스 내용을 보여주고 있으며, 〈표 3-7〉은 위탁경영방식의 장점과 단점을 제시하고 있다.

위탁경영방식으로 계약된 호텔들은 계약기간에 따라 5년, 10년 또는 20년을 기준으로 위탁경영을 실시하게 되며, 이에 대해 호텔소유주는 경영계약을 맺는 호텔체인에 운영관리에 대한 수수료, 즉 로열티(royalty)를 지불하게 된다. 로열티의 산정방식은 운영수익(GOP : Gross Operating Profit) 또는 전체 운영매출액을 기준으로 산정하는데 보통 총매출액의 2~4.5%를 지불하게 된다. 최근에는 2% 정도가 일반적으로 적용되어지며 영업이익에 따른 추가적인 인센티브를 받게 된다.

즉, 계약내용에 따라 다르지만 위탁경영의 경우 통상 운영업체 수익은 전체매출의 2% 또는 전체이익의 20%, 그리고 별도의 인센티브를 포함하고 있는데 대략 전체매출의 10% 정도를 위탁경영명목으로 지급하게 된다. 반면 호텔의 소유주는 인건비와 임대료, 마케팅 비용(매출의 0.2%정도), 직원 교육비, 브랜드 사용료 등을 모두 부담하는 대신 이익이 많이 나는 경우 소유주가 운영수익의 70~80% 정도까지 가져가기도 한다.

오늘날 많은 계약에서 위탁경영이 확대되고 있는데, 소유주는 경영에 관여하지 않아도 안정적이고 지속적인 수익을 확보할 수 있으며, 위탁경영의 경우 경영매출 또는 이익에 따른 로열티를 받아서 위탁호텔을 책임경영하게 됨에 따라 단독경영호텔의 경우보다 경영효율 및 경영기법에서 효과적이라고 할 수 있다. 세계적으로 힐튼과 하얏트, 메리어트 같은 세계 유수의 호텔체인들이 직접소유가 아니라 위탁경영쪽으로 호텔사업의 방향을 선회하고 있다.

위탁경영과 프랜차이즈경영을 비교할 때, 위탁경영은 인사권 및 경영에 책임을 가지고 운영함에 따라 계약호텔에 강력한 영향을 미치게 되지만, 프랜차이즈 방식의 경우 경영지도에 목적이 있기 때문에 경영에 대한 권한과 통제가 약하게 되고, 가맹호텔의 잘못된 경영으로 인하여 브랜드 가치에 손상을 줄 수 있다는 약점이 있다.

3. 리퍼럴방식

위탁경영과 프랜차이즈(franchise)는 모회사의 유명 브랜드와 노하우를 바탕으로 자회사가 경쟁력을 갖추게 되나, 소유직영방식의 기업들은 그러한 측면에서 큰 불리함을 안게 된다. 이에 대해 중소호텔들은 각각의 경영상 독립성은 유지하면서 체인경영의 이점과 관련된 업무에 대하여 상호협력 및 제휴로 경영의 효율성을 높이려는 리퍼럴방식의 연합체(referral association)를 구성하게 되었다.

업무제휴방식(referral system)은 다른 용어로는 마케팅컨소시엄(marketing consortium)이라고 부르는데, 단독호텔들이 강력한 체인호텔에 대항하기 위하여 자사호텔의 소유권 및 경영의 독립성을 유지하면서 자사의 한정적인 판촉망을 확대하기 위하여 회원호텔들과의 상호협조하에 공동마케팅과 공동예약을 하는 방식으로 나타났다.

독립경영방식으로 경영하던 호텔들이 리퍼럴시스템에 가입하게 되는 이유는 낮은 비용임에도 상호협력하여 프랜차이즈시스템과 같은 효과를 얻을 수 있기 때문이다. 주요 제휴내용으로는 호텔이나 모텔들이 동일한 이미지와 로고, 광고슬로건을 같이 사용하고 예약센터를 통한 공동예약시스템을 활용하며, 또한 제휴호텔 고객들에게 할인혜택 제공뿐만 아니라 운영지도 및 지속적인 교육프로그램을 운영하고 있다.

국내의 업무제휴방식의 호텔로는 2007년 한국관광공사가 자체적으로 만든 중저가체인인 베니키아 브랜드로 국내 1등급~3등급 관광호텔을 대상으로 한 체인화사업이다. 설립목적은 우리나라를 찾는 자유여행객이 증가함에 따라 합리적인 가격에 고급서비스를 제공하는 호텔정보를 제공함으로써 이용객의 편의제공 및 중저가호텔의 수입창출에 기여하는 것이며, 2012년 11개의 호텔이 체인호텔로 등록되어 있고 34개의 호텔이 업무제휴를 위한 가맹호텔로 구성되어 있다.

베니키아 포스터

베니키아 체인호텔지원혜택을 살펴보면, 먼저 호텔관리프로그램(Property Management System; PMS)과 베니키아 중앙예약시스템(BCRS)의 자동연계시스템을 통한 표준화된 온라인 예약지원시스템을 운영하고, 관광진흥개발기금 융자지원과 내·외부 경영환경분석, 시장분석 등의 경영지원, 호텔직원의 교육, 서비스의 품질평가·호텔의 홍보지원 등의 경영지원이 포함된다. 세계적 브랜드로는 베스트웨스턴(Best Western)이 대표적이다.

4. 합작투자경영

합작투자경영(joint venture chain) 호텔은 자본을 제휴하는 것으로 체인본부호텔과 체인을 체결하고자 하는 호텔 사이에 일정비율의 자본을 상호출자하여 운영하는 형태이다. 대부분의 합작투자호텔은 자본과 경영을 동시에 체인화 하고 있다. 국내에는 서울 반포에 위치한 JW메리어트호텔이 호텔개관시 합작투자로 출발하였다.

5. 임차경영호텔

임차경영호텔(leased hotel)이란 호텔경영회사가 호텔소유주의 건물을 임대하여 운영하는 형태이다. 즉, 건물투자에 대한 자금조달능력이 부족한 호텔경영회사가 제3자의 건물을 임대하여 호텔사업을 운영하는 것으로 호텔건물 소유자 입장에서는 호텔경영능력의 부족으로 인한 경영의 불투명을 해소할 수 있고, 호텔경영회사의 입장에서는 많은 자본의 투자없이 호텔을 경영할 수 있기 때문에 계약이 성립되고 있다.

많은 호텔들이 체인확장을 위해 임차경영방식을 도입하고 있으며, 대표적인 호텔로는 이비스엠버서더 명동호텔과 오크우드프리미어 인천이다. 임차경영의 장·단점은 〈표 3-8〉과 같다.

표 3-8 임차경영의 장·단점

장 점	건물 소유주는 호텔경영 노하우없이도 투자가 가능 · 건물 소유주는 영업실적에 관계없이 고정된 임대료를 받음 · 건물 소유주는 내장·비품에 대한 투자를 하지 않아도 됨 · 임차경영주는 토지와 건물에 대한 투자 없이 체인망 확보가 가능
단 점	건물 소유주는 자본조달 능력 필요 · 건물 소유주는 경영통제권 상실 · 건물 소유주는 임대동의서에서의 제한된 수익만 받음 · 임차경영주는 임대료를 포함한 재무적 위험부담 있음

6. 업무제휴경영

업무제휴경영(affiliation system)은 단독경영호텔이 호텔명 및 경영권을 유지하면서 상호 공동관심사에 협력관계를 구축하여 호텔을 운영하는 경영방식을 말한다. 즉, 호텔경영에 대한 노하우 또는 특정업무에 대하여 상호 간에 제휴하는 형태로서 자사의 약점을 보강하고 자사 경영환경의 유리한 점을 부각시킬 수 있는 기회로 활용할 수 있다. 예를 들어 신라호텔과 일본 오꾸라호텔 간에 맺고 있는 업무제휴나 강북의 신라호텔과 강남의 인터컨티넨탈호텔과의 더블초이스(double choice) 프로그램은 제휴를 통한 마케팅협력의 예를 보여주고 있다.

02 호텔브랜드의 이해

호텔경영에 있어서 브랜드는 매우 중요한 요소이다. 특히 고객에게는 브랜드가 더욱 중요하여 호텔의 브랜드만 보더라도 그 호텔의 컨셉과 제공되는 서비스를 미리 알 수가 있다. 어느 호텔의 어떤 브랜드는 스파를 겸한 휴양의 컨셉, 어떤 호텔은 도시의 비즈니스 호텔브랜드를 그리고 또 다른 호텔은 스위트(suite)호텔을 연상할 수 있게 한다. 〈표 3-9〉에는 세계 10대 호텔브랜드의 현황이 제시되어 있다.

표 3-9 2013년 세계 10대 호텔브랜드 현황

순위 2013	순위 2012	그룹사		HOTELS 2013	HOTELS 2012	CHAMBRES 2013	ROOMS 2012	성장객실 수	객실 성장률
1	1	IHG	GB	4,602	4,480	675,982	658,348	17,634	2.7%
2	2	Hilton Hotels	USA	3,992	3,861	652,378	631,131	21,247	3.4%
3	3	Marrlott International	USA	3,672	3,595	638,793	622,239	16,514	2.7%
4	4	Wyndham Hotel Group	USA	7,342	7,205	627,437	313,126	14,311	2.3%
5	6	Ghoice	USA	6,198	6,203	497,023	502,460	-5,437	-1.1%
6	5	Accor	FRA	3,515	4,426	450,199	531,714	-81,515	-15.3%
7	7	Starwood Hotels and Resorts	USA	1,121	1,076	328,055	315,346	12,709	4.0%
8	8	Best Westem	USA	4,024	4,018	311,611	295,254	16,357	5.5%
9	9	Home Inns	CHI	1,772	1,426	214,070	176,562	37,508	21.2%
10	10	Carlson Rezldor Hotel Group	USA	1,077	1,077	166,245	165,802	443	0.3%

● 자료 : MKG Hospitality dotobose, March. 2013.

1. 메리어트호텔 그룹

JW 메리어트호텔 서울

오늘날 세계 일류호텔체인으로 성장한 메리어트 인터내셔널은 1927년 워싱턴 D.C.에서 윌러드 메리어트(J. Willard Marriott)가 부인 앨리스 메리어트(Alice S. Marriott)와 9석의 루트 비어 스탠드(음료 가판대)를 연것이 모체이다. 그 후 메리어트 인터내셔널은 혁신과 변화를 거듭하여 미국과 전 세계 70여 국가에서 3,400여 개의 숙박시설을 운영하고 있다. JW메리어트호텔은 호텔설립자 윌러드 메리어트(J. Willard Marriott)의 이니셜을 딴 것으로, 'J.W'가 붙는 호텔은 메리어트호텔 체인중에서도 최상급을 뜻한다. 메리어트는 미국내에서 트랜스지방이 없는 음식을 고객들에게 제공한 최초의 호텔이다. 1930년 볼티모어에 핫 숍(hot shoppe)을 열었으며, 이 당시 아메리칸항공을 비롯한 항공사에 단체급식을 납품하는 사업에 진출했다.

MARRIOTT

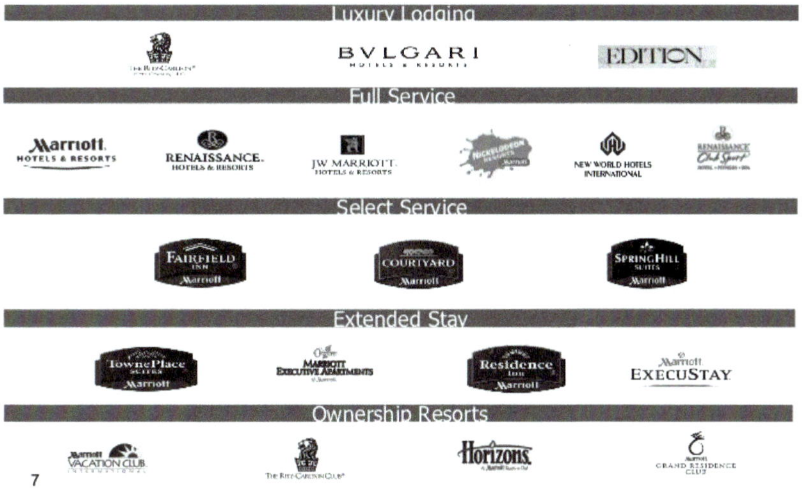

· Marriott Hotels & Resort
· Courtyard
· Marriott Conference Center
· Marriott Vacation Club International
· Marriott Executive Apartments
· JW Marriott Hotels & Resort
· Residence Inn
· TownePlace Suites
· The Ritz-Carlton
· Renaissance Hotels & Resort
· Fairfield Inn
· SpringHill Suites
· Marriott ExecuStay

브랜드 및 자회사로는 메리어트 휴양클럽 인터내셔널, 리츠칼튼호텔 컴퍼니L.L.C, 메리어트호텔리조트 & 스위트, JW메리어트호텔 & 리조트, 르네상스메리어트호텔 & 리조트, 메리어트 콘퍼런스센터, 코트야드 바이 메리어트(Courtyard by Marriott), 페어필드 인 바이 메리어트(Fairfield Inn by Marriott) 등이 있다. 한국에는 리츠칼튼호텔 서울, J.W메리어트호텔 서울, J.W메리어트호텔 동대문 외에 르네상스호텔, 메리어트 익제큐티브아파트먼트 서울, 코트야드서울 타임스퀘어, 코트야드서울 판교가 있다.

특히 JW메리어트호텔 서울은 2000년 9월 1일 개관한 이래 '해가 지지 않는 호텔제국' 메리어트인터내셔널(Marriott International Inc.)의 신화를 서울에서도 이어가고 있는 특1등급 호텔이다. 객실은 497개이고 연회장을 비롯한 9개의 식당을 운영하고 있다.

2. HYATT호텔 그룹

Grand HYATT Seoul Hotel

하얏트 그룹의 역사는 1957년 Pritzker 가문의 장남인 Jay Pritzker가 미국의 로스엔젤레스 국제공항 근처의 하얏트 하우스 모텔을 매입하면서 시작되었다. 하얏트의 이름은 모텔을 처음 만들었던 Hyatt von Dehn이름에서 유래하였다. 하얏트는 브랜드를 단순화하고 각각의 개별 지역호텔에 대한 통제를 강화하여 하얏트 고유의 브랜드 이미지를 고수하는 것이 장점이며, 최근까지 6개 대륙에 걸쳐 직접소유, 프랜차이즈, 위탁경영 등의 형태로 492개의 호텔을 보유하고 있다.

HYATT		
· Park Hyatt Hotels Regency · Hyatt Regency Hotels · Hyatt Summerfield Suites	· Andaz · Hyatt Resorts · Hyatt Vacation Club	· Grand Hyatt Hotels · Hyatt Place · Park Hyatt

호텔의 수는 적지만 객실수나 매출액 면에서는 세계 10위권에 드는 대형호텔체인이다.

국내에는 그랜드하얏트 서울, 그랜드하얏트 인천, 호텔 파크하얏트 서울, 파크하얏트 부산, 하얏트리젠시 제주 등이 있다. 특히 서울의 중심부 남산에 위치한 그랜드하얏트 서울호텔은 도심속의 특1등급 리조트호텔로, 남산과 한강을 바라보는 601개의 객실과 연회장을 비롯한 12개의 식음료 업장을 운영하고 있으며, 세심한 서비스와 더불어 편안하고 안락한 경험을 제공한다.

3. 인터컨티넨탈호텔 그룹

Grand Inter-Continental Hotel Seoul 전경

INTERCONTINENTAL HOTELS GROUP

- Inter-Continental Hotels & Resorts
- Holiday Inn Hotels & Resorts
- Holiday Inn Garden Court
- Candlewood Suites
- Centra Hotels & Resorts
- Crown Plaza Hotels & Resorts
- Holiday Inn Select
- Holiday Inn Express
- Forum Hotels & Resorts
- Hotel Indigo
- Holiday Inn SunSpree Resort
- Staybridge Suites
- Parkroyal Hotels & Resorts

인터컨티넨탈호텔 그룹은 세계 최대규모의 호텔체인을 보유하고 있는 영국기업이다. 1777년 윌리엄 바스(William Bass)가 양조사업을 시작하면서 사업의 토대를 마련하였다. 1989년 바스사는 영국정부가 양조가들이 직영하는 술집의 수를 제한하자 호텔사업에 뛰어들었다. 1988년 '홀리데이 인 인터내셔널(Holiday Inn International)'을 인수하였고 1990년에는 '유나이티드 스테이츠 도메스틱 홀리데이 인(United States domestic Holiday Inns)'을 인수하면서 북아메리카로 사업영역을 확장하였다. 1998년 고급화로 영역을 넓히면서 인터컨티넨탈 브랜드를 획득하였다.

2000년 '식스 컨티넨트사(Six Continents plc)'로 사명을 바꾸었으며, 2003년 4월 인터컨티넨탈을 창립하였다. 그룹 내 호텔브랜드로 인터컨티넨탈호텔 앤 리조트(Inter Continental Hotels and Resorts), 홀리데이 인(Holiday Inn), 캔들우드 스위트(Candle-wood Suites), 크라운 플라자(Crowne Plaza) 등이 있다.

최근까지 전 세계 100여개 나라에 4,400개의 호텔을 운영하며 객실이 64만개를 넘는다. 인터컨티넨탈호텔의 경영방식은 직접소유, 위탁경영, 프랜차이즈경영 등 크게 세 가지로 나뉜다. 전체 호텔가운데 프랜차이즈 형태로 운영하는 호텔이 3,783개로 가장 많고 경영을 위탁받은 호텔은 639개다. 직접 소유한 호텔은 15개로 그룹이 운영하는 전체 호텔가운데 1%에도 미치지 못한다. 국내에는 그랜드인터컨티넨탈 서울, 코엑스인터컨티넨탈 서울, 홀리데이 인 호텔이 운영되고 있다. 특히 1988년 개관한 그랜드인터컨티넨탈 서울은 특1등급 호텔로서 517개의 객실과 10개의 미팅룸, 5개의 레스토랑을 운영하고 있으며 COEX 단지내에 위치하고 있는 대표적인 비즈니스호텔이다.

Conrad Seoul 전경

4. 힐튼 월드와이드

1919년 콘래드 힐튼(Conrad N. Hilton)이 텍사스주의 시스코에 모블리(Mobley)호텔을 세웠다. 1925년 '힐튼'이라는 이름을 사용하기 시작했다. 힐튼 월드와이드(Hilton Worldwide)는 최고급 풀서비스 호텔·리조트, 장기숙박시설, 중급호텔 등 각종 숙박서비스를 제공하는 세계굴지의 호텔기업이다. 힐튼월드와이드는 지난 93년간 비즈니스·여가 이용객들에게 최상의 숙박시설과 서비스, 편리한 시설, 뛰어난 가치를 제공해왔다. 힐튼 월드와이드는 세계 전역의 힐튼 브랜드를 통해 고객들에게 특별한 경험을 선사하는 전통을 이어가고자 노력해왔다.

힐튼 월드와이드는 2014년 기준 91개국에 4,000여개의 호텔, 67만 8천여개의 객실을 운영 중이다. 힐튼이 운영하는 호텔브랜드에는 힐튼호텔 앤드 리조트(Hilton Hotels & Resorts), 월도프-아스토리아호텔 앤드 리조트(The Waldorf-Astoria Hotels & Resorts), 콘래드호텔 앤드 리조트(Conrad Hotels & Resorts), 더블트리(Doubletree by Hilton), 엠버시 슈트호텔(Embassy Suites Hotels) 등이 있다. 우리나라에는 콘래드 서울, 밀레니엄 힐튼 서울과 그랜드힐튼 서울 그리고 경주 힐튼호텔 등이 영업을 하고 있다. 특히 콘래드 서울은 '스마트 럭셔리'란 컨셉의 스타일리쉬한 호텔로 2012년 11월 오픈하여 연회장을 비롯한 5개의 레스토랑과 바를 운영하고 있다.

HILTON WORLD WIDE

- Hilton Conrad Hotels & Resorts
- Hampton
- Hilton Garden Inn
- Doubletree
- Hilton Grand Vacations
- Homewood Suites by Hilton
- Embassy Suites Hotels
- Home2 Suites by Hilton
- Waldorf Astoria Collection

사례 Airbnb : 전세계 숙박 공유 서비스

에어비엔비(Airbed + Breakfast)는 자신의 주거지 일부를 다른 사람에게 빌려주는 서비스를 제공하는 온라인 사이트이다. 에어비앤비는 2008년 샌프란시스코의 비싼 월세를 고민하던 브라이언 체스키와 조게비아가 자신이 살고 있는 아파트 거실에 에어버드(airbed-메트리스) 3개를 깔고, 숙박객에게 아침식사(breakfast)를 제공하는 민박사업을 구상하였으며, 당시 샌프란시스코에서 개최된 디자인 콘퍼런스 참가자들에게 요금을 받고 거실을 빌려준 것에서 시작되었다.

이때 콘퍼런스 참가를 위해 샌프란시스코 방문객에게는 비싼 호텔비 걱정을 덜 수 있어 호응도가 좋았고, 이를 사업모델로 하여 창업한 것이 에어비앤비의 효시이다.

Airbnb의 서비스는 자신의 공간을 홈페이지나 스마트폰 애플리케이션에 게재하면 공간이 필요한 이용자는 이를 저렴한 비용으로 사용할 수 있다. 숙박요금은 숙박을 제공하는 주인이 정하며, 에어비앤비는 숙박예약을 중개해 주고 수수료를 받는다. 네트워크를 통하여 해외 여행객들이 많이 이용하고 있으며 한국을 비롯한 미국, 파리, 런던, 상파울로, 시드니 등 190여 개국의 3만 4000여 도시에서 60만여 개의 숙소가 등록되어 있으며 에어비앤비 이용객 수는 2500만 명에 달한다.

최근 에어비엔비(Airbnb)의 기업가치가 200억 달러(약 22조원)로 평가받았다. 세계 유수의 호텔체인 중에 기업가치 1위인 힐튼(219억 달러), 2위인 메리어트(159억 달러), 3위인 하얏트(84억 달러)와 경쟁하며 현재 힐튼의 뒤를 이어 2위를 차지하고 있다.

● 자료 : 조선일보, 2015. 3. 3

논 의 과 제

01 호텔경영방식 종류를 설명하고 각각의 장·단점을 비교하시오.

02 국내에 진출한 호텔브랜드에 대하여 토론해 보시오.

03 우리나라 호텔의 본사 직영방식을 채택하고 있는 호텔에 대하여 토론해 보시오.

04 다양한 해외 유명브랜드를 살펴보고 각 브랜드의 특징을 토론해 보시오.

05 국내에 진출한 호텔체인을 알아보고 토론해 보시오.

제4장 호텔의 조직과 주요부서의 업무

• 학습목표

이 장을 학습한 후, 다음 내용들을 이해할 수 있어야 한다.

1. 호텔의 운영을 위해 구성되어 있는 주요조직을 이해한다.
2. 호텔 조직 내의 주요부서들의 역할을 이해한다.
3. 호텔의 주요부서들의 주요업무를 이해한다.

GO

본 장에서는 호텔을 운영하기 위해 구성되는 전체적인 조직에 대하여 알아보고, 각 조직내에 어떤 부서들이 있으며 이러한 부서들은 어떤 역할을 하여 호텔이 수익을 창출하는지에 대해서 논의해 보고자 한다.

01 총지배인 중심의 일반적인 조직

일반적으로 호텔은 그 규모나 주요기능에 따라 다소의 차이가 있을 수 있지만, 대체로 총지배인(general manager)을 중심으로 식음료부서, 세일즈와 마케팅부서, 객실부서, 회계부서, 인사부서 등으로 구분되어 운영된다. 호텔의 규모에 따라 회계부서나 인사부서 등은 관리부서로 통합되어 운영되기도 하고, 큰 규모의 호텔은 각 부서의 책임자가 임원으로 구성되기도 하고, 소규모의 호텔은 각 부서가 과장이나 팀장에 의해 운영되기도 한다.

총지배인은 호텔의 소유주나 투자자들에 의한 투자회사를 대표하는 대표이사와는 구분되어 호텔의 운영을 총괄하는 직책으로 실무적인 경험과 함께 국제적인 감각을 겸비하는 유능한 사람이 맡는것이 대부분이다. [그림 4-1]은 전형적인 호텔조직의 한 예를 보여주고 있다.

1. 수익창출과 비용지출에 따른 조직구분

호텔은 수익을 창출하는 부서와 비용을 지출하는 부서가 명확하게 구분되는 조직이다. 공통적으로 어떤 호텔이던지 객실을 판매하고 식음료를 제공하여 수익을 창출하는 것이 가장 기본적인 형태이다. 여기에 호텔의 규모에 따라 연회시설, 스포츠센타시설 혹은 카지노시설, 골프시설, 주차장 등이나 그 이외의 엔터테인먼트 등의 다른 부대시설 및 머천다이징 판매나 내부시설의 임대 등을 통하여 수익을 창출하기도 한다.

반면에 일반적으로 관리부서 혹은 총무부서 등의 업무를 하는 마케팅, 재무, 회계, 인

그림 4-1 일반적인 호텔의 조직의 예

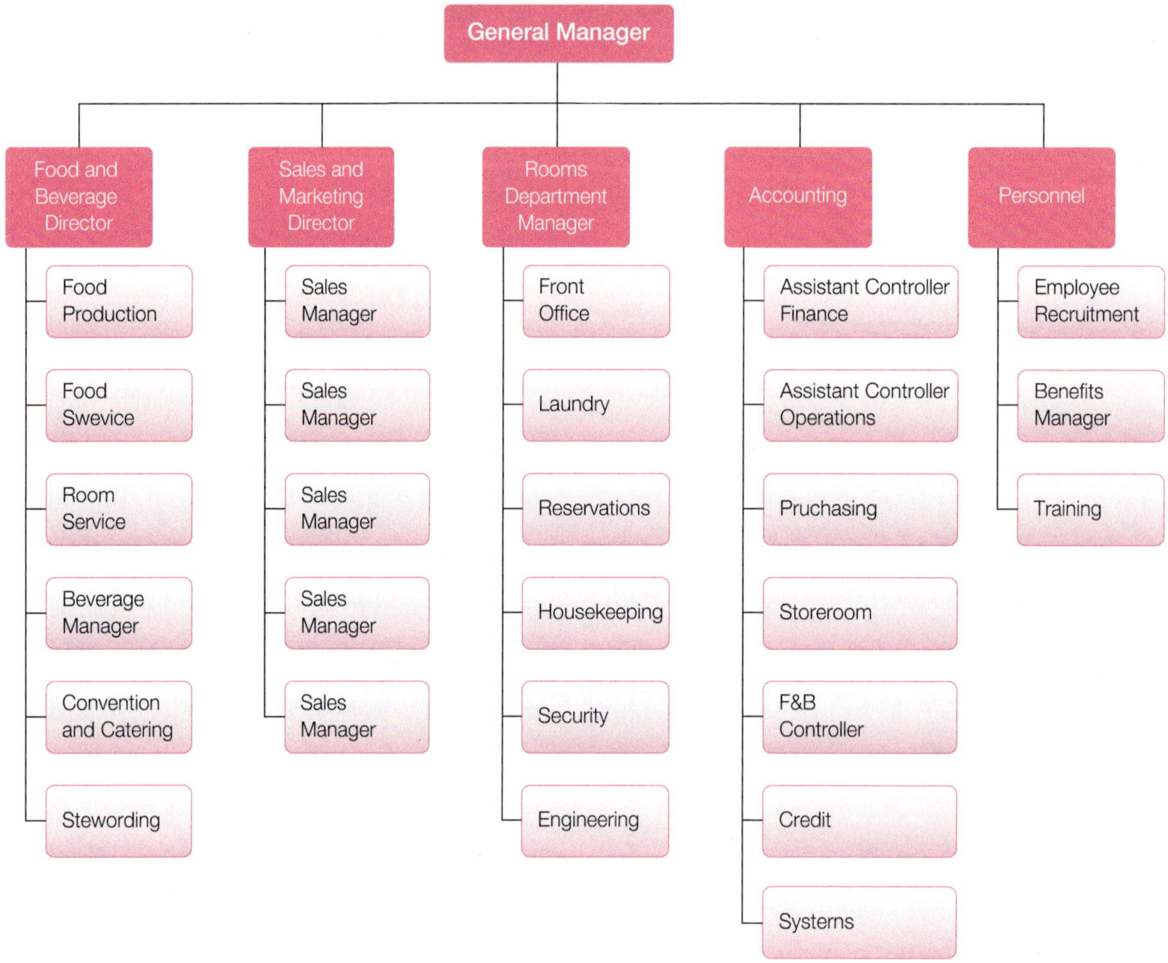

력관리, 시설관리, 구매관리, 위생안전관리 등을 맡고있는 부서들은 수익을 창출하는 부서들을 위한 지원을 하는 업무나 혹은 호텔내부에서 일하는 직원들에게 편의를 제공하기 위하여 업무를 수행하기 위해 비용이 지출되는 부서이다.

호텔은 24시간 운영되므로 수익이 발생되는 영업부서에서 고객만족을 통한 가치창출로 지속적인 이익을 얻을 수 있도록 지원부서의 적극적인 시스템적 관리가 필요하다. 두 부문 간의 상호보완적인 운영없이는 호텔의 안정적인 수익창출을 기대하는 것이 어려울 것이다.

2. 고객접촉에 따른 조직구분

수익과 비용측면에서 호텔조직을 구분하는 것 이외에 호텔은 고객을 어느 정도 상대하는지에 따라서도 조직을 구분할 수 있다. 고객접촉(customer contact)이란 서비스를 제공하는 사람과 서비스를 제공받는 고객 사이에서 발생하는 인적상호작용이 일어나는 것을 말하며, 기업의 서비스 시스템 내에서 고객이 실제로 존재하고, 실질적으로 서비스가 제공되는 과정에 참여하여 서비스가 이루어지는 과정을 의미한다.

따라서 호텔내에서 직원과 고객이 서로 만나는 고객접점 순간에서 일을 하는 부서와 그렇지 않은 부서로 구분되어 front of the house(FOH)와 back of the house(BOH)로, 결국 고객과의 접촉을 통해 판매가 일어나는 활동과 관련되는 수익창출부서와 전면에 나서지 않고 지원을 주로 하는 부서로 구분될 수 있다. 하지만, 같은 부서라 할지라도 고객을 접촉하는 업무를 하는 직원과 그렇지 않은 직원으로 구분된다는 것을 간과해서는 안된다. 식음료부서의 경우에도 고객을 직접 응대하여 서비스를 제공하는 직원은 고객과의 접촉이 일어나지만, 조리부에서 일하면서 고객을 만날 수 있는 기회가 적거나 없는 직원은 같은 부서에서 일하고 있으면서도 고객과의 접촉순간이 다른 상황이 된다. 따라서 고객접촉정도에 따라서 조직을 구분한다는 것은 수익과 비용측면에서 조직을 나누는 것과는 별개로 고려하여야 하고, 고객의 접촉정도에 따라 업무에 대한 스트레스가 다를 수 있다는 것을 이해하고 호텔차원에서 그에따른 적절한 교육과 훈련이 설계되는 것이 바람직하다.

또한 식음료부서나 객실부서와 같이 호텔의 시설이나 서비스를 이용하는 고객과의 접촉뿐만 아니라 호텔의 업무를 위해 거래해야 하는 마케팅부서, 구매부서, 그외 업무를 지원하기 위해 다른 외부고객을 만나서 일을 진행하는 경우도 고객과의 접촉이 필요한 업무이므로, 이러한 측면을 고려하여 직원들의 업무를 이해하는 것이 필요하다.

3. 판매기능과 서비스 기능에 따른 조직구분

호텔의 경우는 서비스의 특징인 판매와 소비의 동시성, 서비스의 이질성, 서비스의 비저장성(소멸성), 서비스의 무형성 등의 성격을 가지고 고객을 응대하는 전형적인 조직이라고 볼 수 있다. 하지만 조금 더 구체적으로 그 서비스 과정을 이해해 본다면 판매가 먼저 일어나고 그 다음에 고객에 의한 소비가 일어나는 경우가 많다.

즉 객실에 투숙하기 전이나 연회나 컨벤션 등을 예약하면서 예약과 동시에 거의 판매가 되었다고 볼 수 있으나 고객들이 서비스를 받게되는 경우는 수일 혹은 수개월 후가 될 수도 있다. 이러한 경우 규모가 큰 호텔에서는 예약을 진행하는 부서는 판매부서로서 실제객실이나 연회, 컨벤션에 대한 서비스를 제공해 주는 부서와는 구별되는 경우가 있다. 판매, 즉 세일즈부서와 서비스를 제공하는 부서가 구분되어 있는 경우라면, 판매당시 보장했던 각종 서비스가 제공되지않아 고객이 불편을 겪게되는 상황이 발생하였을 때 각 부서에서 서로에게 책임을 전가하는 경우가 생길수도 있다는 것이다. 반면에 규모가 작아 판매와 서비스가 한 부서에서 진행되는 경우라면 유사한 상황이 발생하였을 때 조금 더 신속하게 문제가 해결되거나 애초에 그런문제의 발생소지가 줄어들 수도 있다.

따라서 판매를 위해서 지나친 보장을 내세운다거나 하지 않고 현실적인 호텔의 능력을 고려하여 실제로 양질의 서비스가 제공되는데 문제가 없는지 파악하고 부서 간에 충분히 의사소통이 이루어질 수 있는 훈련과 교육은 물론 호텔의 내부적인 소통시스템을 갖추는 것이 중요하다.

02 부서별 주요업무

호텔은 그 규모에 따라 각기 다른 조직의 형태를 갖추고 있지만, 일반적으로 크게 객실부서와 식음료부서가 두 개의 주요부서이다. 객실부서는 프런트오피스(front office)업무와 객실내부 서비스를 제공하는 객실관리업무(house keeping)가 구분되는 호텔도 있고, 한 부서 안에 두 조직이 같이 있는 경우도 있다. 본 장에서는 일반적인 호텔의 핵심부서인 객실부서, 식음료부서 및 일반관리부서에서 주로 어떤 업무를 하고 있는지에 대해서 알아보도록 하겠다.

1. 객실부서

호텔의 객실부서(room division)는 호텔의 가장 핵심상품인 객실을 판매하고 그에 관련된 서비스를 제공하는 부서로서 일반적으로 프런트오피스와 객실관리부서로 구분된다. 프런트오피스 부서는 호텔의 심장이 되는 부서로서 고객에게 첫인상과 마지막 인상을 주는 부서이며 머무는 동안에도 가장 많은 소통을 하게되는 부서이다. 이 부서의 직원들은 고객이 머무는 동안에 발생할 수 있는 여러 상황이나 문제가 되도록 발생되지 않도록 하여야 하며, 혹시 문제발생 시에는 신속히 해결하여 고객들의 불편을 최소화하여야 한다. 특히 고객이 떠날 때 느끼는 마지막 인상은 다음에 다시 방문하고자 할 때 많은 영향을 줄 수 있기 때문에 프런트오피스에서 일하는 직원들의 역할은 더욱 중요하다. 객실관리부서도 예전에는 단지 청소만하는 부서(just a cleaning department)로 인식되어 왔으나, 이젠 그 이상으로 고객들이 호텔에 머무는 동안 안전하고 편안함을 느낄 수 있도록 관리하여야 하는 부서로 그 역할이 더욱 중요하게 인식되고 있다.

2. 식음료부서

일반적으로 호텔은 하나 이상의 식사나 음료를 구입하여 먹을 수 있는 레스토랑이나 카페 등의 업장을 운영하고 있다. 많은 경우에는 각종 다양한 음식들을 경험해 볼 수 있도록 퀵서비스, 테이블서비스, 스페셜 레스토랑, 커피숍, 바, 라운지, 클럽 등의 여러 종류의 식사시설을 구비하고 있다. 또한 호텔의 식음료부서에서는 호텔에서 열리는 연회나 컨벤션 등의 케이터링 식사 및 룸서비스(room service)도 제공하고 있다.

호텔의 식음료부서(food and beverage division)에서 운영하는 레스토랑을 포함한 모든 업장은 주로 음식을 생산하는 주방(kitchen)부서와 업장내에서 고객에서 직접응대하며 서비스를 제공하는 서비스 부서로 나누어 운영된다. 주방 부서에서는 음식을 만드는 모든 과정에 책임이 있으며 고객이 원하는 음식을 만들어 내는 창의적인 가치를 창출함으로써 더욱 격조높은 상품을 제공하도록 애써야 한다. 서비스 부서에서는 주방에서 만들어진 음식이나 음료를 주문한 고객들이 편안하고 즐거운 경험을 할 수 있도록 서비스를 제공하도록 해야 한다.

3. 일반관리부서

객실부서와 식음료부서에서의 모든 업무가 원활하게 이루어지도록 지원하는 업무지원부서들이 있다. 판매와 마케팅 업무부서(sales and marketing division)의 주요 업무목표는 호텔의 상품과 서비스를 광고하고 판매를 촉진하는 것이다. 이 부서에서는 프런트오피스나 식음료부서와 연계하여 새로운 상품이나 계절적인 특화상품 및 서비스 등에 대해서 기존고객들이나 일반지역 고객들에게 프로모션을 진행하고 광고하고 홍보하는 역할을 하여야 하며, 이를 위해서 고객들의 욕구와 필요를 파악하고 이를 평가하기 위한 소통의 방법이 효과적으로 이루어질 수 있도록 시스템을 갖추어야 한다.

인사관리와 교육훈련부서(human resource management and training division)에서는 호텔에서 가장 중요한 자원인 인적자원을 관리하는 부서로서, 호텔의 특성에 맞는 인력을 채용하여 선발하고 적정한 부서에 배치하여 교육하고 훈련하여 고객에서 가장 훌륭한 상품과 서비스가 전달되도록 하는 중요한 역할을 하게 된다. 회사와 직원간의 관계도 고려하고, 직원들의 보상, 노무관련, 복지혜택, 안전 등 직원의 모든 문제를 고민하는 업무를 하게 된다. 호텔의 규모에 따라서 일반관리부서를 독립적으로 갖추고 있는 경우도 있고, 관리를 맡고 있는 임원이나 관리자가 이러한 업무를 관장하는 경우도 있다.

재무회계부서(accounting division)는 호텔의 재무적이고 회계적인 업무활동에 대해서 모니터링을 하고, 엔지니어링과 수선·유지부서(engineering and maintenance division)에서는 호텔 전체적인 부분의 전기, 기계적인 시설관리, 수영장 위생, 주차장 청결까지도 관리하게 된다. 그밖에도 호텔은 많은 고객들이 여러 종류의 시설을 이용하고 있는 곳으로서 모든 시설자체에 대한 안전관리와 이를 이용하는 고객들의 안전관리를 위해 더욱 많은 투자와 관심이 필요한 곳이다. 이러한 모든 시설 및 서비스가 원활하게 작동할 수 있도록 정보시스템의 지속적인 관리 및 현대화를 위해 항상 업데이트를 소홀히 하지 않아야 한다.

논 의 과 제

01 호텔을 운영하고 있는 주요조직에 대해서 설명해 보시오.

02 호텔의 조직을 어떤 방식으로 구분할 수 있는지 논의해 보시오.

03 호텔의 주요부서의 업무에 대해서 설명해 보시오.

제5장 호텔의 객실부서

• 학습목표

이 장을 학습한 후, 다음 내용들을 이해할 수 있어야 한다.

1. 객실부서의 중요성을 알고 객실의 종류를 설명할 수 있다.
2. 객실부서의 조직과 직무를 설명할 수 있다.
3. 프런트오피스의 주요조직과 역할을 설명할 수 있다.
4. 객실관리부서의 주요조직과 역할을 설명할 수 있다.

GO

본 장에서는 객실의 중요성과 종류 및 프런트오피스와 객실관리부서의 주요조직과 역할을 이해하며 객실부서가 호텔경영에 미치는 영향을 살펴보고, 객실운영을 위해 필요한 각종 기능들에 대해서도 알아보고자 한다.

01 호텔객실의 중요성과 분류

1. 호텔객실의 중요성

객실부서는 호텔에서 가장 핵심적인 부서로서 수익성을 바탕으로 하는 호텔경영의 지표가 될 뿐만 아니라 고객만족과 연결되는 서비스 평가에 중요한 영향을 미친다. 호텔의 주요 경영성과는 객실부서에서 이루어진다. 즉, 객실판매는 객실부서 자체의 수익으로 그치는 것이 아니라 호텔의 전반적인 영업수익에 영향을 미치게 되는데, 이는 고객이 객실에 투숙하는 동안 자연스럽게 호텔의 식당이나 연회장 등의 부대시설을 이용하게 되기 때문이다. 따라서 호텔객실의 투숙객이 증가하면 그만큼 식음료 및 부대시설의 이용도가 높아지고 결국 영업실적이 향상되기 때문에 대부분 호텔에서는 객실수익의 증대방안을 주요한 경영전략으로 채택하고 있다. 따라서 호텔건축은 호텔경영의 단위와 척도가 되는 객실을 중심으로 준비되며 신규호텔의 타당성 분석부터 설계 및 구조 그리고 운영에 이르기까지 호텔운영전반의 시설, 즉, 객실의 면적과 특성 그리고 규모에 의해 부대시설의 규모 및 종류 등이 결정되어 진다.

〈표 5-1〉은 국내호텔의 객실수입과 식음료 부대시설의 수입이 어떤 구조로 나타나고 있는지를 특1등급과 특2등급으로 나누어 비교한 것이다. 특1등급의 경우 식음료 부대시설의 수익에서 58%를 차지하고 있어 객실의 수익보다 더 높은 수익이 57%를 보여주어 두 가지 타입의 호텔이 약간의 차이를 보여주고 있다. 호텔의 등급이 높아지게 되면 제공하는 식음료 서비스의 품질의 상승에 따라 가격이 더욱 높아지게 되어 식음료부문의 수입이 더욱 증가하게 되는 것이라고 볼 수 있다.

표 5-1 미국 및 국내 호텔의 수익구조 비교(2003년)

구 분	제출 업체 수	객실수입(%)	식음료 부대시설수입(%)	합계(백만)	업체당평균
특1등급	22	610,883(42%)	845,972(58%)	1,456,855	66,221
특2등급	23	179,083(57%)	135,681(43%)	314,764	13,685

● 자료 : 관광지식정보시스템(2016) : 제시된 자료는 2013년까지의 자료를 종합한 것임.

2. 호텔객실의 종류

(1) 침대 수에 의한 분류

1) 싱글베드룸

싱글베드룸(single bed room)은 객실에 1인용 베드 1개가 설치되어 한 사람의 고객이 투숙할 수 있는 객실을 말한다. 과거의 호텔은 욕실시설의 유무에 따라서 욕실이 없는 객실(single without bath), 욕실이 있는 객실(single room with bath) 등으로 분류하였으나, 요즘의 호텔은 싱글객실에도 욕실이 필수적으로 포함되어 있다. 국내의 경우는 싱글베드(single bed)의 크기를 90cm×195cm 이상으로 추천하고, 객실의 크기는 $13m^2$ 이상으로, 욕실의 면적도 $3.3m^2$ 이상으로 제도화하고 있다.

2) 더블 베드룸

JW 메이어트호텔 서울 더블 베드 룸(double bed room)

더블 베드룸(double bed room)은 한 객실에 두 사람이 숙박할 수 있도록 싱글베드의 1.5~2배 크기인 2인용 침대가 1개 놓인 객실로서 두 사람이 투숙할 수 있는 객실 또는 킹사이즈(king size) 침대를 갖춘 객실을 말한다. Double Room with Bath로 표현하며 DWB, D/B 등의 약자로도 표기하는 흔히 부부침대라고 불리는 방의 일반적인 형태이며 비즈니스 고객이나 부부관광객이 주로 이용한다. 우리나라 관광진흥법 시행규칙에는 더블 베드룸의 크기를 $19m^2$ 이상, 침대의 크기를 150×200cm, 170×200cm, 180×200cm 이상으로 규정하고 있다.

일반적으로 내국인 신혼여행객이 많은 지역과 가족여행객의 이용이 빈번한 호텔은 더

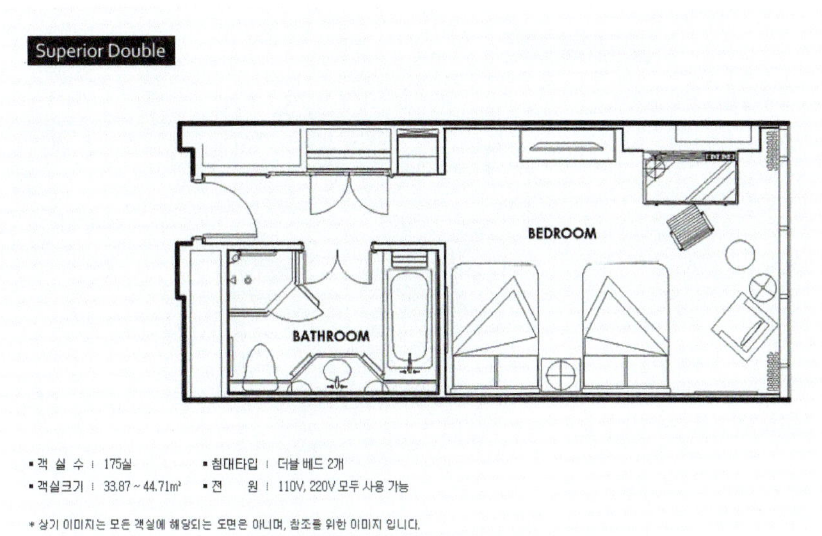

블 베드 객실을 많이 준비하고 한다.

3) 트리플 베드룸

트리플 베드룸(triple bed room)은 TPWP 또는 TPL/B 등의 약자로 표기하고, Triple Room with Bath로 부르기도 한다. 주로 3인이 사용하기에 편리하도록 3개의 Single Bed 또는 2개의 Single Bed와 보조침대(extra bed)를 비치하는 객실을 말한다. 본래는 1인용 침대가 3개 있는 객실을 의미하며, 이와 같이 객실에 따로 추가되는 싱글침대에는 이동이 편리하도록 밑바퀴를 단 롤어웨이 침대(rollaway bed), 어린이용 침대(baby crib 또는 cot) 등이 있다.

트리플 베드룸(triple bed room)은 주로 가족용과 단체용으로 사용하는 경우가 많은데, 최근에는 보조침대의 설치시간, 인원투입으로 인한 경비절감과 보조침대의 고객불평을 해소하기 위해 아예 트리플 룸을 만들어 판매하기도 하고 한 개의 층을 전부 트리플룸으로 만들어 트리플 층으로 운영하는 호텔도 있다.

JW 메리어트호텔 서울 수페리어 더블(Superior Double)

4) 더블-더블 베드룸

더블-더블 베드룸(double-double bed room)은 보통 디럭스 트윈(deluxe twin) 또는 훼밀리 트윈(family twin)으로 칭하고 있는데, 2인용 침

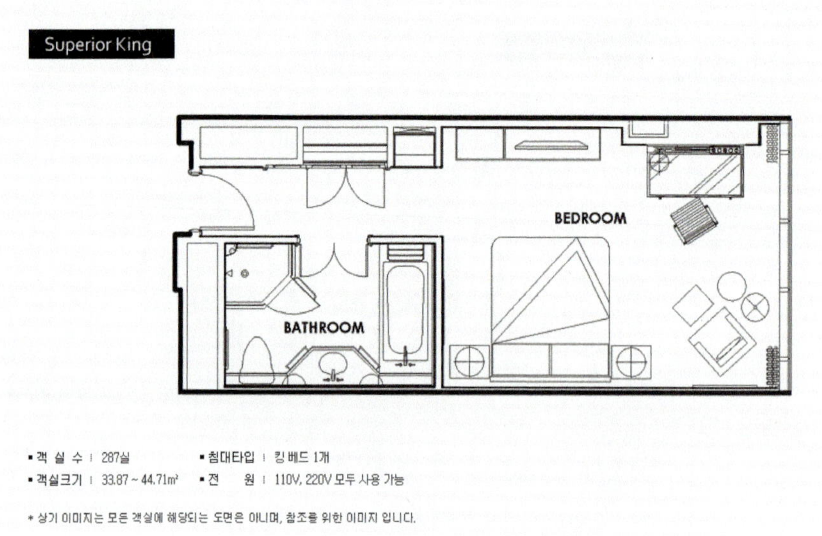

대인 double bed를 2개 설치하여 4명이 투숙할 수 있도록 한 것이 특징이며 단체나 2명의 자녀를 동반한 가족에게 판매하기에 적합한 객실이다. 또한 크고 넓은 침대를 편하게 사용하기를 원하는 2인의 투숙객에게도 판매가 가능하여 효율성이 높은 편이다.

5) 스위트 룸

JW 메리어트호텔 서울 킹 스위트(King Suite)

스위트 룸(suite room)은 호텔에서 가장 좋은 객실을 말하는데, 주로 귀빈층(executive floor)에 위치해 있으며 호텔의 중요한 고객들이 이용하고 있는 객실이다. 스위트 룸은 침실(bedroom)과 거실(living room)이 분리되어 있는 객실로서 최고급 객실을 의미한다. 여기서 스위트란 2실 이상의 연속객실이라는 뜻을 담고 있는데 적어도 욕실이 딸린 침실 한개와 거실겸 응접실 한개 모두 2실로 구성되어 있다. 때로는 침실이 두개 이상 있기도 하고 거실과 응접실이 따로따로 분리되어 있기도 하다. 우리나라에서는 26m² 이상으로 규정하고 있으며 가격에 따라 제공되는 객실면적, 시설, 서비스 등이 차별화되어 「로열스위트」나 「프레지던셜 스위트」처럼 특별한 이름을 붙여서 표현하기도 한다.

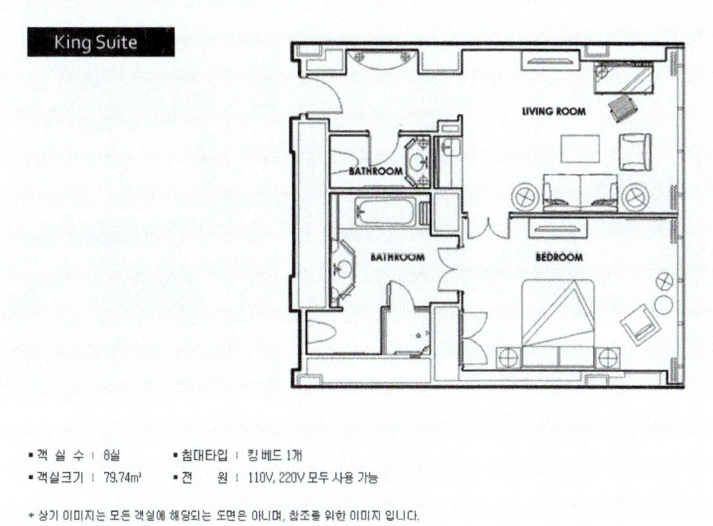

(2) 객실위치에 의한 분류

1) 어드조이닝 룸

어드조이닝 룸(adjoining room)은 side-by-side room이라고도 하며, 객실이 같은 방향으로 복도에 나란히 연결되어 있지만, 객실과 객실 사이에 내부통용문이 없으며, 복도를 통해서만 출입이 가능한 객실을 말한다. 호텔에 투숙하는 고객들은 일행이 동반하는 경우 대부분 옆방을 이용하고 싶어하기 때문에 프론트에서는 단체관광객이나 친분이 가까운 고객들에게 어드조이닝 객실을 제공하고, 이러한 룸 배정이 어려울 경우에는 복도를 사이에 두고 서로 마주보는 객실을 배정하여 판매하기도 한다.

2) 커넥팅 룸

커넥팅 룸(connecting room)은 객실과 객실 사이에 통용문이 있어 외부의 문을 통하지 않고도 객실 사이를 자유롭게 왕래할 수 있도록 설계된 고객편의 지향적 객실로서, 가족단위의 이용고객이 주로 이용한다. 일반적으로 한쪽은 더블 베드룸(double bed room)과 다른 한쪽이 트윈 베드 룸(twin bed room)으로 구성되어 있으며, 호텔의 객실사정이 여의치 못할 경우 커넥팅 룸일지라도 따로 분리해서 판매할 수도 있다.

3) 아웃사이드 룸

아웃사이드 룸(outside room)은 view room이라고 하며, 호텔건물의 바깥쪽에 위치하

커넥팅 룸(Connecting room)의 전경

콘래드 서울(Conrad Seoul)의 아웃사이드 룸(outside room)

는 객실로서 외부의 경관을 내다볼 수 있는 전망이 좋은 객실을 말한다. 비즈니스 목적이든 휴양목적이든 호텔에 투숙하는 대부분의 고객은 체재하는 동안 안락하고 편안한 휴식을 원하며, 내부시설이 같더라도 외부전망이 좋은 객실을 선호하게 된다.

일반적으로 아웃사이드 룸은 호텔이 어디에 위치하고 있느냐에 따라서 오션 뷰(ocean view), 하버 뷰(harbor view), 마운틴 사이드(mountain side), 비치 사이드(beach side) 등으로 다양하게 불려지고, 보이는 전망에 따라 가격도 다르게 책정된다. 최근의 유명 휴양지호텔에서는 고객의 선호도를 고려하여 전 객실이 전망이 좋은 외향객실만을 운영하는 경우도 있다.

02 프런트오피스의 역할과 조직

프런트오피스는 현관 사무실로 불리며, 호텔 내부에서 가장 중요한 부서로서 프런트오피스 매니저가 직접적으로 지휘한다. 프런트오피스 매니저는 프런트데스크 영역의 모든 일들을 관장하면서 객실부서의 총괄매니저를 돕고, 현장에서 일어나는 모든 일을 관리하고 보고하는 일을 하게 된다.

[그림 5-1]의 특1급 호텔의 객실부서의 조직도에서 나타난 바와 같이, 프런트오피스는 객실부장을 부서의 최고책임자로 하여 프런트오피스 매니저, 당직매니저, 헬스클럽

그림 5-1 특1급 호텔의 객실부서 조직도

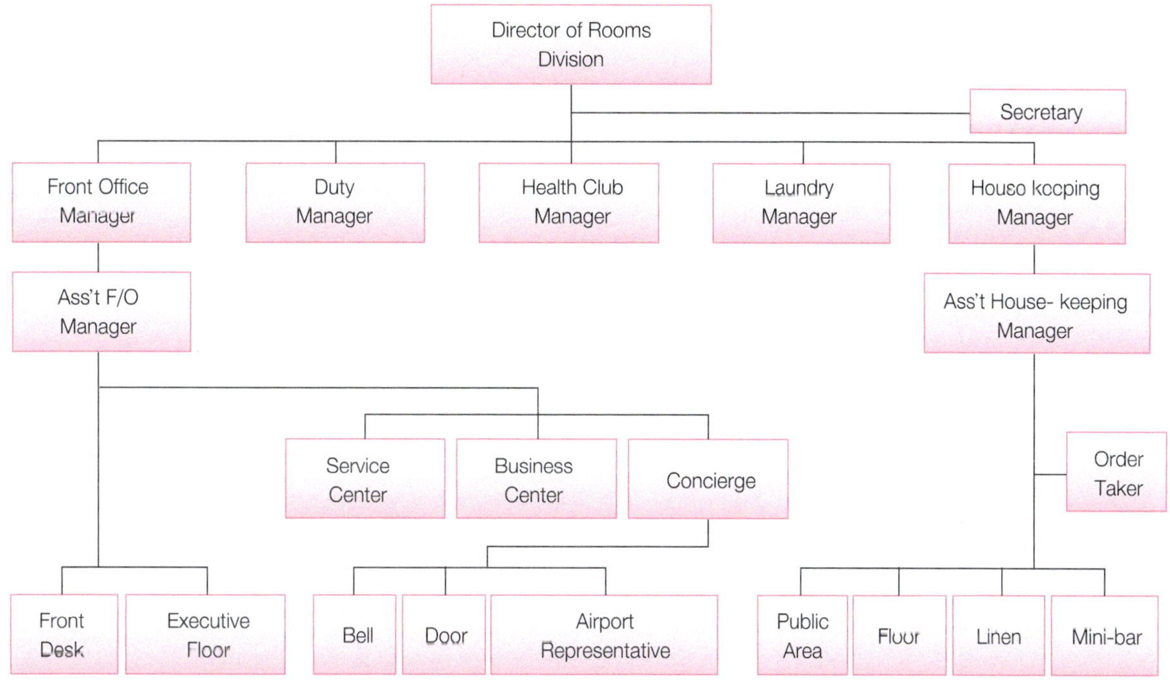

매니저, 세탁 및 객실관리 매니저를 중심으로 그 각각의 하위조직으로 구분되어 있으며 호텔의 규모에 따라서 일부의 업무들은 통합되어 운영되기도 한다.

Conrad Seoul 프런트 오피스 전경

1. 프런트오피스의 주요역할

프런트오피스의 기본적인 역할은 첫째, 등록업무(reception, registration)로서 숙박을 하고자 하는 손님에게 객실의 예약 및 등록을 겸한 객실판매업무, 둘째로는 안내(information)로서 이용하는 고객이 필요로 하는 호텔의 내·외적인 각종 정보제공과 통신처리에 따른 편의서비스 제공 및 주변의 볼거리나 이벤트에 대한 정보제공, 셋째로 계산(cashier)업무로서 호텔조직의 특성에 따라 다르지만 일반적으로 신속하고 정확한 고객상대의 신용제공과 재정관리 등의 업무로 정리할 수 있다. 즉 프런트오피스의 가장 중요한 기능은 객실판매이며 이를 위하여 고객을 영접하고 등록하는 과정에서 좋은 첫인상을 줄 수 있도록 하는 것이다. 그 이외에도 객실의 키(key)관리, 우편물취급, 고객의 불만처리, 모든 요금의 계산, 체크인(check-in)과 체크아웃(check-out) 업무 등을 수행하고 있다.

(1) 객실예약업무

호텔의 수익구조상 객실이 차지하는 부분이 상당하므로 객실판매업무를 담당하는 프런트오피스의 역할은 대단히 중요하다. 객실의 판매를 위한 예약업무를 처리하는 것은 호텔의 모든 상품과 서비스 판매를 위해 중요한 시점이며, 이에 따라 각 업무의 단계는 무엇보다도 신중하게 처리되고, 풍부한 경험과 판단력이 뒷받침되어야 한다.

호텔의 객실은 고객에 의해서 객실이 이용되기 수일 또는 수개월 이전에 예약되는 상품이기 때문에 소비가 일어나는 순간의 시점을 사전에 예측하여야 하는 어려움을 안고 있다. 이러한 이유로 프런트오피스의 매니저의 오랜경험과 충분한 자료 및 신중한 판단력에 의한 미래예측 및 일어나지 않은 사건에 대한 예측이 필요한 것이다.

(2) 예약업무를 통한 수익관리

호텔의 목표는 모든 객실이 판매되어 공실이 없는 만실(full occupancy)이 되는 것이므로, 예약되는 객실의 상황을 잘 판단하여 객실판매율을 최대한으로 높일 수 있는 예약을 시행하여야 한다. 일부의 프런트오피스 매니저는 예약후에 취소공지없이 나타나지 않는 고객(No show)까지 고려하여 어느 정도의 초과예약(over booking)부분도 예측하여 객실판매율을 높이기에 노력하기도 한다.

또한 같은 수의 객실을 보유하고 있다 하더라도 어떻게 관리하느냐에 따라 호텔의 수익에 영향을 끼칠 수 있는데, 객실의 수요가 많은 시기에는 객실평균요금이 증가하게 되어 더 많은 수익을 창출할 수 있으며, 반대로 객실의 수요가 적은 시기에는 객실평균요금을 낮추어서라도 최대한 많은 객실을 판매하기 위한 노력이 필요하다. 이러한 관리를 통하여 같은 수의 객실을 가지고 있더라도 적정한 시기에 적정한 가격으로 조정함으로써 최고의 수익을 창출하기 위한 수익관리시스템(yield management system)을 갖추고 있는 것이 바람직하다.

(3) 예약경로관리

호텔의 객실은 다른 상품과는 달리 예약과정을 거쳐서 판매되는 경우가 대부분이다. 호텔을 이용하고자 하는 고객들은 다른지역에서 찾아온 고객들이 대부분이기 때문에 사전에 미리 머무를 장소를 정하기 위해 예약을 하는 것이다. 이러한 예약은 여러 가지 경로에 의해서 이루어지며, 어떤 경로로 예약을 했는지에 따라 고객이 지불하는 가격에 차이가 있을 수 있으나 호텔에서는 누구에게나 똑같은 서비스를 제공하여 고객과의 좋은 관계를 유지하도록 애써야 한다.

1) 직접 예약

고객이 직접 전화, FAX, 인터넷 등을 통해 예약을 하는 경우이고, 객실요금은 직접 호텔과 상의하여 결정을 하게 된다.

2) 여행사

국내·외에서 여행업무를 대행해주는 여행사(travel agent)를 통해 호텔의 객실을 예약하는 경우이다. 여행사와 호텔과의 계약내용에 따라 객실의 요금은 다르게 적용될 수 있다.

3) 체인호텔 예약망

체인호텔의 경우 호텔의 시스템에 의해 운영되고 있는 전산시스템에 의해 호텔예약현황을 파악할 수 있으며, 이를 통하여 고객이 직접 호텔의 객실예약을 진행 할 수 있다. 이러한 시스템을 통하여 자주 이용하는 고객에게 더욱 할인율을 적용하는 경우도 있어 이용하는 고객마다 객실을 위해 지불하는 비용에 다소의 차이가 있을 수도 있다.

2. 프런트오피스의 하위업무 조직별 주요역할

프런트오피스의 하위업무조직과 그에따른 역할을 보면 일반적으로 프런트데스크(front desk)에서의 프런트데스크 클럭(front desk clerk), 예약클럭(reservation clerk), 프런트오피스 캐셔(front office cashier)와 고객서비스(customer relations assistance)와 관련된 컨시어지(concierge), 벨 서비스(bell service), 픽업서비스(airport/transport guest assistance), 비즈니스센터(business center), 전화교환(PBX: private branch exchange) 등으로 구성될 수 있다. 이러한 직급이나 업무의 명칭들은 호텔에 따라 다소 차이가 있을 수도 있다.

(1) 프런트데스크 업무

프런트데스크(front desk)의 역할은 고객의 마음을 감동시켜 호텔의 이미지를 향상시키고, 상품의 재 구매를 유도하는 중요한 역할을 담당하는 부서로서 고객에게 객실을 배정하고 필요한 모든 정보를 제공하여 고객의 편의와 서비스를 위한 핵심적인 업무를 진행하는 곳이다.

프런트데스크에 근무하는 종사원들은 고객이 요구하는 내용을 신속하고 정확하게 판단하여 고객이 기대 이상의 서비스를 제공받는다고 느끼도록하여 호텔의 상품과 서비스의 판매를 극대화하여야 한다. 프런트데스크는 고객이 호텔에 처음으로 도착하여 서비스를 제공받는 장소이며, 또한 마지막으로 호텔을 이용하는 장소이기 때문에 프런트데스크에서 근무하는 종사원은 고객으로부터의 불평을 능숙하게 처리하여 호텔에 대한 충성도가 강화될 수 있도록 교육과 훈련이 이루어져야 한다.

1) 프런트데스크 매니저

프런트오피스의 모든 기능을 책임지고 객실 및 서비스를 판매·제공 및 업무감독을 위한 경영테크닉, 리더십 등을 보유하고 있어야 한다. 프런트직원들의 채용 및 교육, 직무편성 및 업무감독, 예약업무의 통괄조정, 고객의 불평·불만처리, 일일보고서(daily report) 검토, 고객접대안내, 프런트의 청결상태 감독, 타부문과의 업무현황파악 및 협조 등 중요한 많은 업무를 관리감독한다.

2) 프런트데스크 클럭

고객이 호텔에 도착함과 동시에 직접 대면하여 서비스를 제공하는 업무를 하며 고객영접, 등록, 객실배정 혹은 변경 등의 체크인(check-in)부터 체크아웃(check-out)까지 고객이 만족할 수 있는 서비스를 제공할 수 있는 세련된 기술(skill)과 능력이 요구된다.

3) 예약클럭

고객이 호텔을 통해 직접적으로 객실을 예약하는 경우 객실예약을 담당한다.

4) 프런트오피스 캐셔

고객이 객실을 이용하는데 따른 요금 및 식음료나 그외 시설을 이용하는데 대한 계산(회계처리)을 통합·관리·징수하는 곳이다. 즉, 계산서(bill)의 작성, 관리 및 수납, 외화교환업무 등을 하므로 타 부서보다도 더욱 정확성이 요구되는 업무를 한다.

(2)고객서비스업무

호텔은 다양한 나라에서 여러 계층의 고객들이 방문하여 이용하는 곳으로 문화의 차이가 있지만 가장 보편적인 인식에 근거하여 대우를 받기를 기대한다. 호텔은 프런트와 로비에서 고객과의 많은 접촉이 일어날 수 있기 때문에 이러한 서비스에 응대하기 위해 유니폼을 입은 서비스 제공자들이 곳곳에서 고객을 맞이하고 서비스를 제공한다.

1) 컨시어지

문지기(doorkeeper)라는 사전적인 의미를 지니며, 호텔에서 벨 서비스를 담당하고, 호텔 내·외부의 각종 안내업무를 수행하며, 고객의 우편물처리, 차량관리, 도어 서비스까지 호텔의 현관에서 고객에게 일종의 원스톱 서비스(one-stop service)를 수행하는 전문요원이라고 할 수 있다. 대규모 호텔에서는 적극적이고 신속한 고객만족 서비스를 위하여 고객이 찾기 쉽도록 로비의 프론트데스크 근처에 별도의 컨시어지 데스크(concierge desk)를 설치하여 운영하고 있다.

2) 도어맨

호텔에서 최초로 고객을 맞이하는 직원으로 현관에서 고객을 영접·영송하고 차량정리, 주차장안내, 차량호출, 택시수배, 기타 간단한 안내 등의 업무를 절도 있고 예의바른 태도로 고객에게 편의를 제공하며, 현관 밖의 전면에 위치한다.

3) 벨서비스

호텔의 벨맨은 주로 고객의 가방 등의 짐을 관리한다. 고객이 도착하면 도어맨에 의해

사례 세계 최장수 도어맨 사망, 경력만 72년?… 스리랑카 최고 호텔 갈페이스의 상징

A doorman who worked for 72 years at the most famous hotel in the Sri Lankan capital, Colombo, has died aged 94.

Kottarappu Chattu Kuttan, who had started as a waiter, never retired from his job at the Galle Face Hotel.

Guests would be greeted at the grand seafront entrance by the diminutive Mr Kuttan with his palms pressed together in the traditional greeting.

White-haired with a handlebar moustache, the diminutive figure also sported badges from all over the world.

Mr Kuttan had emigrated from his native Kerala in southern India aged 18 in 1938 after the death of his parents.

Looking for work, he crossed to what was then Ceylon by boat, starting in domestic employment in Colombo and joining the Galle Face in 1942.

Kottarappu Chattu Kuttan was a Colombo institution

스리랑카 현지 언론과 영국 BBC의 보도에 따르면 스리랑카의 최고 호텔인 갈페이스 호텔 로비를 72년 동안 지킨 호텔 도어맨 코타라푸 차투 쿠탄이 94세의 나이로 세계에서 가장 오랜 경력을 지닌 호텔 도어맨이 사망했다고 전했다.

스리랑카 일간 콜롬보가제트는 이날 "갈페이스 호텔의 상징이자 그 자체로 역사이고 문화였던 도어맨이 마침내 호텔을 떠났다"고 전했다.

인도 남부 케랄라에서 태어난 쿠탄은 18세 때 부모를 잃고 스리랑카로 건너왔다. 1942년 경찰관의 도움으로 갈페이스 호텔에 들어온 그는 72년간 이 호텔에서 근무했으며, 쿠탄이 호텔에 나오지 않은 날은 10일 정도다.

쿠탄이 즐긴 열흘의 휴가는 가족들과 함께 보냈다. 1970년 호텔 회장이 고향에 다녀오라고 제안했고, 쿠탄은 자신의 누이들과 함께 열흘간 함께 지내다 호텔로 돌아온 것으로 알려졌다.

갈페이스 호텔의 단골 중엔 히로히토 일왕, 리처드 닉슨 전 미국 대통령, 자와할랄 네루 전 인도 총리, 영국 여왕이 되기 전의 엘리자베스 공주 등 유명인사도 있다. 쿠탄은 지난 2010년 AFP통신에 "일을 오래 하다보니 전 세계 단골 고객을 대부분 기억할 수 있게 됐다"며 "그들에게 인사하는 것 자체가 행복"이라고 말한 바 있다.

한편, 19일 시신이 힌두교식으로 화장되는 동안 호텔의 종업원과 고객들은 1분 간의 묵념으로 그의 명복을 빌었다.

● 파이낸셜뉴스, 2014.11.22

영접을 받고 벨맨에 의해 프런트데스크로 안내되고, 고객이 객실로 안내될 때 벨맨이 고객의 짐 가방을 옮기는 일을 한다. 또한 고객이 떠날때도 객실에서 로비로 고객의 가방을 운반하는 일을 하여 고객이 직접 가방을 들지 않도록 서비스를 제공한다.

4) 픽업서비스

고객들이 공항이나 이외의 다른 터미널로부터 호텔까지 올때나 호텔에서 출발하여 다른 터널이나 공항으로 갈때 이동할 수 있도록 도와주는 서비스를 제공한다.

5) 비즈니스센터

각종 사무기기와 전문직원이 배치되어 타이핑, 워드, 복사, 번역 및 통역업무, 텔렉스, 팩시밀리 사용, 노트북, 슬라이드, OHP기기 등의 대여, 각종 소포 및 문서수발 등 비즈니스와 관련한 서비스를 제공해 주는 곳이다. 단순안내업무는 무료로 이용할 수 있지만, 사무기기 및 용품을 이용하거나 작업을 대행해 주는 업무는 유료로 운영되기도 한다.

6) 전화교환

전화와 관련된 모든 커뮤니케이션 시스템을 담당한다. 교환원은 국가가 인정하는 소정의 자격증이 있어야 한다. 교환원은 목소리로 호텔을 대표하고 고객과 직접적인 접촉은 없지만 간접서비스를 제공한다는 점에서 중요성이 강조된다. 또한 고객의 국내·외 전화 사용은 객실부서의 수입원 중에 하나라는 점에서 영업의 임무도 수행한다고 할 수 있다. 외부에서 걸려온 전화(incoming call)의 연결서비스, 고객 및 내부직원의 외부전화(outgoing call) 연결서비스, 모닝콜(morning call) 서비스를 위한 시스템을 관리하고 있다.

7) 귀빈층 서비스

비즈니스 VIP고객들을 위해 사교·휴식을 동시에 즐길 수 있는 특별한 공간으로 제공하고 있다. 귀빈층 라운지(executive floor lounge: EFL)에서는 국·내외의 신문과 정기간행물, TV, 컴퓨터 등이 비치되어 각종 정보를 접할 수 있고 편리하게 업무도 볼 수 있으

Conrad Seoul Executive Floor의 전경

며, 비즈니스 상담을 위한 회의실도 구비되어 있고, 무료로 조식, 음료, 주류, 스낵 등을 제공받는다. EFL에서 근무하는 직원들은 손님에게 비서업무 등의 버틀러 서비스(butler service)를 제공하기도 한다. VIP고객들을 위한 신속한 체크인, 체크아웃, 관광안내 및 예약서비스들을 비롯한 고객만족을 위한 각종 서비스를 제공하는 곳이다.

3. 당직매니저의 주요역할

당직매니저(duty manager)는 호텔의 전체 영업장을 대상으로 고객의 불평·불만접수 및 처리, 고객안내, 호텔전반에 대한 대표성을 띄는 호텔의 당직업무를 수행하는 자로서 대규모 호텔에서는 4~5명의 당직매니저를 두어 3교대로 운영하기도 한다. 고객을 응대하는 과정이나 호텔의 운영 중에 자주 발생하지 않아 처리하는데 다소 지연되거나 문제가 생길 수 있는 상황이라면 당직매니저가 그런 일들을 처리하게 된다. 당직매니저의 데스크는 현관에서 고객의 동선을 한눈에 파악할 수 있는 로비에 위치해 있다.

다음에 제시된 대화내용은 호텔의 당직매니저가 고객과의 대화를 통하여 업무를 수행하는 것을 보여주고 있는 것이다. 맴버십에 가입하고자 하는 고객을 잠시 기다리게 하고 당직매니저는 맴버십관리 담당직원을 찾았지만 점심식사 때문에 부재중이었던 상황에서 맴버십을 발급받고자 하는 고객의 업무를 처리해 주는 일을 함으로써 고객이 오래 기다리지 않고 하고자 하는 일을 마무리 할 수 있도록 하는 것이다. 이렇듯 당직매니저의 경우는 여러 가지 상황에서 벌어질 수 있는 다양한 업무를 처리하는 일을 하게 된다.

고객 : "호텔 맴버십에 가입하고 싶은데요".

당직매니저 : "아 그러세요!", "저쪽의 소파에 앉으셔서 잠깐만 기다려주세요. 스낵을 드시면서 잠깐만 기다려주시면 곧바로 서비스 해 드리도록 하겠습니다!"

고객 : "네 그렇게 하지요. 감사합니다".

(당직매니저는 세일즈 직원을 찾으러 갔지만, 직원들이 모두 점심식사를 하러가서 부재중이었다. 당직매니저는 고객에게로 돌아왔다.)

당직매니저 : "맴버십 가입을 위해 제가 도와드리도록 하겠습니다. 몇 분이면 됩니다".

고객 : "네, 잘됐네요".

(당직매니저는 고객이 맴버십에 가입할 수 있도록 모든 업무를 수행한다.)

4. 헬스클럽매니저의 주요역할

헬스클럽매니저(health club manager)는 호텔의 휘트니스센터(fitness center)를 총괄적으로 관리하는 역할을 한다. 헬스클럽은 호텔 부대시설 중의 하나로 투숙객들이 체력단련을 하거나 여행의 피로를 풀기 위한 여가활동의 공간이다. 호텔에 따라 헬스시설, 에어로빅, 사우나, 수영장, 테니스 코트, 스쿼시 코트, 골프연습장 등 다양한 시설을 갖추고 있다. 호텔의 조직상 레포츠(leports)부서로써 별도의 부서로 존재하기도 하나 호텔에서는 객실부 또는 객실관리부서 소속으로 운영하고 있다.

Conrad Seoul의 휘트니스 센터

03 객실관리부서의 조직과 역할

호텔을 이용하는 고객들은 쾌적하고 안락한 분위기에서 서비스 받기를 원한다. 호텔의 객실관리부서(house keeping)는 고객을 위해 청결과 쾌적한 분위기를 유지해야 하며, 고객이 만족할만한 공간을 만들어 호텔의 상품에 대하여 가치를 높여주는 역할을 한다. 최근에는 많은 호텔들이 객실관리부문을 외부기업과 계약을 맺어 운영하는 아웃소싱(outsourcing)을 통하여 관리하기도 하지만, 운영관리의 주체가 누구든지 고객에게 최고의 서비스가 제공되기 위한 목표가 같으므로 조직구성원들의 원활한 소통과 협력으로 철저한 객실관리업무가 되도록 하여야 한다.

1. 객실관리부서의 주요역할

객실관리부서는 앞서 제시된 [그림 5-1]에서 볼 수 있듯이 객실관리매니저를 중심으로 호텔의 청결, 고객의 안락함, 고객의 편리함의 3대원칙에 의거하여 업무를 수행하도록 노력해야 한다. 각층(floor)의 객실청소(room cleaning), 객실설비(facilities)와 시설

(furniture & fixture) 및 비품(guest suppliers)관리뿐만 아니라 호텔 내 레스토랑(restaurants), 화장실(bathroom), 라운지(lounge), 주방(kitchen) 등 호텔전역의 공공지역(public area), 린넨류(linens), 직원유니폼(staff uniform)의 지급과 수선(repair) 및 세탁, 객실의 미니바(mini-bar) 관리에 이르기 까지 크게 눈에 띄지는 않아도 작은 손길이 필요한 많은 업무를 담당하는 부서로서 그 범위가 넓고 구체적이라고 볼 수 있다.

(1) 객실정비업무

객실정비는 객실청소(room cleaning), 객실설비(facilities)와 시설(furniture & fixture) 및 비품(guest suppliers)관리뿐만 아니라 고객의 입장에서 집과 같이 머무는 개인공간의 첫인상이기 때문에 세심한 주의가 필요하다. 프런트오피스가 객실을 판매하는 곳이라면 객실관리부서는 객실이라는 상품을 고객의 맘에 들도록 멋진상품으로 만들어 이를 판매할 수 있도록 생산하는 부서라고 말할 수 있으므로 상호 긴밀한 협조가 더욱 중요하다.

(2) 호텔부대영업장 청결 및 관리업무

객실관리부서는 객실정비뿐만 아니라 레스토랑, 연회장, 현관, 복도, 로비, 화장실 등의 공공지역(public area) 및 호텔외부에 이르기까지 호텔전역의 청결을 관리한다. 호텔부대 영업장의 원활한 관리를 위해 담당직원이 상시 순회하고 확인하여 호텔의 전체공간에 대한 청결이 유지될 수 있도록 해야 한다.

(3) 린넨 및 종업원 유니폼 관리업무

하우스키핑 bath room 정리

세탁물에 대한 관리, 객실과 호텔 식음료 영업장에서 필요한 린넨류, 호텔직원들의 유니폼 등의 세탁과 관리업무가 객실관리부서의 또 다른 중요업무이다. 고객이 요구하는 세탁물을 깨끗하고 정확하게 처리될 수 있도록 하여 호텔의 수익창출에 기여할 수 있으며, 린넨류와 유니폼 관리를 통해 호텔의 단정하고 깨끗하고, 독특한 이미지를 전달하고 유지하도록 한다.

호텔에서의 린넨류이란 면(cotton)류나 화학

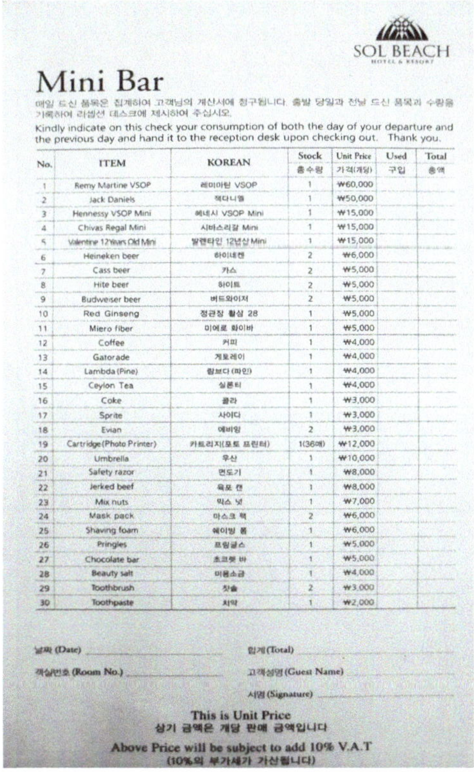

SOL BEACH
HOTEL & RESORT

Mini Bar

매일 드신 품목은 집계하여 고객님의 계산서에 청구됩니다. 출발 당일과 전날 드신 품목과 수량을 기록하여 리셉션 데스크에 제시하여 주십시오.

Kindly indicate on this check your consumption of both the day of your departure and the previous day and hand it to the reception desk upon checking out. Thank you.

No.	ITEM	KOREAN	Stock 총수량	Unit Price 가격(개당)	Used 구입	Total 총액
1	Remy Martine VSOP	레미마틴 VSOP	1	₩60,000		
2	Jack Daniels	잭다니엘	1	₩50,000		
3	Hennessy VSOP Mini	헤네시 VSOP Mini	1	₩15,000		
4	Chivas Regal Mini	시바스리갈 Mini	1	₩15,000		
5	Valentine 12Years Old Mini	발렌타인 12년산 Mini	1	₩15,000		
6	Heineken beer	하이네켄	2	₩6,000		
7	Cass beer	카스	2	₩5,000		
8	Hite beer	하이트	2	₩5,000		
9	Budweiser beer	버드와이저	2	₩5,000		
10	Red Ginseng	정관장 활삼 28	1	₩5,000		
11	Miero fiber	미에로 화이바	1	₩5,000		
12	Coffee	커피	1	₩4,000		
13	Gatorade	게토레이	1	₩4,000		
14	Lambda (Pine)	람브다 (파인)	1	₩4,000		
15	Ceylon Tea	실론티	1	₩4,000		
16	Coke	콜라	1	₩3,000		
17	Sprite	사이다	1	₩3,000		
18	Evian	에비앙	2	₩3,000		
19	Cartridge (Photo Printer)	카트리지(포토 프린터)	1(36매)	₩12,000		
20	Umbrella	우산	1	₩10,000		
21	Safety razor	면도기	1	₩8,000		
22	Jerked beef	육포 캔	1	₩8,000		
23	Mix nuts	믹스 넛	1	₩7,000		
24	Mask pack	마스크 팩	2	₩6,000		
25	Shaving foam	쉐이빙 폼	1	₩6,000		
26	Pringles	프링글스	1	₩5,000		
27	Chocolate bar	초코렛 바	1	₩5,000		
28	Beauty salt	미용소금	1	₩4,000		
29	Toothbrush	칫솔	2	₩3,000		
30	Toothpaste	치약	1	₩2,000		

날짜 (Date) ______ 합계 (Total) ______

객실번호 (Room No.) ______ 고객성명 (Guest Name) ______

서명 (Signature) ______

This is Unit Price
상기 금액은 개당 판매 금액입니다

Above Price will be subject to add 10% V.A.T
(10%의 부가세가 가산됩니다)

미니바 판매 아이템

섬유로 만들어진 타월(towel), 냅킨(napkin), 시트(sheet), 담요(blanket), 유니폼(uniform), 커튼(curtain), 식탁보(table cloth) 등을 일컬어 말하고 있다.

(4) 미니바 관리업무

많은 경우 고급호텔의 객실에는 미니바가 설치되어 있으며 호텔의 수입원 중의 하나이다. 미니바는 객실의 냉장고에 양주류의 작은 용량, 맥주, 물, 음료 및 안주류를 진열·전시하여 고객의 필요에 따라 먹고 지불은 그 이후에 하는 시스템으로 운영되는 일종의 작은 바(bar)를 의미한다. 미니바의 상품은 쉽게 유출이 될 수 있기 때문에 상품을 선택하여 냉장고에서의 위치가 바뀔 때 자동으로 카운트되는 시스템을 갖추고 있는 경우도 있고, 객실관리직원이 실제로 직접 보고·관리하는 경우도 있다.

(5) 호텔의 시설관리

호텔의 건물이나 기계시설 등은 자산의 80~90%에 달하는 고정자산이다. 다른 산업과는 달리 호텔 내 각종 시설물과 비품은 매우 고가이며 그 수명이 짧기 때문에 이러한 시설관리를 통한 자산관리는 중요한 책임이 따르는 일이다. 따라서 호텔의 모든 비품 및 설비의 관리를 책임지고 있는 객실관리부서는 세심한 관찰과 주의를 통해 비용절감을 실천할 수 있어야 한다.

사례 출입금지(do not disturb)

door lock에 출입금지 카드(do not disturb card)가 걸려있을 때에는 들어가서는 아니되며, 노크를 해서도 안 된다. 다만, check-out 시간인 정오가 지나도록 계속 걸려있을 때에는 사무실에 보고하고, 투숙객의 동태를 파악하여 사무실의 지시를 받는다.

(6) 습득물 보관 및 처리

고객의 퇴숙 후 객실정비원(room maid)은 침대, 옷장, 서랍 등을 세심히 살펴 고객이 물건을 넣었다가 두고 간 것은 없는지 확인해야 한다. 객실이나 그외 호텔의 공공장소에서 습득한 물건은 객실관리부서에 일정기간 보관 후 호텔의 규정에 따라 처리해야 한다.

2. 객실관리부서의 하위업무 조직별 주요역할

(1) 객실정비과장

객실정비과장(executive housekeeper)은 객실, 공공지역, 종사원 지역의 청결 및 부서내의 원활하고 능률적인 업무진행을 위한 계획, 감독, 조절, 고객과 종사원을 위한 안전하고 질서있는 환경유지노력, 각 객실가구, 설치물, 장비를 유지·관리한다. 직원들이 업무를 잘 해낼 수 있도록 훈련하고 직무개선을 통해 호텔의 경비절감에 기여한다.

(2) 층 감독

층 감독(floor supervisor)은 객실정비과장의 업무지시를 받고 층의 객실정비원을 지시하고 감독하여 객실정비원이 청소요령을 잘 따르고 있는지 확인하고 이행하도록 한다. 해당층의 모든 객실, 복도, 서비스 지역, 린넨 룸의 청결을 유지·관리하고 담당직원의 업무수행태도, 진행현황, 복장, 용모 등을 관리·감독한다.

(3) 오더테이커

오더테이커(order taker)는 객실관리의 전반적인 업무진행상 중앙으로 연결되는 모든 업무를 조절하고 업무를 배분하고 주문하는 역할을 수행한다. 객실관리 사무실에 위치하면서 전반업무의 연락담당자로서 다양하게 접수되는 모든 정보의 적정처리와 수시로 변하는 우선처리업무의 순서를 판단하여 효율적으로 신속하고 정확하게 모든 영업지역에서 원활한 서비스가 이루어지도록 노력한다.

(4) 객실정비원

객실정비원(룸메이드, room maid)은 퇴실하였거나 현재 사용중인 객실을 청소하는 직원을 말한다. 객실정비원은 각층 한 쪽의 스테이션(floor station)에 근무하면서 청소를 요하는 객실을 적정시간내에 쾌적하고 청결하게 객실정비를 완료해야 한다. 객실정비원의 세심한 손길은 고객으로 하여금 호텔에 대한 평가와 고객 만족도를 높여 편안하게 호텔에 머무를 수 있게 한다. 객실정비원의 주요업무는 다음과 같다.

- 업무배정과 함께 열쇠를 받아 배치된 지역을 정비한다.
- 호텔의 규정에 따라 모든 습득물을 신고하고 제출한다.
- 투숙중인 고객객실은 간단한 청소, 정리정돈, 취침준비작업(turn down service)을 한다.

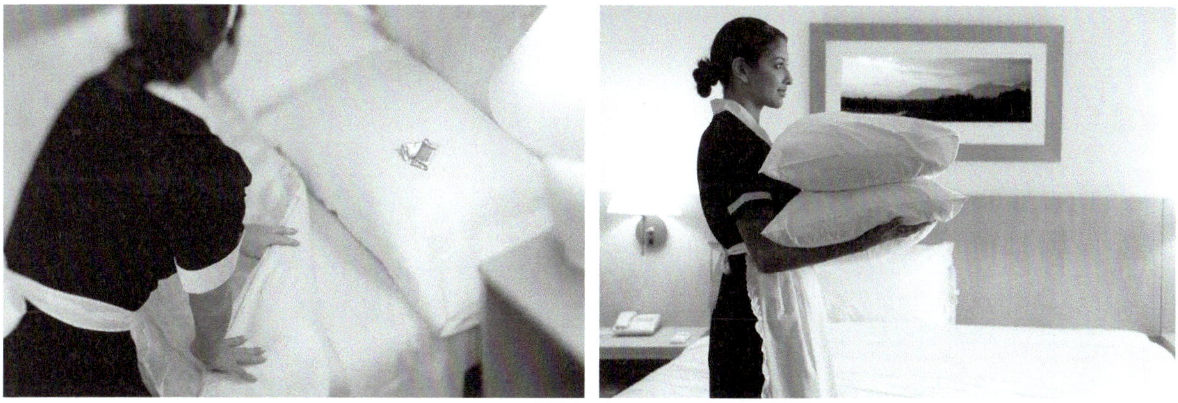

룸 메이드의 업무

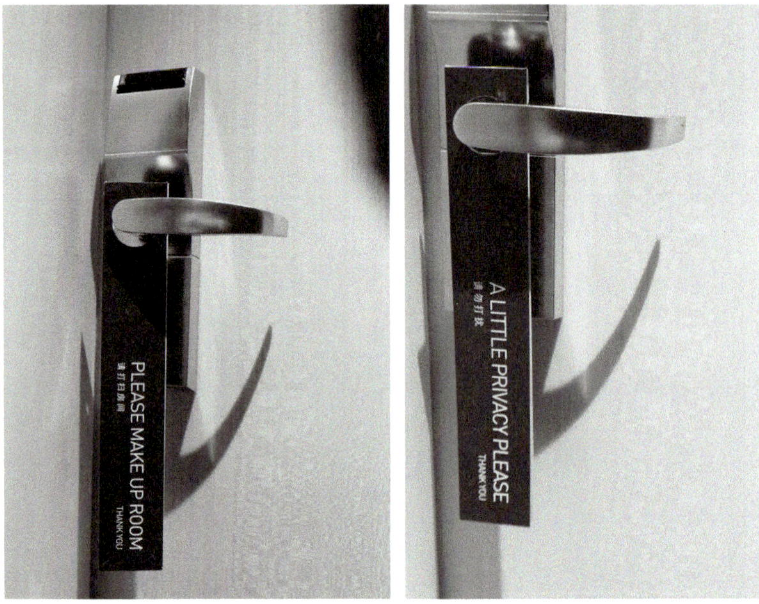

청소를 원할 때 메시지

- 객실고객의 세탁물 수거 시는 고객성명, 객실번호, 품목, 수량을 정확히 확인한다.
- 고객의 퇴숙 후 사용한 객실과 욕실의 청소, 비품정리, 및 미니바의 사용여부를 확인하고 프런트오피스에 연락하여 비용청구가 가능하도록 한다.

사례 턴다운 서비스(turn down service)

open bed, 즉 turn down service는 베드 스프레드(bed spread)가 씌워진 채로 있으면 고객이 베드를 사용할 때 불편하기 때문에 고객이 베드를 사용하기 이전에 일정한 시간을 정하여 룸 메이드가 이미 투숙한 손님의 잠자리를 더욱 아늑하고 편히 질 수 있도록 침대의 담요를 접어 넘겨 잠자리에 들기 쉽도록 준비해 주는 것을 말한다. 여기서 확장된 개념으로서의 turn down service는 간단한 객실 청소와 정리 · 정돈과 더불어 침대덮개(bed spread)를 걷고 정리한다든지, 담요를 접는 정도의 작업이 아니고, 주간에 미비된 것을 시정하고 철저히 점검된 객실을 고객에 제공할 뿐만 아니라 고객의 투숙에 대한 환영의 표시를 남기는 것이다.

일반적으로 턴다운서비스는 오후 6시에서 8시 사이에 하고 있으며 고객이 부재시에는 나이트 테이블(night table) 위에 있는 객실 등을 미리 켜놓아 나이트 셋팅(night setting)을 겸하고 있다. 또한 고객의 투숙에 대한 환영의 표시로 총지배인 명의로 작성된 감사 카드나 룸 서비스 및 아침식사의 내용을 담은 카드를 남기기도 한다.

이러한 턴다운서비스는 호텔마다 약간씩 차이가 있으며 일부호텔에서는 고객이 직접 셀프서비스하는 곳도 있다.

고객을 위한 세심한 배려인 턴다운서비스는 고객만족을 추구하면서 효과적인 마케팅 도구로 이용되어 좋은 반응을 얻고 있다.

논 의 과 제

01 객실부서의 중요성을 알고 객실의 종류를 설명하시오.

02 객실부서의 조직과 직무를 설명하시오.

03 프런트오피스의 주요조직과 역할을 설명하시오.

04 객실관리부서의 주요조직과 역할을 설명하시오.

제6장 호텔의 식음료부서

01 호텔 식음료부서의 중요성과 기능
02 호텔 식음료부의 조직과 직무
03 호텔 조리부의 조직과 직무
04 호텔 식음료부서의 메뉴관리
05 호텔의 식음료 원가관리

• 학습목표

이 장을 학습한 후, 다음 내용들을 이해할 수 있어야 한다.

1. 호텔경영에서 식음료부서의 역할과 해당 직무들을 설명할 수 있다.
2. 호텔 식음료부의 조직과 직무에 대하여 설명 할 수 있다.
3. 호텔 조리부의 조직과 직무에 대하여 설명 할 수 있다.
4. 호텔 식음료부에서의 메뉴관리의 중요성과 메뉴의 역할에 대하여 설명 할 수 있다.
5. 호텔 식음료부에서의 식음료 원가관리를 이해하고 원가를 산출 할 수 있다.

GO

본 장에서는 호텔경영에서 식음료부서의 역할과 해당 직무들을 이해하고 호텔의 주요 수익원인 호텔 식음료부와 조리부의 조직과 직무를 이해해 본다. 또한 호텔 식음료부서에서 가장 중요한 업무인 메뉴관리와 식음료 원가관리에 대하여도 알아보고자 한다.

01 호텔 식음료부서의 중요성과 기능

1. 호텔 식음료부서의 중요성

호텔의 식음료부문은 객실부문과 함께 호텔의 수익창출에 크게 기여하고 있는 부서로서 호텔의 이미지형성, 고객만족, 그리고 마케팅 측면에서 그 중요성이 날로 증가하고 있다. 식음료란 음식(food)과 음료(beverage)를 중심으로 한 호텔의 상품으로서 호텔의 객실상품이 정적(靜的)이라면 식음료 상품은 동적(動的)인 상품이라고 할 수 있다. 과거에는 호텔의 식음료업장이 객실투숙고객을 위한 부대시설로 간주되었으나, 현대적 의미의 식음료부서는 외식문화의 발달, 호텔의 대중화 추세에 따라 숙박을 하지 않고 식음료업장만 찾는 경우가 많아지고 연회부서에서의 컨벤션(convention) 등의 국제행사나 대형 파티행사와 더불어 최근에는 객실수입에 비해 식음료수입이 비슷하거나 높게 나타나고 있다.

호텔의 식음료를 담당하는 부서는 판매부문의 식음료부와 음식의 생산을 담당하는 조리부로 구성되어 있으며, 서로 상호협력을 통하여 호텔식당영업의 이윤 극대화를 담당하고 있다.

2. 호텔 식음료부서의 기능

중요하게 부각되고 있는 호텔 식음료부서가 호텔의 운영과 발전의 어떤 측면에 기여하고 있는지 그 기능을 구체적으로 알아보면 [그림 6-1]과 같이 요약될 수 있다. 우선 그 첫 번째로 객실부서와 함께 호텔의 주요 수익원으로서 재정적으로 기여하고 있으며, 자

그림 6-1 호텔 식음료부서의 기능

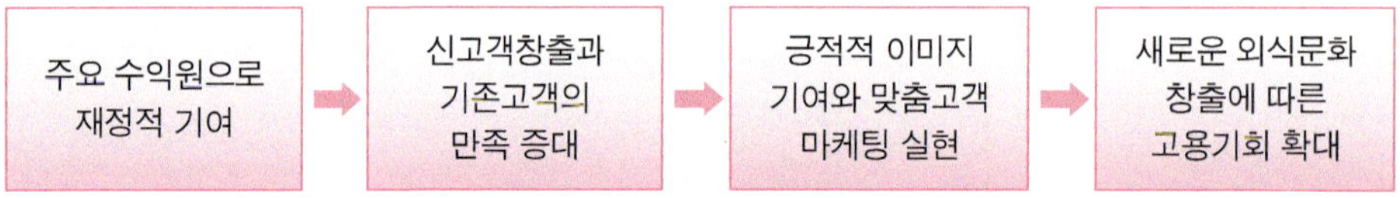

체업장에서의 새로운 고객창출과 기존고객에 대한 서비스 증대로 고객만족과 충성도를 확보하는 것도 식음료부서에서 할 수 있는 기능이 될 수 있다. 고객과의 중요한 접점역할을 하며 고객에게 긍정적 이미지를 제공하고, 개별적인 서비스로 맞춤고객마케팅을 실현할 수 있다. 또한 최근들어 호텔내에서의 식음료제공부서의 기능을 뛰어넘어 새로운 외식문화창출에 기여하며 그에 따른 고용의 기회를 제공하고 있다.

(1) 주요 수익원으로 호텔기업에 재정적 기여

호텔수입의 극대화에 가장 크게 이바지할 수 있는 부문이 바로 식음료부문이다. 객실상품의 경우 제한된 객실 수로 인하여 수요에 대한 판매탄력성이 매우 낮아 한정된 수입으로 만족할 수밖에 없지만, 식음료상품은 수요에 대한 판매탄력성이 매우 높기 때문에 객실에 비하여 호텔수입의 극대화에 대한 공헌도가 높다. 대규모 호텔일수록 식음료업장이 다양화되고 규모화되는 것도 식음료업장의 수익을 증가시키기 위함이다.

(2) 신고객창출과 기존고객의 만족증대

호텔의 식음료부서는 호텔 내의 모든 레스토랑 뿐 아니라 각계각층의 다양한 모임, 예술공연이나 전시회, 세미나 등의 문화적 교류의 장소, 회사의 런칭, 보수교육, 인센티브교육 등의 비즈니스의 현장 등 다양한 형태로 다양한 고객들을 위해 음식과 음료를 제공하고 있다. 객실고객보다 식음료를 이용하는 고객이 호텔을 더욱 자주 방문할 수 있고, 이에 따른 고객의 만족은 결국 충성도 높은 고객으로 이끌 수 있으며, 새로운 고객을 창출하게 하는 데도 기여하게 된다.

(3) 긍정적 이미지 제공과 맞춤고객마케팅 실현

호텔의 식음료부문에서는 고객만족을 위해 모든 서비스가 품격있는 식사가 되도록 부단히 노력하여 고객들에게 좋은 인상을 주도록 해야 한다. 한번 찾아온 고객에게 깊은 인상을 심어준다는 것은 그 고객뿐만 아니라 구전을 통하여 더 많은 사람들에게 전달되어 호텔 식음료부문의 명성을 쌓을 수 있는 것이다. 호텔의 명성은 식음료서비스의 일관성 있는 품질에 의해 크게 좌우된다. 바른기준을 세우고 종사원들의 훈련을 통하여 지속적이고 성실하며 수준 높은 식음료 서비스의 질을 유지해야 한다.

특별한 서비스를 제공받기 위해 찾아온 고객을 기억하고 그들에게 그들만을 위한 맞춤서비스를 제공하여 고객이 특별한 경험을 할 수 있도록 하는 것은 단골고객 유지를 위해 매우 중요하므로 식음료부문 관리자들은 이러한 식음료부서의 식사와 음료서비스가 매우 가치있는 마케팅도구라는 것을 인식하여야 할 것이다.

(4) 새로운 외식문화창출에 따른 고용기회 확대

호텔의 식음료부서에서는 호텔만이 가지고 있는 격조높은 서비스를 호텔외부의 외식업체에서 만나볼 수 있도록 하여 호텔을 이용하지 않더라도 일반적인 고객들이 호텔급 서비스를 경험 할 수 있는 기회를 제공하고 있다. 일부호텔에서는 호텔에서 운영하고 있는 업장과 같은 이름을 가진 외식업체를 만들어 같은 방식으로 운영하기도 하고, 또 다른 호텔들은 호텔에서 운영되는 형식이나 방법을 조금 달리하여 새로운 형태의 외식업장을 운영하기도 한다. 호텔에서 호텔외부로 사업을 확대시킴으로 호텔에서만 이용할 수 있었던 레스토랑을 더 쉽게 방문할 수 있게되고, 외식분야의 새로운 외식문화창출과 일자리 제공에도 기여하고 있다.

02 호텔 식음료부의 조직과 직무

호텔의 식음료부서는 크게 식음료부와 조리부로 구분하여 설명 할 수 있다. [그림 6-2]는 호텔 식음료부의 조직의 예를 보여주고 있다. 호텔 식음료부를 식당과 음료과, 연회과로 구분하여 제시하고 있는데, 호텔의 규모와 특성에 따라서 다양한 조직형태로 나타날 수 있다. 예를 들어 연회과의 경우 연회서비스 부분만 식음료부서에 포함되고, 연회예약과 연회판촉은 세일즈 마케팅 부서에 포함되는 경우도 있다. 따라서 어떤 조직의 형태를 갖추고 있더라도 서로 연관되는 다른 부서와의 상호협조가 긴밀하게 이루어지는

그림 6-2 호텔 식음료부의 조직도

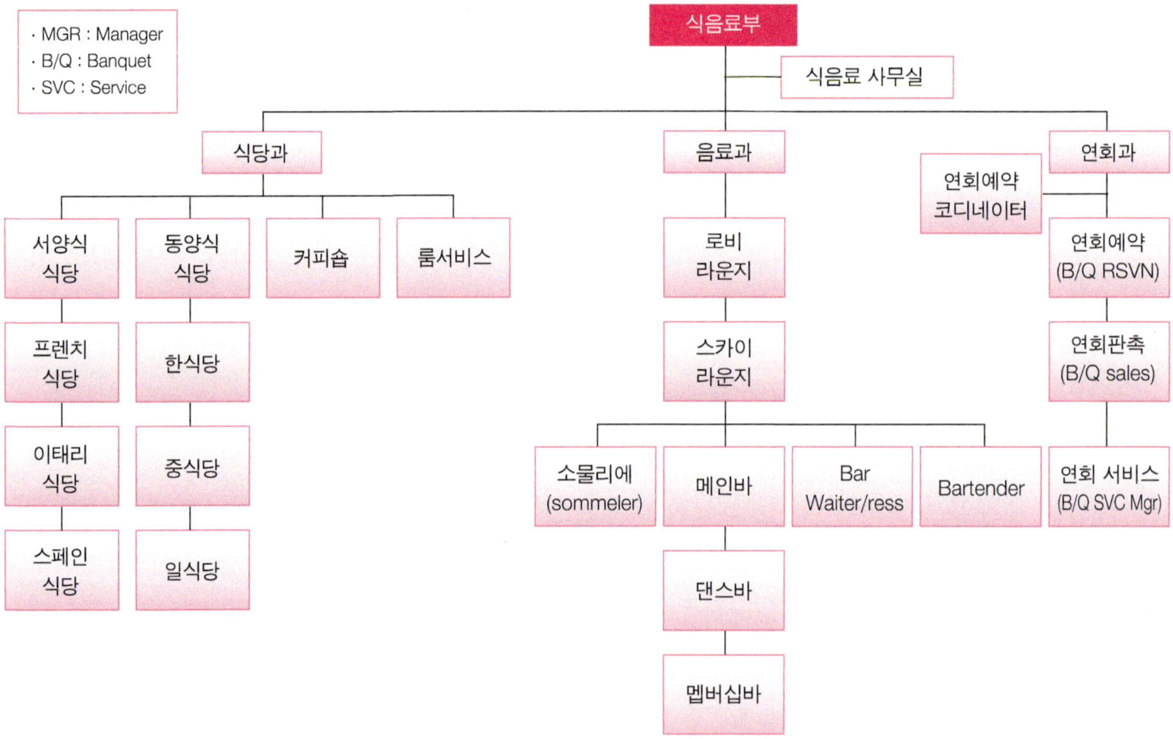

것이 중요하다. 특별히 식음료부와 조리부의 협조는 더욱 우선시 되어야 한다.

1. 호텔 식음료부서의 하위업무 조직별 주요역할

(1) 레스토랑 업장매니저

오늘날 호텔에서 식음료판매의 수입증대로 인해 식음료부서의 중요성이 점차 증대되고 있기 때문에 레스토랑 매니저(restaurant manager)는 원가관리, 메뉴작성, 불평불만처리, VIP고객접대, 외국어 구사능력, 교육훈련 등에 충분한 경험이 있어야 한다. 용모단정하고 인격을 갖춘 사람으로 직원들을 통솔할 수 있는 리더십이 있어야 한다. 각 식당의 운영상태 및 문제점을 파악하고, 운영에 관한 책임을 지며, 직원의 인사관리 및 서비스 교육을 담당하고, 영업장의 원활한 운영과 주어진 목표를 효과적으로 달성 할 수 있도록 직원들을 지휘·감독한다.

(2) 캡 틴

캡틴(captain)의 업무는 레스토랑 매니저의 업무를 보좌하고, 영업전 서비스 준비상황을 점검하고 고객접점에서 직원들과 함께 서비스를 진행한다. 주요업무로는 고객영접 및 안내, 작업지시, 비품 및 기물관리, 불평불만처리 등의 업무를 담당하고, 직원들의 작업 및 근무태도를 수시로 점검하여 서비스에 차질이 없도록 해야 한다.

(3) 웨이터 / 웨이트리스

웨이터(waiter)나 웨이트리스(waitress)는 캡틴을 보좌하여 고객으로부터 주문을 받고 주문한 요리가 신속하고 정확하게 제공되도록 하여야 한다. 웨이터나 웨이트리스의 업무로는 서비스를 위한 제반사항을 준비하고 예약상황점검, 고객으로부터 식사와 음료의 주문, 식사와 음료제공, 테이블 준비(table setting), 비품 및 기물정리 등이 있다. 고객에게 가장 가깝게 서비스를 제공하는 직원이므로 담당하고 있는 업장의 메뉴들에 대하여 충분히 숙지하여 매출증대에 노력해야 한다.

(4) 리셉셔니스트

리셉셔니스트(reception or greeters)는 고객의 예약을 담당하고 좌석배치 및 도착한 고객을 좌석으로 안내하는 업무를 담당한다. 최근에는 계산원(cashier) 업무도 담당하고 있으며 식사요금의 수납, 전표기입 및 계산, 신용카드 전표정리, 보고서 작성 등의 업무를 수행하고 있다.

(5) 버 서

버서(busser)는 웨이터나 웨이트리스를 보조하여 서비스를 지원하는 보조웨이터로 대개 근무경험이 짧은 실습생을 말한다. 일반적으로 주방에서 주문된 식사를 가져오고 식사 후 기물치우기, 테이블 및 의자정돈, 물컵에 물따르기, 버터나 빵을 서브한다.

(6) 소믈리에

소믈리에(sommelier)는 와인전문가로 식사와 잘 어울리는 와인을 추천하여 주문을 받고 고객에게 직접 와인을 서브하는 종업원으로서 식당의 음료 매출증진에 큰 영향을 미친다. 주문된 요리와 잘 어울리는 와인과 식전주(aperitif) 등을 주문받아 제공하며, 특히 요리의 성격과 와인의 성격, 추천할 수 있는 와인의 종류 등에 대한 풍부한 지식과 고객

음료를 조주하는 바텐더

의 와인선호도를 판별할 수 있는 능력을 지니고 있어야 한다.

(7) 바텐더

바텐더(bartender)는 음료(beverage)에 대한 충분한 지식을 갖고 칵테일 제조 및 판매를 위한 음료를 준비하는 직원이다.

(8) 기물관리

스튜어드(steward)는 사용된 주방 및 식당기물을 세척하고 준비하며 비품정리를 담당한다.

2. 호텔 레스토랑의 분류

레스토랑(restaurant)은 1760년 프랑스 루이 15세때 몽블랑제(Mon Boulanger)라는 사람이 양의 다리를 재료로 하여 원기회복을 해 준다는 수프를 만들어 판매하였는데, 그 수프를 restaurers라 불렀고, 판매하는 장소를 restorantes라 부른 것에서 유래되었다. 이후 많은 커피하우스들이 이곳을 모방하여 식당형태로 전환하면서 레스토랑이 대중적인 식사장소라는 이름을 얻게 되었다.

레스토랑은 사용되는 명칭이나 제공되는 메뉴품목 또는 서비스 방식에 따라 구분될 수 있다. 본 장에서는 호텔에서 주로 사용되고 있는 레스토랑의 일반적인 명칭을 중심으로 레스토랑을 구분하여 알아보고자 한다.

(1) 레스토랑(Restaurant)

일반적으로 고급스러운 식당의 명칭으로 인식되고 있으며, 식탁과 의자가 마련되어 있고 웨이터나 웨이트리스에 의해 식사와 음료가 주문되고 제공되는 고급서비스가 이루어지는 식당을 말한다. 이러한 레스토랑은 제공되는 메뉴에 따라서 프랑스 레스토랑, 이태리 레스토랑, 서양식 레스토랑, 한국식 레스토랑, 중국식 레스토랑, 일본식 레스토랑 등으로 구분할 수 있다.

(2) 커피숍

커피숍(Coffee Shop)은 커피만 파는 곳으로 생각할 수 있으나 샌드위치, 스파게티, 스테이크, 샐러드 등의 경양식과 간단한 한식 등을 제공하는 식당의 일종이며 월별, 계절별로 각종 이벤트를 마련하고 그 시즌에 맞는 스페셜 메뉴를 준비하기도 한다. 호텔에서는 주로 아침식사를 커피숍에서 일품요리 또는 컨티넨탈(continental) 뷔페식으로 제공하고 있다.

(3) 다이닝 룸

다이닝 룸(Dining Room)은 점심과 저녁식사를 정해진 시간(점심 : 12:00~15:00, 저녁 : 18:00~21:00)내에 제공하고 주로 정식(table d'hote)을 판매하는 식당으로 매우 정중하고 격조높은 서비스가 이루어진다.

(4) 그 릴

그릴(Grill)은 일반적으로 일품요리(a la carte)를 제공하는 식당으로 점심, 저녁을 제공하며 고객의 기호와 편의를 고려하여 그날의 특별요리(daily special menu)를 준비한다.

그랜드 하얏트의 Paris Grill 레스토랑 전경

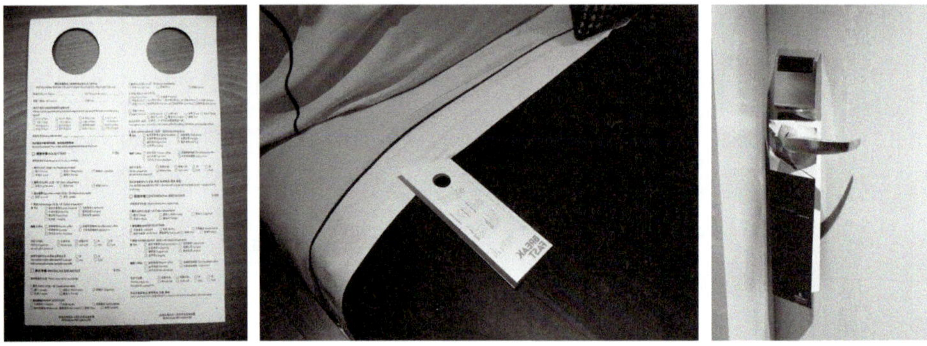

룸서비스 메뉴

(5) 런치 카운터

런치 카운터(Lunch Counter)에서는 식탁대신 긴 카운터에 앉아서 고객이 요리사에게 직접 음식을 주문하고 주문한 음식이 준비되는 과정을 볼 수 있어 식사를 기다리는 지루함을 줄일 수 있다. 일식당에서 자주 볼 수 있는 스시 카운터나 철판구이가 그 대표적인 예에 속한다.

(6) 룸서비스

룸서비스(Room Service)는 호텔의 객실 투숙고객에게 24시간 식음료를 제공하는 식당으로서 객실에서 주문을 하면 웨이터가 직접 객실에 주문음식을 배달·제공한다. 조식의 경우 전화주문 이외에 도어놉(door knob) 메뉴를 체크하여 객실문밖의 손잡이에 걸어 놓으면 이를 수거하여 고객이 원하는 시간에 객실로 배달제공한다.

(7) 바

바(bar)는 프랑스어의 '바리에르(barier)'에 기원을 두고 있는데 고객과 바텐더 사이에 놓인 널판을 의미하던 개념에서 오늘날에 바(bar)란 바텐더(bartender)에 의해 고객에게 술을 판매하거나 제공하는 장소를 말한다. 바(bar)란 주로 술을 판매할 수 있는 일정한 시설을 갖추고 고객을 대상으로 술을 판매하는 공간의 총칭으로서, 일반적으로 식재료비용이 판매금액의 30~35% 정도를 차지하는데 비하여 음료비용은 15~25%정도이기 때문에 음료를 취급하는 바의 경우는 주방인원을 고려할 때 단위당 노동생산성이 높다고 할 수 있다. 따라서 음료는 음식보다 부가가치가 높다는 점에서 각 호텔에서는 음료판매에 주력한다.

(8) 연회서비스

호텔연회는 식음료영업과 관련하여 단위규모의 영업장으로서는 규모와 매출액에서 가장 큰 부분에 해당한다. 〈표 6-1〉에서 볼 수 있듯이 일반적인 호텔내부의 레스토랑 운영과 비교하여 연회장을 운영한다는 것은 조직, 영업장 규모, 메뉴 및 서비스 등 여러 기능적인 면에서 많은 차이가 있다. 연회는 식당에서의 식음료 서비스 영업과 같이 식탁과 의자가 준비되어 있는 고정된 공간에서의 서비스가 아니라 특정장소에서 고객의 요구, 행사의 성격, 규모 등에 따라 각양각색의 행사를 수행하는 창조적 성격의 식음료 서비스 영업이다. 따라서 고객 수의 증대는 물론이거니와 매출액의 증대를 가져와 비수기를 타개할 수 있는 중요한 수단이 되고, 대형행사 및 컨벤션을 유치함으로써 호텔의 홍보에 더없는 훌륭한 효과를 가져다 준다.

1) 식음료를 중심으로 판매하는 연회

기념일이나 결혼식 그리고 가족모임 등의 식음료를 중심으로 판매하는 행사로서 정찬파티, 칵테일파티, 뷔페파티, 티파티, 출장파티 등으로 구분하여 연회를 진행할 수 있으며, 행사의 성격에 따라 음식과 음료의 종류도 다양하게 구성된다.

2) 연회장 장소판매 중심의 연회

전시회, 패션쇼, 각종회의, 국제회의, 세미나, 강연회, 간담회, 연주회, 음악회, 상품설

표 6-1 레스토랑과 연회장 영업의 비교

구 분	레스토랑	연회장
조 직	레스토랑 서비스와 주방의 단위조직	예약·판촉·서비스 등 3개의 서비스 조직과 주방으로 구분되어 있음 그 외 음향실, Flower shop, Ice carving 등이 복합적으로 지원
영업장 규모	30~100여명 정도 수용	많게는 수천 명까지 수용가능
메뉴 및 서비스	고객의 주문에 따라 달라짐	동일 메뉴, 동일 서비스
예약 여부	반드시 예약을 하지 않아도 됨	반드시 사전 예약을 해야 함
영업시간	일정함	정해진 영업 시간이 없음
홀 대여 영업	불가능	가능
영업범위	레스토랑 내에서만 가능	출장파티 등 외부영업이 가능함

● 자료 : 호텔경영의 이해, 이정학, 2010, p.242, 저자 재구성

사례 전통적인 식당 서비스 흐름

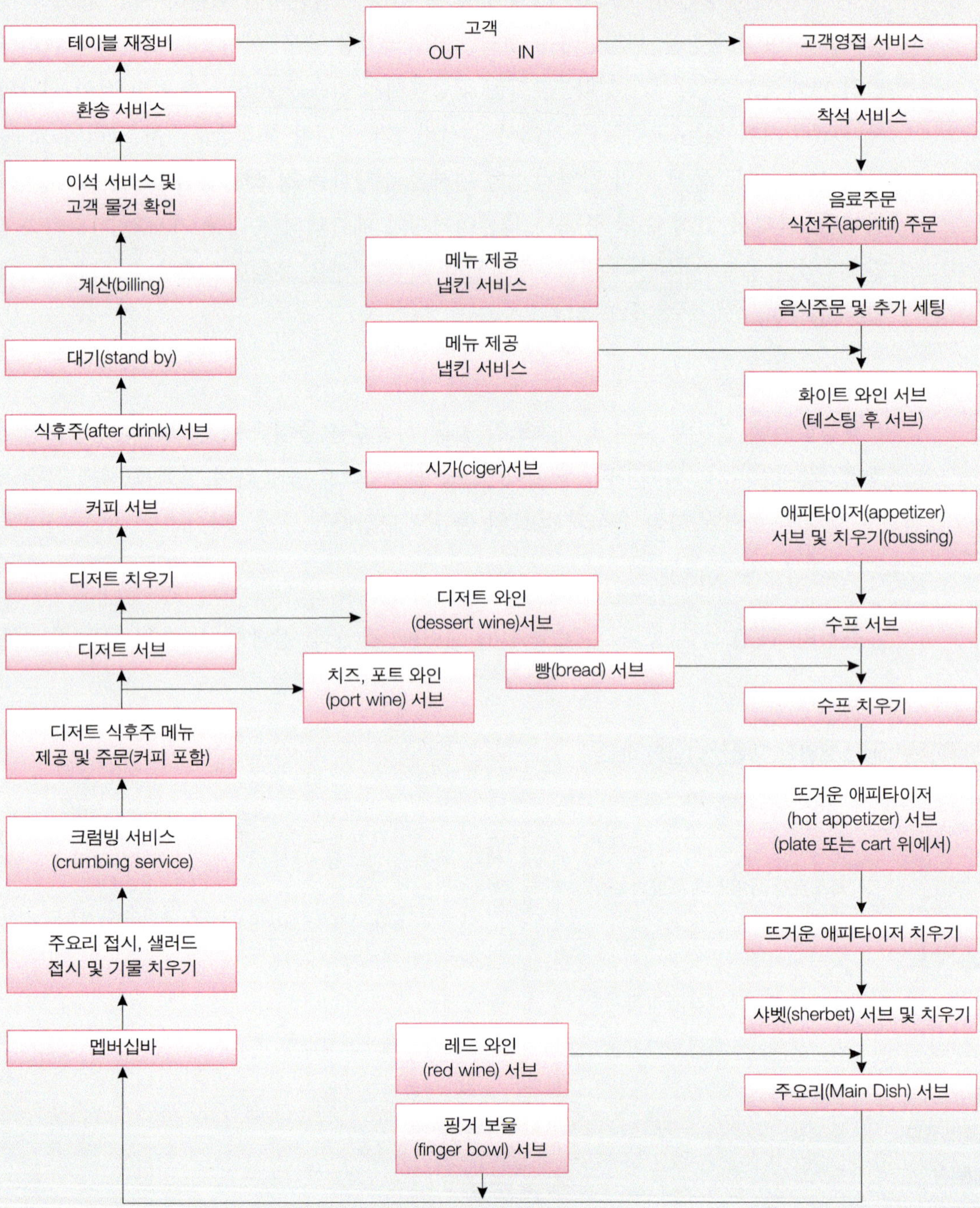

표 6-2 객실 및 연회판촉의 마켓분류

구 분	마 켓	내 용
객실판촉 부분	국내기업체(corporate)	기업체 임직원, 출장직원, 바이어 등의 고객
	외국인 기업체(foreign company)	한국지사, 사무소, 대리점 등에 근무하는 외국인 장기투숙 및 출장직원 등
	국내여행사	허니문 고객
	인바운드(in-bound)	여행사 : 외국인 단체관광객
	항공사	승무원 등
	관공서	관공서 직원들의 출장
연회판촉	컨벤션(convention)	국제회의 등을 하는 대형 단체
	기업체	세미나, 상품설명회, 인센티브, 각종 파티 등
	학회 및 대학	각종 학회 및 대학에서 실시하는 행사
	협회 및 사회봉사단체	각종 협회나 라이온스 등의 사회봉사 단체에서 실시하는 행사
	종교단체	종교 단체에서 실시하는 행사
	관공서	정부 및 각 시도 행정관서, 정당 등의 관공서에서 실시하는 행사
	동창회	각종 동창회에서 실시하는 행사

명회 등을 진행하기 위해 주로 장소를 판매하는 것을 주목적으로 하는 연회를 말한다. 이러한 행사를 하는 동안 행사의 성격에 따라 다소 차이가 있으나 호텔 식음료판매는 부수적으로 이루어지게 된다.

〈표 6-2〉는 호텔에서 이용하고 있는 객실 판매촉진부분과 연회를 위한 판매촉진부분에 대하여 그 고객시장과 어떤 경우에 이용하게 되는지를 보여주고 있다. 이러한 다양한 목적의 고객들을 호텔로 유치함으로써, 각종 회의나 모임 등을 하면서 자연스럽게 객실을 이용하고 식음료 서비스를 구매하기 때문에 연회시장은 매력있는 시장이 되는 것이다.

03 호텔 조리부의 조직과 직무

호텔의 조리부는 총주방장(Executive Chef)을 중심으로 고객이 원하는 메뉴를 정성스럽게 생산하는 역할을 한다. 주방은 영업주방과 지원주방으로 나뉘며 각각의 주방들은 상호 협조하에 업무를 진행한다. [그림 6-3]은 일반적인 대형호텔 조리부의 부서별 조직을 보여주고 있으며, [그림 6-4]는 조리사의 직급에 따른 조직도를 제시하고 있다.

그림 6-3 호텔 조리부의 조직도

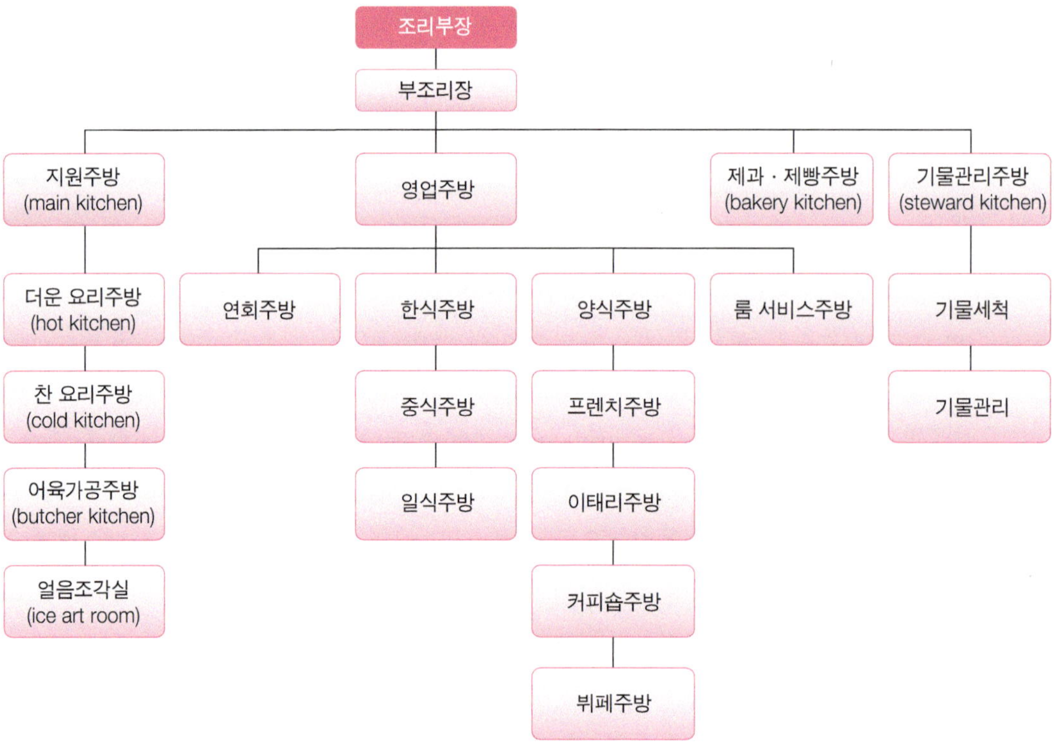

그림 6-4 직위에 의한 호텔 조리부 조직도

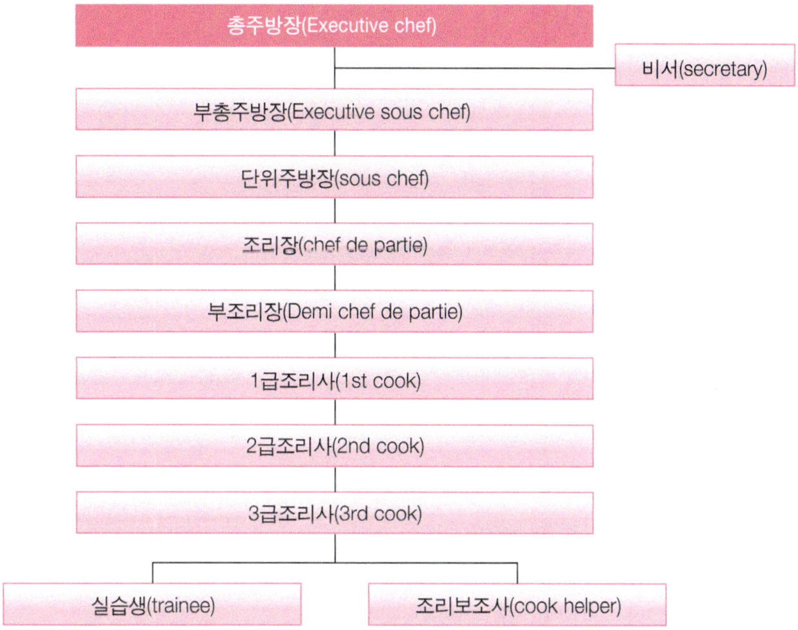

1. 조리부서의 하위업무 조직별 주요역할

조리란 음식을 만드는 것으로 그 행위자체를 과학 또는 예술이라고도 한다. 조리자체가 정밀하고 계수적이고, 음식의 모양과 색상을 조화시키고 창조한다는 점에서 예술적 감각이 동원되어야 하기 때문이다. 호텔에서의 조리기능은 음식이라는 상품을 생산하는 것이다. 따라서 조리사는 음식을 만드는데 있어서 효율적이고 과학적인 관리가 요구되고, 전문성과 축적된 경험을 바탕으로 생산활동을 수행해야 한다.

조리사의 음식조리 모습

1) 총주방장

총주방장(executive chef)은 조리부의 총책임자로서 조리작업을 지휘·감독하고, 각 조리장의 근무스케줄을 확인한다. 또한 식음료영업의 한 축으로서 고객분석 및 영업분석 등을 통하여 메뉴를 개발하고 각 주방 간의 유대관계를 잘 유지하도록 하여야 한다.

2) 단위주방장(sous chef)

단위주방장(sous chef)은 총주방장 지휘아래 각 단위주방을 총괄하며, 담당하고 있는 몇 개의 주방에 대하여 조리작업을 직접 지휘·감독하고 조리장의 근무스케줄을 확인하며, 주방의 냉장고 및 조리사의 위생상태도 점검한다.

3) 조리장

조리장(chef de partie)은 맡은 단위주방을 직접 지휘·감독하고 생산되는 메뉴에 대하여 책임을 지며 고객만족평가에 대해 항상 확인해야 한다. 또한 메뉴작성·식재료주문·원가관리 및 위생교육에 대한 교육도 실시한다.

4) 부조리장

부조리장(demi chef de partie)은 조리장을 보좌하고 단위주방의 조리 및 메뉴관리 그리고 원가관리 등을 항상 확인한다. 특히 부하직원 간의 유기적인 협조체계를 유지하고 조리사들의 직무내용을 체크한다.

5) 퍼스트 쿡

퍼스트 쿡(1st cook)은 주방의 최일선에서 조리를 담당하는 조리사로서 음식의 생산 및 조리사들의 교육에도 참여한다.

6) 세컨드 쿡

세컨드 쿡(2nd cook)은 퍼스트 쿡과 함께 주방의 최일선에서 조리를 담당하는 조리사로서 식재료의 파악 및 신청 그리고 창고관리업무도 담당한다.

7) 조리사

조리사(3rd cook)는 조리를 위한 준비를 책임지며 세컨드 쿡의 지시에 따라 부분요리한다. 또한 조리장의 청결 및 기물을 체크한다.

8) 보조조리사

보조조리사(cook helper)는 조리사의 보조역할을 하고 주로 당일에 사용될 식자재수령 및 조리장의 청소를 담당한다.

2. 생산기능에 따른 주방의 분류

호텔의 주방은 일반적으로 생산기능에 따라 분류하면 영업지원주방(support kitchen)과 영업주방으로 분류할 수 있다. 영업지원주방은 영업주방이 신속하고 효과적인 음식생산을 위해 식재료 또는 조리된 음식 등을 영업주방에 제공하여 조리할 수 있도록 도와주는 주방이다. 이에 대해 영업주방은 영업지원주방에서 만들어진 음식과 식재료 등을 제공받아 고객의 주문에 따라 음식을 생신하여 제공하는 주방을 말한다. 특급호텔들의 생산기능에 따른 주방의 분류는 다음과 같다.

(1) 영업지원주방

1) 메인주방

메인주방(main production kitchen)의 주요기능은 주로 호텔내의 다양한 식음료부서에서 공통적으로 필요로 하는 음식들을 한 부서에서 집중적으로 반가공형태로 생산하는 부서이다. 이 음식들은 각 식음료업장에 속한 영업주방으로 보내져 최종조리과정을 거쳐 고객에게 제공된다.

2) 콜드주방

콜드주방(cold kitchen)은 주로 과일이나 채소 등의 식재료를 다듬기 공정을 거쳐 영업주방으로 보내지고 영업주방은 이를 바탕으로 고객의 주문에 따라 샐러드 등을 제공하게 된다. 채소는 매우 다양한 요리에 함께 제공되기 때문에 콜드주방에서 통합적으로 관리되는 신선한 야채의 생산과 식재료관리는 원가관리면에서도 매우 중요한 과정이 된다.

메인 키친의 전경

준비된 각종 샐러드

부처 키친의 준비 모습

베이커리 키친의 준비 모습

3) 부처주방

부처주방(butcher kitchen)은 각 영업주방에서 필요로 하는 각종 육류와 생선 및 가금류 등을 각 부위별로 크기와 양을 손질하여 지원해 주는 역할을 담당한다. 식재료의 생산은 메뉴에 정해진 레시피에 따라서 준비되며 철저한 위생관리가 필요하다. 부처주방에서 취급하는 식재료는 매우 고가이며 전체 식재료비용(food cost)의 약 75%를 차지하기 때문에 매우 엄격한 식재료관리가 필요하다.

4) 베이커리주방

베이커리주방(bakery kitchen)은 각 영업주방에서 필요로 하는 빵 종류와 패스츄리 등을 만들며 주로 케이크와 초콜렛을 포함한 디저트를 생산하여 제공하는 주방이다. 각 호텔마다 델리카트슨(delicatessen)을 운영하며 여기에 베이커리주방에서 매일생산되는 신선한 빵을 고객에게 판매하고 있다.

(2) 업장별 주방

업장별 주방(outlet kitchen)은 한식주방, 일식주방, 중식주방, 프렌치 주방, 이태리식 주방, 뷔페주방, 라운지 바 주방 등 각각의 식음료업장에 위치한 주방을 말한다. 각 업장에 위치한 영업주방은 메뉴에 필요한 식재료와 완성된 음식을 지원주방에서 주문하고 이를 조리하여 고객에게 제공하게 된다. 동양식 레스토랑에서는 대부분의 식재료를 자체준비하게 되나 서양식 레스토랑, 연회, 커피숍, 룸서비스, 뷔페 레스토랑은 영업지원주방과의 상호협조로 음식이 제공되어 진다.

Conrad Seoul Open Kitchen 전경

(3) 기물세척

요리에 필요한 기물이 다양해짐에 따라 기물관리의 중요성이 부각되고 있다. 일반적으로 대규모의 주방을 제외하고는 대부분은 조리분야의 구분없이 기물관리가 운영되고 있으나, 시설이 현대화되고 조직이 커지면서 효율적으로 유영하기 위해 기능을 분리하고 있다. 호텔주방에서는 스튜어드(steward)가 주방의 접시, 유리잔, 식기 등을 저장, 운반, 세척하는 일을 담당하고 있다. 각 단위주방은 물론이고 모든 주방의 기구 및 기물의 세척과 공급·품질유지를 담당하고 있다.

04 호텔 식음료부서의 메뉴관리

1. 메뉴의 중요성과 역할

메뉴(menu)란 단어의 어원은 라틴어의 minutus에서 온 말로써 이 말은 영어의 minute에 해당되며, 그 의미는 '상세히 기록하다'는 의미이다. 원래는 주방에서 요리의 조리방법을 설명하기 위해 사용했던 것이었으나, 주방에서 식탁으로 나오게 된 것은 서기 1541년 프랑스 앙리 8세 때 브랑위그 공작이 베푼 만찬회 때부터였다고 한다. 주인공

City hotel 메뉴의 예

인 공작은 여러 가지의 음식을 접대함으로써 생기는 복잡함과 순서가 틀리는 불편을 해소하기 위해, 요리명과 순서를 기입한 리스트(list)를 작성하여 그 리스트에 의해 음식물을 차례로 즐겼는데, 연회에 참석한 손님들도 그 편리함을 깨닫고 요리표를 사용하게 됨에 따라 전파된 것이다. 그후 19세기에 이르러 프랑스의 파리에 있는 팰리스 로열(Palace Royal)에서 메뉴의 명칭이 일반화되어 사용되었다고 한다.

(1) 메뉴의 중요성

메뉴는 레스토랑의 얼굴이며 운영을 위한 모든 컨셉과 전략의 시작점이다. 메뉴는 결국 레스토랑의 제품에 대한 설명서로서 어떤 메뉴를 제공할 것인가에 따라서 레스토랑의 인테리어나 가격 그리고 마케팅과 홍보활동을 하게 되며, 무엇보다도 메뉴에 따라서 고객의 특징도 결정된다. 이와 같이 메뉴는 레스토랑의 청사진과 같으며 고객에게 상품을 제공하기 위한 경영활동을 제시하고 이를 통해 생산 및 원가관리 등의 내부적 통제는 물론 고객과 레스토랑을 연결하는 판매촉진의 도구로써 궁극적으로는 매출과 이윤에 직결된다.

특히 일반적인 기업들이 다양한 형태로 경쟁하고 있는 외식업체운영의 형태와는 다르게, 호텔의 경우는 대체로 같은 경영주에 의해 한 건물에서 다른 종류의 레스토랑이 운영되면서 그에 따라 다양한 음식을 판매하게 되는 곳이므로 고객의 상황, 특성, 방문목적 등에 따라 다양한 형태의 메뉴를 선택할 수 있도록 하여 각 레스토랑이 서로의 수익에 부정적으로 영향을 끼치기 보다는 상호보완이 될 수 있는 체계를 갖추도록 하는 전략이 무엇보다도 중요하다. 따라서 호텔의 레스토랑에서는 새로운 경험을 할 수 있는 다양한 상품을 개발하여 보다 창의적인 메뉴를 제공함으로써 변화있는 컨셉과 다양한 방식의 서비스도입으로 고객의 만족을 극대화 시킬 수 있도록 노력해야 한다.

(2) 메뉴의 역할

1) 최초의 판매도구

고객이 레스토랑에 방문했을 때 메뉴표는 고객이 첫 번째로 만나는 상품이다. 고객은 메뉴를 통하여 레스토랑이 제공하고자 하는 상품과 고객이 선택하려는 상품 사이에서 레스토랑과 고객이 상호 커뮤니케이션하는 수단으로 작용한다. 이때 메뉴는 고객의 선택을 돕는 최초의 판매수단이며 강력한 판매도구가 되는 것이다.

2) 마케팅 도구

메뉴는 주 고객층의 결정과 수요에 영향을 주는 중요한 마케팅 도구로 고객들에게 레스토랑에서 판매하는 음식·맛·가격을 전달하고 나아가 레스토랑의 컨셉을 고객에게 인지시킨다. 따라서 메뉴표는 단순히 품목과 가격을 기록한 것이 아니라 레스토랑이 고객에게 전달하고자 하는 정보를 전달해 주는 무언의 판매자이고 이를 통하여 판매촉진도 가능한 실질적인 마케팅 도구가 되는 것이다.

3) 고객과의 커뮤니케이션의 기능

고객들은 메뉴를 통해 제시된 음식의 각 품목의 조리방법, 가격 그리고 음식을 구성하는 식재료를 확인할 수 있으며 그에 따라 자신이 구매하고자 하는 음식에 대한 이해를 높이고 음식의 가치도 확인 할 수 있어 고객의 의사결정과정에 도움을 주는 역할을 한다. 직원들의 설명이나 다른 경로를 통해서 알게되었던 정보 이외에, 메뉴를 통하여 레스토랑이 추구하는 음식의 특색이나 영업정책 및 레스토랑이 추구하고 있는 바를 알 수 있게 된다. 즉, 메뉴는 레스토랑에서 판매하는 상품에 대하여 정확하게 고객에게 전달하고 또한 그 가치를 보장한다는 고객과의 중요한 약속의 매개수단이다.

호텔 레스토랑의 메뉴표를 활용하여 여러 측면에서 고객과 소통할 수 있는 기회를 잘 활용하기 위해서 메뉴표에 제시되는 내용을 결정할 때는, 전달하고자 하는 정보와 목적 등을 사전에 잘 파악하고 마케팅적인 활용가치 등이 충분히 논의되는 신중한 과정을 거치는 것이 바람직하다.

4) 원가관리수단

고객과의 의사소통의 수단 이외에도 메뉴는 레스토랑 매출에 심장과도 같은 중요한 역할을 맡고 있으며, 레스토랑관리를 위한 모든 영역에 영향을 미친다. 특히 식재료의 구매·저장·재고 등의 식재료관리와 연관된 가격정책 및 그에 따른 원가관리 등이 메뉴를 통해 조절되므로 메뉴관리는 호텔 식음료부서에서 수행하는 가장 중요한 업무라고 할 수 있다.

2. 메뉴의 종류

(1) 따블도트 메뉴(정식요리)

따블도트 메뉴(table d'hote menus, full course menus)는 정식 또는 셋트메뉴(set menu)라고 하며 음식을 코스형태로 제공하는 메뉴이다. 음식코스는 일반적으로 애피타이저(appetizer)·수프(soup)·생선(fish)·주요리(main dish)·샐러드(salad)·후식(dessert)·차(coffe or tea) 등의 순서로 구성되어 있다. 정식메뉴는 고객이 각각의 메뉴를 선택하는 번거로움을 줄일 수 있는 반면에 개인적 취향을 충족시키는데 한계가 있을 수 있다.

Appetizer의 종류

스테이크 메인요리의 예

(2) 알라카르트 메뉴(일품요리)

알라카르트 메뉴(a la carte menus)는 일품요리(一品料理) 메뉴를 말하며, 메뉴에서 고객이 원하는 음식을 선택하고 이를 고객에게 제공하는 요리이다.

즉, 각 코스별로 다양한 음식을 나열해 놓고 고객의 기호에 맞추어 음식을 선택할 수 있게 만든 메뉴로서 각 품목의 수요를 정확하게 예측할 수 없기 때문에 수급량관리와 원가관리가 따블도트 메뉴보다 훨씬 어렵다.

05 호텔의 식음료 원가관리

1. 원가관리

원가관리(cost control)는 경영자가 경영활동에 대한 계획 및 통제를 위한 의사결정을 수행하는데 필요한 원가정보를 집계하고 분석하는 회계적 활동이다. 원가와 비용은 같은 뜻으로 사용되기도 하나 엄격하게 차이가 있다. 즉 원가(cost)는 상품을 만들기 위하여 소비된 경제적 가치이며, 비용(expense)은 수익을 획득하기 위하여 사용한 자원의 경제적 가치이다.

원가관리의 최초의 단계는 판매품목의 결정에서부터 정확한 예측과 고객의 요구를 파악하여 메뉴에 의한 필요한 원재료의 구입이며, 판매되는 품목을 만드는데 필요한 원재료 1인분의 양을 알맞게 조절·분배하여 표준량을 설정하는 표준화과정의 연속이라고 할 수 있다.

원가는 〈표 6-3〉에 나타난 바와 같이 노무비, 재료비, 경비로 구성되며 이 세 가지를 원가의 3요소라고 한다. 원가는 다시 각 제품에 직접 부가할 수 있는 직접비(direct cost)와 여러 제품의 생산에 대하여 공통으로 쓰이는 간접비(overhead cost)로 구분이 되며,

표 6-3 호텔 원가의 분류

구 분		내 용
3요소	노무비	호텔서비스에 소요되는 종업원의 노동력에 대하여 지급되는 급료, 상여금, 수당 등을 말한다.
	재료비	호텔서비스에 소요되는 소비액으로써 재료의 매입액이 그대로 재료비가 되는 것이 아니라 제품생산을 위하여 소비된 재료만이 재료비이다. 소비가 되지 않고 남은 재료는 기말재고 자산으로 차기로 이월된다.
	경 비	전기료, 가스료, 수도료, 감가상각비, 수선료, 보험료 등의 경비를 말한다.
직·간접비	직접비	호텔 서비스 상품생산의 관련성 추적이 가능한 원가요소로써 직접재료비, 직접노무비, 직접경비 등이 있다.
	간접비	호텔 서비스 상품생산과 관련하여 추적할 수 없는 원가요소로써 간접재료비, 간접노무비, 간접경비 등이 있다.

직접비와 간접비 또한 비용의 성격에 따라 고정비, 변동비 및 총원가 등으로 세분된다.

(1) 고정비

고정비(fixed cost)란 생산비나 매출액의 증감에 관계없이 언제나 일정한 금액으로 지출되는 비용으로, 생산에 직접 관련이 없는 비용을 말한다. 예를 들어, 기업이 매월 지불하는 임대료, 수도광열비, 이자, 경영자 및 직원의 급여 등으로 생산수준과 무관하게 발생한다.

(2) 변동비

변동비(variable cost)란 생산비나 매출액의 증감에 비례하여 변하는 비용으로, 생산량과 직접 관련된 비용을 말한다. 예를 들어, 안심스테이크 1인분의 식재료 내용에는 안심고기, 야채 및 소스 재료 등의 원재료가 소요된다. 이러한 원재료 비용들은 생산된 각 단위에 대해서는 동일하지만 비용의 합은 생산량에 따라 변하기 때문에 변동비가 되는 것이다. 주재료 및 부재료 등의 식재료비, 가스비, 수도·광열비, 광고·홍보비 등이 변동비에 속한다.

그림 6-5 호텔에서의 원가 및 판매가격

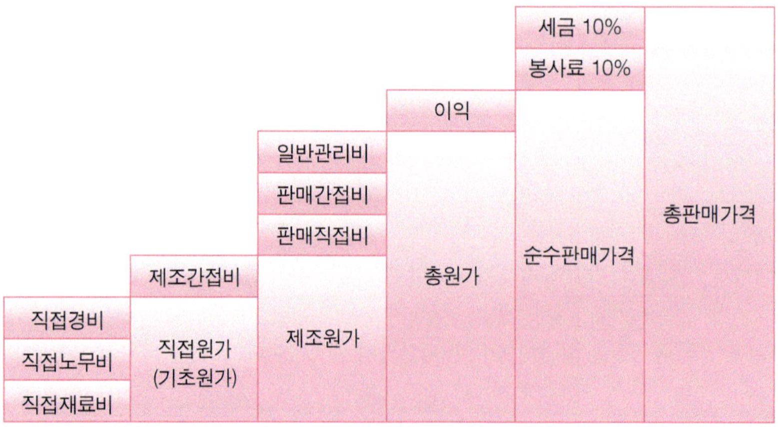

1) 직접원가= 직접재료비 + 직접노무비 + 직접경비
2) 제조원가 = 직접원가 + 제조간접비
3) 총원가 = 제조원가 + 판매비와 일반관리비
4) 순수판매가격(net price) = 총원가 + 이익
5) 총판매가격(gross price) = 판매가격(net price) x 1.21(봉사료 10%, 세금 10%)

자료 : 이정학(1998), 호텔 식음료 실무론, 기문사, p.21. 이정학, 호텔경영의이해, p.366

(3) 총원가

음식의 조리에서부터 완성, 판매단계에 도달하기까지 소비된 일체의 원가요소를 합하여 총원가라고 한다. 원가의 분류에서 주어진 생산 혹은 매출액에서 고정비와 변동비의 합으로 보기도 하는데 일반적으로 식음료의 판매가격에서 이익을 차감한 총원가(total cost)로 보고 있다(그림 6-5 참조).

2. 레스토랑 주요 원가산출

(1) 식음료원가

영업에 대한 결과는 일반적으로 비율로 표현되는데, 예를 들어 식재료원가의 경우에는 총 판매된 음식의 매출로 나누면 된다. 아주 간단한 예로 안심스테이크가 30,000원에 판매되었고 이에 대한 식재료 원가가 10,000원이라면 식재료원가는 33%가 되는 것이다. 일반적으로 서울시내 특급호텔의 경우 30~35%를 유지하는데 레스토랑의 비중에 따라서 뷔페 레스토랑의 경우 40%를 넘나드는 경우도 있다. 그러나 연회서비스의 비중이 클수록 식재료원가는 27%선에서 유지된다.

식음료 이사나 총주방장은 원가에 따른 부서의 손익(profit and loss)에 대하여 식재료원가의 통제뿐만 아니라 각각의 메뉴품목에 따른 공헌이익(contribution margin)을 평가하고 조율한다. 이러한 공헌이익은 식재료의 원가, 준비비용 그리고 판매가격과의 관계에서 상호 영향을 미치게 된다.

식음료 원가는 레스토랑의 컨셉과 비즈니스 형태에 따라 약간의 차이는 나타날 수 있으며, 레스토랑의 매니저는 예상원가를 상회하는 경우 이를 예상원가에 맞추도록 노력해야 한다.

다음의 예에서 식음료 원가를 계산하면 다음과 같다.

- 음식판매 총액 : 95,000,000원
- 음료판매 총액 : 46,000,000원
- 음식판매 원가 : 22,896,000원
- 음료판매 원가 : 8,892,000원
- 식재료 원가율 : $\frac{22,896,000원}{95,000,000원} = 24\%$

• 음료 원가율 : $\frac{8,892,000원}{46,000,000원} = 19\%$

(2) 인건비

일반적으로 레스토랑을 운영할 때는 인건비의 비율이 가장 높은부분을 차지하고 있다. 인건비에 대한 비율은 서비스의 방식이나 유형에 따라서 차이가 있는데, 예를 들어 셀프서비스의 제한적인 서비스 제공방식을 채택하고 있는 패스트푸드의 경우 약 16%~ 18%로 가장 낮은 비율을 보이고 있고, 패밀리레스토랑 형태는 좀 더 높은 22~26%, 고급레스토랑의 경우는 30~35%를 차지하고 있다. 고급레스토랑 형식의 서비스 제공방식을 추구하고 있는 호텔 레스토랑에서도 역시 높은 인건비 비율을 차지하고 있다.

인건비의 대상은 레스토랑 홀에서의 서비스 담당자와 주방직원들의 인건비를 포함하는 것으로, 직원들의 월급과 수당을 포함하고 있으며 복지 및 교육비 등도 포함된다. 업장매니저는 비즈니스의 운영방식과 흐름에 따라 적재적소에 적정수의 직원이 일할 수 있도록 하는 스케줄관리를 함으로써 인건비의 관리가 효율적으로 될 수 있도록 해야 하며, 인건비의 지나친 지출을 막기위해 업무에 적합한 직원을 채용하는 노력도 필요하다.

인건비관리를 위해 계절별, 단기적 또는 장기적인 레스토랑의 예약상황을 바탕으로 직원스케줄도 체계적으로 관리하여야 하고, 이를 통하여 인건비를 주기적으로 분석하여 서비스의 품질이 저하되지 않고 고객만족을 목적으로 하면서 효율적인 인력활용을 통한 인건비관리가 이루어지도록 해야 한다.

인건비의 산출의 예를 살펴보면 다음과 같다.

총매출이 1,000,000원 그리고 인건비가 250,000원으로 나타났을 경우, 인건비 산출은 다음과 같다.

$$\frac{인건비}{총\ 매출}\ 이를\ 계산하면\ \frac{250,000원}{1,000,000원} = 25\%\ 인건비$$

논 의 과 제

01 호텔 식음료부서의 식음료부와 조리부의 조직과 역할에 대하여 설명하시오.

02 호텔 레스토랑과 연회의 매출 비교를 통해 호텔 영업전반에 미치는 영향을 논의하시오.

03 연회부서가 식음료수익에 미치는 영향과 이유를 기술하시오.

04 특급호텔들의 생산기능에 따른 주방의 분류에 대해 설명하시오.

05 호텔에서의 메뉴관리의 중요성과 메뉴의 역할에 대하여 설명하시오.

06 스테이크의 원가에는 무엇이 포함되는지 알아보고 대략적인 원가를 계산해 보시오.

07 원가의 3요소에 대해 설명해 보시오

제7장 외식산업개념과 분류

01 외식산업개념

02 외식산업의 특성

03 레스토랑 분류

• 학습목표

이 장을 학습한 후, 다음 내용들을 이해할 수 있어야 한다.

1. 외식산업의 개념과 종류를 설명할 수 있다.
2. 외식산업의 식품위생법 분류기준과 내용을 설명할 수 있다.
3. 외식산업의 특성을 설명할 수 있다.
4. 레스토랑의 종류와 특징을 다양한 관점에서 설명할 수 있다.

GO

본 장에서는 외식산업의 개념과 종류 그리고 특성에 대해 살펴본다. 그리고 특히 외식산업 가운데서 가장 큰 비중을 차지하고 있는 레스토랑을 다양한 관점에서 분류해보고 이해하도록 한다.

01 외식산업개념

1. 외식산업의 정의

레스토랑은 프랑스 이민자들이 미국에 정착하면서 소개되어 확산되었다. 미국에서는 풀서비스(full service)형태건 셀프서비스(self service)와 같은 제한된 서비스(limited service) 형태건 식사하는 장소로서 레스토랑이라는 용어가 사용되어 왔다.

1967년 식품제조업체 필스베리가 햄버거체인 버거킹을 인수하는 등 1970년대에 많은 식품제조업체들이 사업다각화의 일환으로 레스토랑업체들을 인수하거나 독자적으로 음식업체들을 개발 및 운영하면서 외식사업에 참여하였고 이때 푸드서비스(food service)라는 용어가 등장하여 사용되었다. 현재까지도 레스토랑과 푸드서비스 두 용어는 함께 사용되고 있는데, 레스토랑은 '상업적 판매를 목적으로 음식물을 조리하여 판매하는 장소'를 칭할 때 주로 사용되며, 푸드서비스는 '완제품이건 반제품이건 모든종류의 음식물을 판매하는 공공 또는 사적인 모든 식품 및 음료제공시설'로 더욱 폭넓게 구성된다고 볼 수 있다.

집에서 식사하는 가정식(家庭食)에 대응한 집밖에서의 식사와 관련해서 우리나라에서는 오랫동안 요식업, 식당업, 음식점업 등의 다양한 용어가 사용되어 왔다. 그러다가 1979년 일본에서 패스트푸드업체인 롯데리아가 처음 들어오면서 일본식 표현인 외식(外食)이라는 용어가 소개되었다. '푸드서비스'는 영어단어를 번역한 것인데, 기존용어보다 다소 세련된 느낌을 주면서 매스컴이나 관련업계에서 점차 사용되었고 1980년대에 미국을 위주로 한 외국 브랜드들이 대거 상륙하면서 급속도로 확산되기 시작했다고 알려져 있다.

그러다가 2011년에 제정된 「외식산업진흥법」에서 외식에 관한 용어가 다음과 같이 공식적으로 처음 정의되었고 그 이후에도 여러 가지 용어가 혼용되어 왔으나 점차 '외식'을 사용하는 표현들이 대표적인 용어로 확실하게 자리잡고 있다.

① '외식'이란 가정에서 취사(炊事)를 통하여 음식을 마련하지 아니하고 음식점 등에서 음식을 사서 이루어지는 식사형태를 말한다.
② '외식상품'이란 외식을 위하여 판매가 가능하도록 생산한 제품 및 외식과 관련된 서비스, 교육훈련, 운영체계, 상표·서비스표 등을 말한다.
③ '외식산업'이란 외식상품의 기획·개발·생산·유통·소비·수출·수입·가맹사업 및 이에 관련된 서비스를 행하는 산업과 그밖에 대통령령으로 정하는 산업을 말한다.

2. 외식산업의 종류

어느 학자는 외식산업(food service industry)을 정의하는 것은 움직이는 목표물을 사격하는 것이라고 표현했을 정도로 매일 새로운 모습으로 진화하는 외식산업을 한 형태로 설명하는 것은 쉽지 않다. 이러한 외식산업은 실생활에서는 매우 다양한 형태로 운영되고 있어 외식산업을 분류하고자 하는 기준도 여러 가지로 나타나고 있다.

각 나라에서는 외식산업뿐만 아니라 유엔이 정한 모든 경제활동에 대한 국제적 표준산업분류를 기초로 하여 각국의 사정에 맞게 표준산업분류를 정해서 산업관련 통계자료를 수집하고 분류하고 분석하여 활용하고 있다. 그러나 이런 분류자료의 활용은 정책적인 용도로만 제한되어 있어 실제 산업생활에 적용하는 것은 다소 거리감이 있다. 본 장에서는 외식산업에 대하여 일반적으로 인식되어 있는 분류와 식품위생법상의 분류에 대하여 논의하고자 한다.

(1) 일반적인 분류

미국의 경우도 표준산업분류상의 외식산업관련 통계자료보다는 미국 레스토랑협회(National Restaurant Association: NRA)에서 기준을 갖고 발표하는 레스토랑 분류를 거의 모든 업체나 미디어에서 신뢰성 높게 활용하고 있다. 이러한 미국 레스토랑협회의 분류기준을 근간으로 우리나라에서도 일반적으로 활용하고 있는 외식산업분류를 알아보고자 한다.

1) 일반 레스토랑

단독건물 또는 빌딩 내에서 독립된 점포를 운영하며 한식, 중식, 일식, 양식 등의 음식과 제과 및 제빵, 아이스크림 등 스낵 및 간식류, 그리고 커피, 기타 음료 등을 판매하는 것을 말한다.

2) 숙박업체 내의 외식업소

호텔, 모텔 등 숙박업체(lodging) 내에 위치하여 한식, 중식, 일시, 양식을 테이블 서비스, 뷔페 등의 여러 형태로 식음료를 판매하며, 간단한 스낵이나 커피 등을 판매하는 커피숍도 포함된다.

3) 소매업소 내의 외식업소

편의점, 백화점, 쇼핑몰 등의 쇼핑센터 내에 단독 레스토랑 형식이나 푸드코트(food court) 형식으로 입점하여 방문하는 쇼핑고객을 대상으로 다양한 음식을 판매하는 장소를 말한다.

4) 행사장, 예식장 등의 케이터링 업소

사전에 정해진 음식을 정해진 시간에 정해신 고객에게 한정적으로 제공하는 사업형태로서, 정해진 장소에 전시회나 결혼식 또는 장례식 등 특정한 목적으로 방문하는 사람들을 대상으로 식음료를 판매한다. 행사 주최자와 협의에 의해 모든 내용을 사전에 정의되며 고객이 원하는 대로 조정이 가능한 형태이다

5) 공항, 터미널, 고속도로 휴게소 등 교통편의시설 내의 외식업소

터미널이나 고속도로 휴게소의 소유업체와 직접 계약하거나 대표일괄 운영업체인 컨세션(concession)을 통해 간접 계약하여 음식을 판매하는 곳으로 우리나라에서는 컨세션 사업이라는 명칭으로 구분하여 사용하고 있다.

6) 경기장, 위락시설 등 내의 외식업소

시설소유업체와 개별적으로 직접 계약하거나 일괄운영업체인 컨세션(concession)과의 계약을 통해 정해진 장소에서 정해진 메뉴의 음식을 판매하는 것을 말한다. 시설소유업체나 컨세션은 입점업체들 간의 불필요한 경쟁이 일어나지 않도록 사전에 취급메뉴를 정한 후 입점업체를 모집한다. 공항이나 고속도로 휴게소 등과 같이 고객의 특성이 일반적인 레스토랑의 고객과 다르기 때문에 이러한 종류도 컨세션사업으로 구분하고 있다.

사례 컨세션사업

공항, 고속도로 휴게소, 병원, 복합리조트 등 다중 이용시설의 식음료 서비스를 제공하는 컨세션사업을 둘러싸고 외식업계의 경쟁이 달아오르고 있다.

여가활동증대에 힘입어 관련시설의 이용수요가 늘고 있는데다 외식업 규제에 대한 돌파구로 컨세션사업이 주목받으면서 외식업계가 신규 브랜드를 론칭하거나 사업을 확대하는 움직임이 이어지고 있다. 국내 컨세션 시장규모는 현재 약 3조원대로 특히 고속도로 휴게소를 중심으로 시장이 확대되고 있는 것으로 추정된다.

25일 외식업계에 따르면 신세계푸드는 지난 7월 컨세션사업브랜드 '푸드홀'을 론칭하고 최근 문을 연 이마트 남양주 별내점과 의정부점, 부산 신세계사이먼 프리미엄 아울렛에 매장을 입점했다.

신세계푸드는 푸드홀을 통해 자체 외식브랜드뿐 아니라 타사 브랜드 입점으로 각 지역 특색에 따른 고객 기호와 매장규모에 적합한 맞춤형 식음서비스를 제공한다는 방침이다.

이마트 의정부점의 푸드홀 매장에서는 한식, 면·스낵, 철판볶음, 디저트 등 4개 카테고리로 40여개 전문 메뉴를 선보이고 부산의 신세계사이먼 프리미엄 아울렛에는 프리미엄 수제버거브랜드 '자니로켓'을 입점시켜 고객호응을 얻고 있다는 게 신세계푸드 측 설명이다.

신세계푸드는 푸드홀을 통해 그룹 계열사 유통매장 외에도 제주공항, 김해공항, 분당서울대병원 등 각종 공공시설에서 진행하고 있는 컨세션사업을 더욱 확대해 나갈 계획이다. 신세계푸드 관계자는 '컨세션 시장은 대규모 투자가 필요한 특성상 일반 외식사업과는 다른 분야로 '골목상권 침해논란'으로부터 자유롭고 기존 외식브랜드를 활용한 시너지도 기대할 수 있다'고 설명했다.

CJ푸드빌도 지난 5월 그룹의 식자재·급식 계열사인 CJ프레시웨이의 자회사 CJ엔시티를 합병하며 컨세션사업강화에 나섰다. CJ엔시티는 컨세션사업브랜드로 지난 2009년 '푸드오클락'을 론칭해 서울 상암동의 CJ E&M센터, 김해공항, 김포공항, 한양대, 킨텍스 등에서 매장을 운영하고 있다.

특히 CJ푸드빌은 외식브랜드 복합매장인 CJ푸드월드와 컨세션사업과의 시너지 효과를 기대하고 있다. CJ엔시티 합병과 함께 CJ푸드월드 담당조직에 CJ엔시티의 컨세션사업 담당인력들을 배치했다. 상권 및 메뉴 개발 노하우를 공유하고 기존에 미흡했던 고속도로 휴게소, 공항 등 특수상권 입점을 확대하는 효과를 기대하고 있다고 CJ푸드빌 측은 설명했다. 외식기업 아모제는 지난해 열린 '2012 여수세계박람회' 식음사업 운영권을 수주하고 컨세션사업 매출비중을 지난해 전체매출의 절반수준까지 끌어올리는 등 컨세션사업에 적극적으로 나서고 있다. 이밖에 SPC그룹, 풀무원ECMD, 한화호텔앤드리조트 등도 컨세션사업을 진행 중이다.

한 외식기업 관계자는 '최근 컨세션사업이 주목받자 이를 강화하는 업체들이 늘어나고 이에 따라 각 시설의 사업권을 획득하기 위한 경쟁이 치열해지면서 입찰가격이 높아져 수익성이 악화되는 부작용도 나타나고 있다'고 지적했다.

● 서울경제, 2013.9.25

7) 단체급식업소

공장이나 기업 및 관공서의 사무실, 학교, 병원 등에서 직원이나 학생 등 소속 구성원을 대상으로 복지차원에서 음식을 판매하는 것을 말한다. 기관 내 구내식당이 이러한 부류에 포함되는데 고객들의 선택이 다소 제한되어 있어 캡티브시장(captive market)이라고도 불린다.

8) 기차, 항공기, 크루즈 등 이동교통시설 내의 외식업소

직영 또는 외부업체와의 계약형태로 이동교통시설을 이용하는 고객들을 대상으로 음식을 판매하는 경우로 제한된 시장의 고객에게 판매하는 이유로 캡티브시장으로 구분된다.

9) 스낵바, 푸드트럭 등 이동식 외식업소

포장마차 형태의 이동식 도구를 노상에 차려놓고 그 안에 조리기구를 설치하여 식사 또는 스낵과 같은 간식류를 판매하는 것을 말한다.

피자 자동판매기

10) 자동판매기

사무실이나 사람의 통행이 잦은 곳에 설치하여 스낵류의 인스턴트 간편식을 고객이 직접 식품을 꺼내서 먹거나 혹은 간단하게 조리·조작하여 먹을 수 있도록 판매되는 형태를 말한다.

11) 주류판매업소

바(bar), 선술집(tavern), 펍(pub), 비어하우스 등 다양한 형태의 장소에서 음식보다는 다양한 종류의 주류를 주요품목으로 판매하는 형태를 말한다.

(2) 식품위생법상 분류

우리나라도 표준산업분류를 산업통계집계와 활용의 목적으로 여러 공식적인 기관에서 사용하고 있지만, 업계 관련자들 사이에서는 보건복지부에서 제정한 「식품위생법」상의 분류기준이 가장 많이 활용되고 있다. 보건복지부의 분류목적에 근거하여 판매상품 종류와 주류 판매여부를 기준으로 분류하고 있기 때문에 표준산업분류표의 기준과는 많은 차이가 있고 최근의 상황을 즉각적으로 반영하지 못하고 너무 포괄적이라는 문제점도 있지만, 외식산업에서 고려해야 하는 「식품위생법」상의 분류이므로 이에 대한 기준은 반드시 이해해야 할 필요가 있다.

새롭게 개점하는 외식업체의 경우 반드시 영업허가증을 교부받아야 하는데 이때 영업허가증에 적용되는 기준이 「식품위생법」상의 분류기준이며, 식품위생에 관한 관리감독을 받을때도 이 기준을 근거로 적용하고 있으므로 외식업체를 운영하는 관리자에게는 가장 중요한 기준이라고도 볼 수 있다. 「식품위생법」시행령에 따른 외식업의 세부기준은 휴게음식점영업, 일반음식점영업, 단란주점영업, 유흥주점영업, 위탁급식영업, 제과점영업으로 되어있으며 구체적인 내용은 다음과 같다.

1) 휴게음식점영업

주로 다류(茶類), 아이스크림류 등을 조리·판매하거나 패스트푸드점, 분식점 형태의 영업 등 음식류를 조리·판매하는 영업으로 음주행위가 허용되지 아니하는 영업을 말한다. 다만, 편의점, 수퍼마켓, 휴게소, 그밖에 음식류를 판매하는 장소에서 컵라면, 일회용 다류 또는 그밖의 음식류에 뜨거운 물을 부어주는 경우는 제외한다.

2) 일반음식점영업

음식류를 조리·판매하는 영업으로 식사와 함께 부수적으로 음주행위가 허용되는 영업을 말한다.

3) 단란주점영업

주로 주류를 조리·판매하는 영업으로 손님이 노래를 부르는 행위가 허용되는 영업을 말한다.

4) 유흥주점영업

주로 주류를 조리·판매하는 영업으로 유흥종사자를 두거나 유흥시설을 설치할 수 있고 손님이 노래를 부르거나 춤추는 행위가 허용되는 영업을 말한다.

5) 위탁급식영업

집단급식소를 설치·운영하는 자와의 계약에 따라 그 집단급식소에서 음식류를 조리하여 제공하는 영업을 말한다.

6) 제과점영업

주로 빵, 떡, 과자 등을 제조·판매하는 영업으로 음주행위가 허용되지 아니하는 영업을 말한다.

02 외식산업의 특성

외식산업은 국가 전체산업 중 커다란 부분을 차지하고 있는 주요산업이다. 이러한 외식산업은 투입된 원재료들을 주방기기나 각종 설비를 사용하여 가공하여 식당이나 공장에서 최종상품인 음식을 만든다는 측면에서 보면 제조업의 성격을 갖고 있다. 그리고 이 음식을 여러 유통경로를 통해 직접 소비자에게 판매한다는 측면에서 보면 전형적인 소매업의 성격도 포함하고 있다. 또한 음식뿐 아니라 이를 판매하는 종업원의 서비스 품질이 소비자의 경험과 만족여부에 매우 큰 영향을 준다는 측면에서는 환대서비스업의 대표적인 산업인 것이다. 이렇게 복합적인 성격을 지닌 외식산업이므로 다음과 같은 다양한 특성을 갖고 있다.

(1) 높은 인적자원 의존도

일반적인 제조업이 투자된 설비를 크게 활용하여 제품을 만드는 자본집약적이고 기술집약적인 산업인데 비해 외식산업은 음식제조에 주방기기나 설비를 활용하기는 하지만 여전히 인적자원의 의존도가 매우 높은 산업이다. 그러므로 어느 규모수준의 생산량을 이루기 위해서는 많은 인력이 필요하며, 그 결과 외식산업의 1인당 매출액은 타 산업에 비해 매우 낮고 매출액에서 인건비가 차지하는 비중이 높다.

아울러 직원능력과 태도가 음식과 서비스 품질을 결정하므로 항상 일관성 있는 레스토랑 운영수준을 유지하는 것이 쉽지않다. 어제의 운영수준과 오늘 운영수준이 달라질 수 있고 심지어는 하루 중이라도 매 순간 달라지는 경우가 많다. 그러므로 외식산업에서 경쟁력을 갖추기 위해서는 무엇보다도 자질을 갖고 있는 직원을 채용하여 일관성있는 서비스를 제공하기 위해 필요한 교육·훈련에 적극적인 투자를 해야 한다. 또한 직원들이 즐겁게 오랫동안 근무할 수 있도록 합리적인 제도를 만들고 복지적인 여건을 조성하는 것도 중요하다.

(2) 입지의존성

외식산업은 고객이 찾아가서 실제 소비가 이루어지는 장소, 즉 입지(location)가 매우 중요한 산업이다. 입지는 두 가지 관점에서 볼 수 있는데, 첫째가 가시성(visibility)이다. 소문난 맛있는 음식을 구매하기 위해 아무리 먼 곳이라도 기꺼이 찾아가는 고객들이 많이 늘어나고 있지만, 여전히 대다수의 일반적인 고객들은 제한된 식사시간 내에 식사를 끝내고 다시 업무에 복귀해야 하기 때문에 가까운 곳에 눈에 띄는 곳을 방문하여 식사하는 경우가 많다. 그러므로 사무실 밀집지역이나 유동인구가 많은 곳에 위치하는 것이 유리하며, 같은 지역이라 할지라도 간판이나 건물이 쉽게 눈에 띄는 곳에 위치하는 것이 상대적으로 우월한 경쟁력을 갖게 된다.

둘째는 접근성(accessibility)이다. 지하철역과 가까운 곳이거나 도로사정이나 주변환경이 차를 운전해서 접근하기가 어렵지 않은 곳이라면 고객들의 방문횟수를 늘릴 수 있는 유리한 위치라 할 수 있다. 아울러 쉽게 주차할 수 있는 공간까지 확보된 곳은 최적입지가 된다. 도심에서 이런 곳들은 많지 않기에 고객들의 주차 어려움을 해소하고자 많은 외식업소들이 주차대행 서비스인 발레파킹(valet parking)서비스를 시행하고 있다.

(3) 다품목 소량생산

음식 품목별로 전문화된 곳들이 적지 않지만, 대부분의 외식업체들은 다양한 메뉴를 취급하고 있다. 공통적으로 사용되는 식재료가 많고 고객들의 다양한 취향이나 요구를 충족해서 조금이라도 매출을 올리고자 하는 생각에서 여러 종류를 메뉴를 정하여 고객이 원하는 대로 주문을 받고 그 이후에 생산을 하는 방식이다. 그러나 무분별하게 많은 품목을 취급하는 경우, 고객들이 음식의 품질에 대해 부정적인 인식을 갖기 쉽고 자주 사용되지 않는 식재료라면 유효기간을 관리의 어려움으로 음식의 신선도가 저하될 수 있으며 이에 따른 음식물 폐기량 증가로 원가부담액이 늘어나는 불이익이 발생하기 쉽다.

(4) 시간적, 공간적 제약

고객들이 식사하는 아침, 점심, 저녁시간은 대부분 동일하게 정해져 있다. 이렇게 제한된 식사시간에 집중되는 고객들을 수용하고 서비스를 제공하기 위해서 고려해야 할 중요한 요소들이 있다. 우선 좌석 수와 주방 및 식재료 저장장소의 크기를 감안하여 전체 레스토랑의 규모를 결정해야 한다. 이는 점포 임대료 등 고정자산 투자비용과 직접적인 관련이 있는 매우 중요한 점이다. 그리고 기준에 맞는 고객서비스를 제공하기 위해 각 식사시간대에 어느 규모의 인원을 배치해야 하는지도 인건비와 같은 운영비에 절대적인 영향을 미친다. 즉, 달성하고자 하는 매출과 이를 위해 필요한 인적, 물적자원의 투자규모가

사례 메뉴 경계넘는 패스트푸드업계 … 사이드메뉴 잇따라 보강

KFC는 최근 사이드메뉴 중 '모짜볼', '에클레어', '후라이아이스크림', '피시스틱' 등 스낵류를 확대하고 있다. 기존에 '비스켓'이나 '에그타르트' 등 오랜기간 인기를 끌었던 메뉴가 있었지만, 추가로 제품군을 늘리고 있는 것이다. KFC는 오후 2시부터 6시까지 인기스낵을 할인판매해, 스낵류 프로모션에 적극나서고 있다.

KFC 마케팅담당자는 '모짜볼은 지난해 12월 출시 이후 현재까지 20만개 이상 판매를 기록 중이며, 후라이아이스크림은 '튀김속아이스크림'이라는 독특한 컨셉이 SNS 상에서 많은 화제를 모았다'며 '다양한 소비자니즈를 충족시킨다는 점에서 앞으로도 새로운 스타일의 스낵류를 지속적으로 출시할 계획을 갖고 있다'고 말했다.

롯데리아는 빙수제품이 눈에 띈다. 최근에는 '밥값보다 비싼' 빙수도 많은 반면, 롯데리아는 3,000~5,000원대 빙수 신제품을 선보이며 고객들의 만족을 얻고 있다. 특히 올해는 선제매장 중 약 970개 매장에 '눈꽃빙수' 기기를 도입해 커피전문점이나 디저트카페에서 판매하는 빙수 못지않게 촉촉하고 부드러운 빙질로 빙수를 맛볼 수 있도록 했다.

새로 출시한 빙수는 3종으로, 과일젤리와 다양한 과일후르츠가 어우러진 '젤리빙수', 콩가루와 곶감, 찹쌀떡을 토핑한 '콩빙수', 크렌베리와 다양한 열대과일, 망고시럽이 조화를 이룬 '과일빙수'가 있다.

맥도날드는 커피브랜드 '맥카페'의 가격경쟁력을 내세워 고객들로부터 '가성비 좋은 커피'로 각광받고 있다. 카페라떼와 카푸치노는 2,300원, 아메리카노는 2,000원에 판매하는 등 버거뿐만 아니라 '커피'를 마시기위해 맥도날드를 찾는 손님의 발길을 잡는데 성공했다.

올초에는 기존에 미디움 사이즈로만 제품용량을 통일했던 것을 스몰사이즈까지 다양화하는 등 커피전문브랜드 대비 경쟁력을 갖추기위한 고객맞춤형 전략이 이어지고 있다.

● 헤럴드경제, 2015.6.16

어느 정도 인지를 파악해서 균형있는 의사결정을 하는 것이 중요한 산업이다.

따라서 임대료와 건물 및 시설투자비용을 최소화하면서 수익을 극대화하거나 기존규모의 효율성을 최대로 증가시키려는 노력으로 테이크아웃(take out), 배달(delivery), 24시간영업 등의 형태로 나타나고 있다. 일부 레스토랑에서는 각 식사시간대 사이, 특히 점심과 저녁시간 사이에 커피나 음료, 다양한 디저트 등 사이드메뉴 판매를 통해 추가매출을 얻고자 하는 시도를 하는 경우도 적지 않다.

(5) 낮은 진입장벽

외식산업은 다른 산업에 비해 설비나 장치에 큰 투자가 필요하지 않고 대부분의 식재료들을 쉽게 공급받을 수 있으므로, 적은 자본으로 특별한 음식제조기술없이도 직접 운영하고자 하는 사람들이 많은 산업 중에 하나이다. 더구나 프랜차이즈 가맹점을 운영하기로 할 경우 필요한 자본금만 준비하면 점포선정과 운영교육 등 모든 사항들을 지원받을 수 있으므로 외식산업에 대한 경험이 없는 사람들에게도 외식업창업은 진입장벽이 낮은 사업으로 인식되고 있다.

(6) 완전경쟁체제

낮은 진입장벽 때문에 대기업부터 중소기업 그리고 일반개인에 이르기까지 많은 주체들이 외식산업에 참여하고 있다. 또한 새로운 외식업종이 생기면 얼마 후 추가참여자들이 금방 나타나게 되기 때문에 신제품 또는 신업종개발의 독특함으로 인한 이득을 즐길 시간이 매우 짧은 상황이다. 안동찜닭, 해산물부페, 한식뷔페 등의 업종이 활성화 된 후 얼마되지 않아 여러 업체들이 추가로 참여하면서 치열한 경쟁을 벌이다가 사라져 가는것을 예로 볼 수 있다.

(7) 높은 이직률

외식산업은 육체적, 정신적 노동강도가 높은 산업 중의 하나이다. 업장에서 일하는 직원들은 대부분 근무시간동안 움직이거나 서서 일하기 때문에 육체적 운동량이 많을 뿐 아니라, 다양한 고객층의 각기 다른 요구를 만족시키기 위해서 정신적으로 집중해야하는 '감정노동자'의 어려움을 갖고 있다. 또한 대부분의 직원들이 주말과 휴일근무가 일상화 되어 있어서 개인 여가시간 활용에 제약이 많은 편이다. 이러한 여건들로 인해 타 산업과 비교할 때, 정규직원과 비정규직원 모두 이직률이 높은 편이다.

사례 롯데도 숟가락 얹었네요. 침 넘어가는 한식뷔페 전쟁

대기업이 운영하는 '브랜드 한식(韓食) 뷔페'시장 경쟁이 뜨겁다. 2013년 CJ그룹을 시작으로 지난해 이랜드와 신세계그룹이 사업에 뛰어든 데 이어 롯데그룹도 올 하반기 1호점 오픈을 확정하면서 대기업 간 격돌구도가 형성되고 있다.

'브랜드 한식 뷔페'의 매력은 가격이 1인당 2만원 이하로 고급 한정식(3만~5만원)이나 패밀리 레스토랑(2만~3만원)보다 저렴한 데다 웰빙형(型) 메뉴가 많다는 점이다. 특히 자체 유통망을 갖춘 대기업이 대량으로 싸고 질 좋은 식자재를 공급하면서 품질과 브랜드 신뢰도가 높아져 주부와 여성은 물론 직장인과 대학생들 사이에 인기가 치솟고 있다.

◇롯데그룹 진출로 大기업 4파전

한식 뷔페는 2013년 7월 처음 등장했다. CJ푸드빌이 경기 판교신도시의 스트리트형 상가인 '아브뉴프랑'에 처음 선보인 '계절밥상'이 주인공이다. 판교 1호점은 개점 한 달 만에 누적고객 3만명을 돌파해 불황에 허덕이던 외식업계에 충격을 던졌다. 이화선 CJ푸드빌 부장은 '계절밥상의 매장당 하루평균 고객 수는 1000명 수준'이라며 '좌석 수가 200석 정도인 전을 고려하면 사실상 하루종일 기득 차 있다는 뜻'이라고 말했다.

'계절밥상'의 성업(盛業)소문이 퍼지면서 대기업들이 시장에 연속 뛰어들었다. 작년 4월 이랜드파크는 경기 분당에 '자연별곡' 1호점을, 그해 10월엔 신세계푸드가 '올반'을 서울 여의도에 열었다.

국내 최대 유통기업인 롯데그룹도 뒤늦게 시장참여를 선언했다. 롯데리아는 '올 9~10월에 한식뷔페 '별미가' 1호점을 열기로 했다'며 '로고 등 디자인 작업과 메뉴개발 마무리 작업을 하고 있다'고 4일 밝혔다. 롯데아울렛이 있는 경기 고양종합터미널과 서울 잠실 제2롯데월드몰 등이 후보지로 꼽힌다.

◇패밀리 레스토랑을 추월?

식음료 업계에서는 롯데그룹의 가세로 '브랜드 한식 뷔페'가 최근 쇠락 조짐을 보이는 '서구형 패밀리 레스토랑'을 대체할 것이란 관측이 나온다. 실제 한식 뷔페의 매장 수는 패밀리 레스토랑 도입 당시보다 훨씬 빠른 속도로 늘고 있다.

CJ푸드빌의 '빕스'는 1997년 3월 1호점(서울 등촌점)을 열고 5년 뒤인 2002년 12월에야 11호점을 열었으나 같은 회사의 '계절밥상'은 1년 9개월 만인 지난달 말 11호점 고지를 돌파했다. 이랜드파크의 '자연별곡'은 1년여 만에 전국에 매장을 32개까지 확장하며 매장 수 기준 업계 1위가 됐다.

업체 간 경쟁은 더 치열해질 전망이다. 이미 '자연별곡'은 NC백화점·뉴코아아울렛 등 그룹계열 유통매장을 체인점 확대에 적극 활용하고 있다. '올반'도 경기 용인 죽전점 등 기존 이마트점포에 매장을 추가하고 있다. 롯데의 경우 전국적으로 백화점·아웃렛·대형마트가 160여개 있어 단번에 경쟁구도를 바꿀 수 있는 게 강점이다.

● 조선일보, 2015.5.5

03 레스토랑 분류

본 장에서는 외식산업의 분류에 대해 살펴 본 여러 종류의 레스토랑 중에서 가장 큰 비중을 차지하고 있는 일반 레스토랑을 대상으로 논의하고자 한다. 먼저 레스토랑에 대한 기본적인 이해를 위해 다양한 형태로 운영되고 있는 레스토랑을 각기 다른 기준에 따라 분류하여 관련된 용어와 함께 그 특징들을 살펴보도록 한다.

1. 방문목적에 의한 분류

우리가 레스토랑을 찾는 목적은 배고픔을 해결하기 위한 것과 가족, 친구, 직장동료 등과 어울리면서 인간적, 사회적 관계형성에 도움이 되게 하는 것으로 크게 분류해 볼 수 있다. 실제상황에서는 이러한 목적이 대부분 혼합되어 레스토랑을 방문하게 되지만, 이러한 구분을 하는 것은 레스토랑 고객을 방문목적에 따라 그 행태를 이해함으로써 레스토랑의 운영전략에 더욱 도움이 되고자 한다.

(1) 식사 레스토랑

배고픈 생리적 욕구를 해결하기 위해 방문하는 레스토랑을 뜻한다. 식사를 위한 분위기나 주변환경을 강조하기 보다는 적당한 가격에 신속한 서비스를 제공하는 것이 중요한 속성이 된다. 대표적인 예로는 햄버거, 치킨, 피자, 김밥 등 패스트푸드(fast food)를 취급하는 퀵서비스 레스토랑(QSR: quick service restaurant), 배달 또는 포장전문 레스토랑, 그리고 쇼핑센터 또는 교통관련 편의시설 등에 위치한 레스토랑들이다.

(2) 다이닝 레스토랑

생리적 욕구인 배고픔을 해결도 중요하지만 그 보다는 고객들이 일행과의 교류 등 사회적 욕구를 추구하기 위해 레스토랑을 방문하는 경우를 말한다. 사회적인 교류가 주 목적이 되기 때문에 레스토랑 내 물리적인 환경과 함께 종업원의 서비스 수준, 그리고 함께 식사하는 고객들의 매너 등 세련된 식사문화가 중요한 속성이 된다. 일정금액 이상을 지

사례 휴가철에 집밥 열풍까지… '가정간편식' 매출 급증

◇ 집밥 열풍에 휴가지서도 요리 바람… 김치 등 매출도 증가

휴가철 인기 간편식 매출 신장율

품 목	전년대비
즉석밥	10%
라면	19.8%
레토르제품	10.9%
포장김치	6.6%
쌈장	5.5%

※6월 20일~7월 19일 매출 기준
(자료=이마트 제공)

최근 여러 요리 프로그램을 통해 직접 해먹는 '집밥' 열풍이 불며 휴가지에서도 요리를 하려는 사람들이 늘고 있는 덕분이다.

22일 이마트가 집계한 바에 따르면 최근 한 달(6월20일~7월19일)간 여름 휴가철 인기 메뉴인 카레와 짜장 등 레토르트 제품매출은 전년대비 10.9% 증가했다. 휴가 필수품인 즉석밥도 지난해 같은 기간보다 매출이 10.7% 늘었다.

요리열풍에 장과 김치 등 식재료 매출도 증가세를 나타내고 있다. 같은 기간 포장김치의 매출도 전년 동기 대비 6.6% 증가했다. 쌈장 등 장류 매출역시 5.5% 늘었다.

유통업계는 메르스 이후 찾아온 여름 성수기를 놓치지 않기 위해 총력을 다하고 있다. 휴가지에서 유용하게 사용할 수 있는 신제품을 선보이는 한편, 마케팅도 강화하고 있다.

풀무원은 채소를 따로 손질하지 않고 그대로 요리에 넣어 먹을 수 있는 제품을 출시했다. '그대로 볶아먹는 야채믹스'와 '그대로 쪄먹는 야채믹스' 등은 조리용도에 맞게 손질된 포장 채소로 휴가지에서 간편하게 사용할 수 있다.

대상FNF 종가집은 7월 바캉스 시즌을 맞아 카카오톡 친구를 맺은 소비자를 대상으로 열무김치와 반찬으로 구성한 바캉스 세트를 오는 28일까지 40% 할인된 가격에 판매한다.

온라인쇼핑몰 옥션은 오는 26일까지 목살과 소시지 등 바비큐용 육류와 '고추장 통오징어 구이' 등 캠핑요리용 식재료 등을 최대 51%까지 할인 판매하는 '썸머 바캉스 푸드쇼' 이벤트를 진행한다.

업계 한 관계자는 '최근 라면, 간편식 등을 이용한 이색 요리가 유행하며 간편식 판매가 늘어나고 있다'며 '휴가철 성수기까지 맞물려 식음료 업계로서는 놓치지 어려운 성수기'라고 말했다.

● 이데일리, 2015. 07. 22

불해야 하는 분위기 있는 레스토랑들이 해당된다.

2. 식사장소에 의한 분류

(1) 온-프레미스

음식을 구입한 고객이 그 장소에서 취식까지도 할 수 있도록 한 형태를 일컫는다. 일정한 공간에 테이블을 갖춘 일반적인 레스토랑들은 온-프레미스(on-premise)의 예라 할 수 있다.

(2) 오프-프레미스

오프-프레미스(off-premise)는 음식을 구입한 곳과 취식하는 곳이 다른 형태를 말한다. 가장 일반적인 오프-프레미스 형태는 테이크아웃(take out)과 드라이브스루(drive thru), 그리고 배달(delivery)의 세 가지를 들 수 있다. 이들이 가정 이외의 장소에서 음식을 구입해서 가정에서 먹는 가정간편식(HMR : home meal replacement)의 큰 부분을 차지하고 있다.

1) 테이크아웃

레스토랑을 방문한 고객이 직접 카운터에 와서 대금을 지불하고 주문한 음식을 가지고 구매한 장소를 떠나서 다른장소에서 식사하는 형식이다. 주문은 미리 전화 또는 인터넷으로 하거나 방문하여 주문할 수 도 있다. 테이크아웃 매출을 확대하기 위해 일부업체들은 테이크아웃(take-out) 고객전용 출입구와 카운터를 설치하여 다이닝 고객과의 혼잡함을 줄이는 노력을 하고 있다.

2) 드라이브스루

일종의 테이크아웃과 유사한 형태이지만 고객이 차안에 앉아 있는 채로 음식을 주문과 대금지불을 한 후 음식을 받아서 그대로 운전하여 가는 형식이다. 미국에서는 오래전부터 햄버거, 치킨, 아이스크림 등 거의 모든 패스트푸드 분야에서 보편화되었지만 우리나라에서는 햄버거 업체에서 활발히 시행하고 있는데, 전체매출 중 드라이브스루(drive through)가 기여하는 매출비중이 매우 높다는 것이 확인되면서 많은 업체들이 적극적으로 시행을 추진하고 있다.

▲ 맥도날드의 드라이브 스루용 판촉물
▶ 스타벅스 드라이브스루매장

3) 배 달

드론을 활용한 피자 배달 테스트

최근 우리나라는 물론 전 세계적으로 꾸준하게 성장하고 있는 서비스 방식이다. 우리나라의 경우 오토바이를 활용한 중국음식 배달은 오래전부터 시작되었고, 이후 피자업체들이 체계적인 배달시스템을 정착시켰다. 그 후 치킨, 족발 등과 같은 안주류를 대상으로 배달이 크게 확대되어 왔다. 현재는 거의 모든 종류의 음식이 배달 가능할 정도가 되었다.

세계적으로 배달시장의 선구자 역할을 해 온 우리나라에서는 최근 스마트폰 어플리케이션(application)을 활용한 배달시스템이 경쟁적으로 출시되면서 시장이 더욱 커지고 있는 추세이다. 특히 1인 가구의 지속적 증가와 밤늦은 시간까지도 생활시간이 연장되는 이유로 늦은밤 야식은 커다란 사업규모를 갖고 있으며, 하루 중에서 자정 이후의 매출도 매우 큰 부분을 차지하고 있을 정도이다.

미국의 경우 주로 피자를 대상으로 하는 배달이 대부분이었는데, 최근 배달사업을 새로운 비즈니스 모델로 시작하는 업체들이 늘어나고 있다. 최근 맥도날드, 버거킹 등의 햄버거와, KFC 등의 치킨, 그리고 타코벨과 같은 맥시칸패스트푸드 등 퀵서비스 레스토랑(QSR)업체들 대부분이 배달사업진출을 선언하고 각자 나름의 테스트를 실시하고 있다.

사례 내년 美서 커피 배달 서비스… 영업이익 예상치 밑돌자 적극적 방법으로 수익 모색

스타벅스 로고를 단 차량이나 오토바이가 가정이나 사무실로 커피배달하는 광경을 내년이면 미국에서 볼 수 있을 전망이다. 커피 전문체인점 스타벅스의 하워드슐츠 최고경영자(CEO)는 '커피와 샌드위치 등 일부 제품을 소비자에게 직접 전하는 배달 서비스를 시작하겠다'고 1일 말했다. 그는 실적발표를 위한 전화회의에서 배달서비스 개시를 선언하면서 '매장에서 줄서서 커피를 기다릴 필요없이 자신의 책상으로 매일 커피가 배달된다고 상상해보라. 이것이야말로 우리 회사의 e커머스 버전'이라고 말했다. 이번 계획이 '모바일 전자상거래를 강화해 수익을 올리겠다'는 슐츠의 생각을 반영한 것이라고 전문가들은 분석했다.

스타벅스는 모바일에 기반을 둔 주문·결제·배달 애플리케이션을 준비해 내년 후반기부터 본격적인 배달서비스에 들어갈 예정이다. USA투데이는 '스타벅스는 일단 고객이 커피를 미리 주문해 원하는 때에 매장에서 가져가는 모바일 선(先)주문 서비스를 본사가 있는 워싱턴주(州) 시애틀에서 올해 말부터 시범 운영하고, 모바일을 활용한 배달서비스는 추후 지역을 정해 실시할 예정'이라고 보도했다.

● 조선일보, 2014.11.3

이와 함께 스타벅스도 커피배달사업을 시작한다고 선언하여 현재 일부매장에서 테스트하고 있다. 배달도구로는 기존의 오토바이와 승용차 이외에 드론(drone)과 같은 최첨단 비행수단까지도 검토하고 있을 정도로 획기적인 시도가 연구되고 있다.

오프-프레미스의 경우 레스토랑의 입장에서는 봉투와 기타 포장재가 추가로 소요되어 온-프레미스보다 원재료비가 다소 증가할 수 있으나 레스토랑 공간축소로 인한 임대료 부담이 줄어들거나 서빙 등의 인건비 비용의 절약이 더 많은 것이 대부분의 경우이다. 그러므로 가격을 할인해 주거나 또는 같은 가격이라도 사이즈가 더 큰 제품으로 제공한다든지 등의 판매촉진활동을 통해 오프-프레미스 비중을 높이고자 노력하고 있다.

3. 메뉴품목에 의한 분류

세계 각국은 고유한 식재료와 나름의 조리방법 등을 활용하여 전통적인 음식들이 개발되어왔고 이를 취급하는 레스토랑들이 형성되어 왔다. 이와 함께 다른 나라 사람들과의 경험과 정보교류를 통해 전통적인 음식들을 결합하거나 이국 사람들의 입맛에 맞춘 전혀 새로운 스타일의 퓨전(fusion)음식과 레스토랑들이 세계곳곳에서 지속적으로 개발되어 왔으며 앞으로는 이런 경향이 더욱 강해질 것이다.

(1) 한국 스타일 레스토랑

우리나라 고유의 음식을 제공하는 레스토랑으로서 취급메뉴는 밥, 면 등의 주식류와 탕, 찌개, 김치 등의 채소, 그리고 육류 등의 부식류로 구성되어 있다. 메뉴내용과 서빙 방식에 따라 코스형태로 제공되는 정식(table d'hote; 따블도떼)차림과 단품(a la carte; 아라까르뜨)차림으로 구분할 수 있다.

(2) 중국 스타일 레스토랑

중국음식은 전반적으로 기름을 많이 사용하기에 재료본연의 맛이 살아있고 칼로리가 높은 특징을 갖고 있다. 중국음식은 헤아릴 수 없을 정도의 다양한 종류의 음식으로 구성되어 있는데, 그중에서 독특한 스타일의 대표적인 4개 지역의 음식으로는 북경요리, 광동요리, 상해요리, 사천요리가 있다. 중국 스타일 레스토랑도 간단한 면류를 단품(a la carte)위주로 판매하는 대중적인 레스토랑부터, 고급스러운 정식요리(table d'hote)를 코스형태로 판매하는 고급레스토랑까지 다양하다.

(3) 일본 스타일 레스토랑

섬나라라는 지리적인 조건으로 풍부한 생선과 어패류 등의 해산물을 재료로 한 사시미와 스시요리를 주메뉴로 취급하는 일본식 레스토랑이 근본을 이루고 있다. 이외에도 쌀밥을 이용한 덮밥류를 패스트푸드 형식으로 제공하는 돈부리 레스토랑과 밀가루나 메밀로 만든 면을 제공하는 우동이나 소바 레스토랑이 매우 일반화되어 있다. 최근에는 안주와 주류를 결합시킨 이자까야라는 일본식 선술집 레스토랑이 급속도로 확대되고 있다.

(4) 서양 스타일 레스토랑

육류를 기본재료로 하고 다양한 향신료와 소스를 활용한 요리를 제공하는 서양 스타일은 크게 프랑스식과 이탈리아식, 그리고 미국식으로 구분할 수 있다.

1) 프랑스 스타일 레스토랑

서양음식을 대표하는 프랑스 음식은 다양한 기후와 지형에서 공급되는 풍부한 식재료를 활용하여 지방마다 특색있는 음식이 발달하였다. 육류와 우유, 치즈 등의 유제품을 많이 사용하는 북부지방 음식과 따뜻한 지중해성 기후에서 재배되는 올리브, 마늘, 그리고 토마토를 활용한 남부지방 음식으로 대별된다. 유명한 음식으로는 거위간 요리인 푸아그라(foie gras), 달팽이 요리인 에스카르고(escargot), 송로버섯 요리인 트뤼플(truffle)이 있다. 프랑스 스타일 레스토랑(French style restaurant)은 주로 와인이 포함된 코스형식으로 세련된 서비스와 함께 제공되어 가격이 비싼편이다.

2) 이탈리아 스타일 레스토랑

프랑스 음식의 원류인 이탈리아 음식은 육류와 곡식을 잘 결합하였다고 평가받는다. 특히 밀가루와 토마토 그리고 올리브유를 많이 사용하여 여러 가지 면요리가 발달하였다. 그중 스파게티, 마카로니 등으로 세분되어있는 파스타(pasta)가 대표요리로 알려져 있다. 이외에 피자(pizza), 리조토(risotto) 등이 있다. 국내에는 이런 음식들을 취급하는 이탈리아 스타일 레스토랑(Italian style restaurant)들이 오래전부터 대중화되어 있는데, 수년전부터는 독특한 개인별 레시피(recipe)를 가진 셰프(chef)들이 직접 창업한 레스토랑들이 빠른 속도로 확산되고 있다.

3) 미국 스타일 레스토랑

세계 각지에서 건너온 이민자로 구성된 미국은 각 민족의 고유한 음식이 혼합되어 있다. 그리고 제1차 세계대전을 통해 식품가공과 저장기술이 급속하게 발달된 후 햄버거, 스테이크와 각종 패스트푸드가 발전하여 미국음식을 대표하게 되었다. 한편으로는 계속 유입되는 이민자들에 의해 뉴욕 등 대도시를 중심으로 새로운 음식들이 다이나믹하게 탄생하면서 후발주자이지만 세계 음식문화를 선도하는 역할을 하고 있다. 1980년대 이후 패스트푸드 업체들의 글로벌 진출전략에 의해 국내에도 거의 모든 종류의 미국 QSR들이 소개되었다.

(5) 에스닉 스타일 레스토랑

민족고유의 음식이라는 의미의 에스닉 음식은 나라별 전통음식을 말하는데, 그 중에서도 일반인들에게 덜 알려진 음식을 말한다. 그러므로 어느 나라 사람들이 보는가에 따라 에스닉 음식의 종류가 다를 수 있는데, 예로 서양사람들에게는 모든 동양음식이 에스닉 음식에 포함될 수 있다. 하지만 중국식 음식과 일본식 음식은 서양사람들에게도 소개된지 오래되어 대중화를 통해 이제는 전 세계적으로 친숙한 음식이 되었기에 이들을 에스닉 음식에서 제외하는 것이 일반적이다. 한식도 많은 노력을 통해 세계화가 이루어지고 대중화가 된다면 하나의 음식스타일로 정착할 수 있을 것이다.

우리나라에서는 베트남, 태국 등 동남아 음식과 인도 및 러시아 음식, 그리고 터키를 포함한 이슬람 음식 등을 제공하는 여러 종류의 에스닉 스타일 레스토랑들이 있으며 계속 증가하고 있는 추세이다. 2013년 이런 레스토랑의 매출은 2012년 대비 8% 성장한 규모로 알려져 있다.

4. 서비스 형태에 의한 분류

(1) 셀프서비스 레스토랑

셀프서비스는 고객이 메뉴를 선택하고 직접 음식을 운반하여 먹는 형식을 말한다. 셀프서비스 레스토랑(self service restaurant)은 서비스와 분위기보다는 시간, 가격, 편의성 등 식사의 편리함을 찾는 고객의 욕구를 만족시킨다. 레스토랑 운영자의 입장에서도 인건비를 절약하여 가격경쟁력을 강화할 수 있고 공간활용도도 높일 수 있다. 서비스의 형태에 따라 카페테리아 스타일, 뷔페 스타일, 픽업 스타일이 있다.

1) 카페테리아 스타일

고객이 음식이 배치된 동선을 따라 직접담거나 직원이 담아주는 만들어진 음식을 가지고 테이블로 이동하여 먹는 형태이다. 예로는 사무실, 공장, 학교, 병원 등의 단체급식소나 고속도로 휴게소 내의 카페테리아가 있다.

2) 뷔페 스타일

만들어진 음식을 고객이 직접 가져다 테이블에서 먹는 스타일로 카페테리아 스타일과 유사하나 먹는 음식의 양과 횟수에 제한이 없다.

3) 픽업 스타일

고객이 음식을 선택한 후 대금을 지불하고 직접 음식을 가져다가 테이블에서 먹는 형식으로서 패스트푸드의 셀프서비스는 거의 픽업 스타일로 운영되고 있다.

(2) 카운터서비스 레스토랑

고객이 카운터에 앉아서 조리사가 조리하는 과정을 지켜보면서 고객앞에서 조리된 음식을 즉석에서 식사하는 형식을 말한다. 개방된 주방(open kitchen)이 많아서 조리사가 조리하는 과정을 직접 볼 수 있기에 음식에 대한 흥미를 더욱 가질 수 있고 청결하고 위생적인 주방을 선호하는 고객들의 기대를 만족시킬 수 있다.

(3) 테이블 서비스 레스토랑

테이블에 앉아서 고객이 주문을 하며 직원이 음식을 테이블로 갖고 오는 가장 전형적이고 일반적인 서비스 방식의 레스토랑을 말한다. 셀프서비스 레스토랑에 비해 품격높은 서비스를 제공하기 때문에 가격이 비싸고 식사시간이 길다.

5. 영업형태에 의한 분류

음식의 종류와 상관없이 메뉴의 가격, 서비스 형태, 서비스 제공시간, 분위기, 판매방법 등 종합적인 측면에서 레스토랑을 퀵서비스, 패밀리, 캐주얼다이닝, 파인다이닝 등과 같이 구분할 수 있다. 미국 스타일 레스토랑들이 이런 기준을 활용하여 쉽게 분류될 수 있는데 반해 한식의 경우는 명확하지 않을 수 있는데 일반적으로 가격을 기준으로 판단하면 무난할 것이다.

(1) 퀵서비스 레스토랑

흔히 패스트푸드점으로 불리는데 미국업계에서는 QSR이라는 용어가 훨씬 일반화되어 있다. 햄버거, 샌드위치, 피자, 치킨, 김밥, 국수, 떡볶이 등 거의 모든 대중적인 메뉴를 대상으로 하고 있다. 가격에 초점을 둔 저가 메뉴들이다 보니 영양, 비만과 같은 건강관련된 이슈들이 많이 제기되고 있는데, 특히 서양식 메뉴를 취급하는 패스트푸드 업체들은 메뉴판에 열량을 표시해야 하는 등의 규제를 안고 있으며 수시로 여론에서 논의되고 있다. 이를 극복하기 위해 열량을 낮추고 샐러드와 같이 채소를 사용한 메뉴개발에 매우 적극적인 노력을 하고 있다.

국내에서도 이 시장은 이미 성숙기에 접어든 만큼 새로운 사업모델을 추가하려는 시도가 매우 활발하게 진행되어 왔다. 선두주자인 맥도날드는 아침메뉴 강화, 배달시장 진출, 24시간 영업, 드라이브스루 영업 등을 시도해 왔다. 그중 특히 드라이브스루 매출은 전체매출의 50% 가까이 차지하는 레스토랑들이 적지 않을 정도로 큰 성과를 거두었고 이에 따라 향후에 개점하는 레스토랑들은 드라이브스루를 포함하는 것으로 개발전략을 정했을 정도이다. 이런 결과를 확인한 국내 모든 경쟁업체들은 동일한 사업내용을 그대로 가피해서 따라하는 미투(me too)전략을 취하고 있다. 그리고 커피사업을 강화하려는 글로벌전략에 따라 맥도날드는 맥카페(McCafe)라는 별도의 서브 브랜드(sub-brand)를 키우기 위한 노력을 최근 적극적으로 시도하고 있다. 신메뉴를 추가하고 전통적인 컬러

와는 다른 주황색으로 브랜드 아이덴티티(identity)를 구축하고자 하며, 맥카페만을 위한 광고도 제작하였다.

국내메뉴를 취급하는 퀵서비스 레스토랑들도 치열한 경쟁속에서 수익성이 점차 악화되는 추세이다. 진입장벽이 낮은 것이 가장 큰 이유인데, 이로 인해 가격경쟁이 심화되었고 품질과 서비스 등에서의 만족도는 지속적으로 하락하고 있다. 이런 상황에서 김밥을 중심으로 기존레스토랑에 비해 고급화한 브랜드들이 등장한 것이 최근의 커다란 변화라 하겠다. 신선한 재료를 사용하여 즉석에서 만들어 주는 시스템인데 맛과 품질, 서비스 등의 측면에서 많은 고객들의 호응을 얻고 있다. 햄버거의 맥도날드도 품질의 고급화와 개성화를 위한 시도를 하고 있다. 고객이 자기가 원하는 빵과 품질이 업그레이드된 재료들을 직접 선택해서 주문하면 직원이 테이블로 갖다주는 방식이다. 그리고 주문방식 또한 디지털을 활용해 차별화했는데, 매장 내에 설치된 디지털 키오스크(self-ordering Kiosk)를 통해 식재료 및 메뉴선택부터 주문, 결제까지 한 번에 해결할 수 있다. 이런 레스토랑은 향후 소개할 패스트캐주얼다이닝 레스토랑(fast casual dining restaurant) 개념을 적용한 것이라 볼 수 있는데, 다른 품목에서도 이 컨셉을 활용한 브랜드들이 앞으로 많이 개발될 것으로 예상된다.

QSR은 다음과 같은 특징들을 갖고 있다.

① 비교적 제한된 메뉴를 판매한다.
② 음식제공시간과 식사시간이 매우 짧다.
③ 파트타이머 직원들이 다양한 시간대에서 근무한다.
④ 체계적인 교육을 받은 매니저들이 미숙련 직원들을 관리한다.
⑤ 매우 경쟁적인 가격을 책정하고 있다.
⑥ 체인업체가 주를 이루고 있다.

(2) 패밀리 레스토랑

가족단위의 고객을 대상으로 출발하여 각종 모임이나 그룹을 대상으로 대중화된 레스토랑을 말한다. 모든 가족 구성원을 타깃으로 하다보니 가격과 음식품질, 분위기 등의 측면에서 QSR과 캐주얼다이닝 레스토랑 사이의 애매한 위치에 있다고 볼 수 있다. 패밀리 레스토랑(family restaurant)의 가격대는 일인당 1만원대 내외라 볼 수 있는데, 가격이 저렴한 QSR에서도 패밀리 레스토랑과 거의 비슷한 분위기를 즐길 수 있고, 일부 캐주얼다이닝 레스토랑은 다소 낮은 가격대를 무기로 패밀리 레스토랑의 시장점유율을 빼앗고 있다.

국내에서는 코코스(Coco's), 스카이락(Sky Lark) 등 외국브랜드들이 1990년대 후반에 활발한 영업활동을 하였으나 2006년 스카이락이 사업을 종료하면서 서구식 메뉴를 취급하는 패밀리 레스토랑은 그 이후로는 자취를 찾기 힘들게 되었다. 현재 패밀리 레스토랑이라 불리는 빕스(VIPS), T.G.I. Friday's, 베니건스(Bennigans)와 같은 브랜드들은 캐주얼다이닝 레스토랑에 속한다고 볼 수 있다. 하지만 수많은 종류의 한식과 중국식 등의 메뉴를 취급하는 패밀리 레스토랑들은 아직도 외식산업의 큰 비중을 차지하고 있다.

① 코스요리와 일품요리를 모두 판매한다.
② 단순한 코스요리의 구성으로 테이블에서의 고객서비스도 매우 간단하다.
③ 어느 정도 조리되어 냉동상태로 공급되는 원재료를 많이 사용한다.
④ 레스토랑 운영이 QSR처럼 단순하게 체계화되어 있다.
⑤ QSR보다 약간높은 가격대의 메뉴로 구성되어 있다.
⑥ 어린이 메뉴가 별도로 구성되어 있는 경우가 많다.

(3) 캐주얼다이닝 레스토랑

편안하고 친근한 분위기에서 적당한 수준으로 책정된 가격의 음식을 즐길 수 있는 캐주얼다이닝 레스토랑(casual dining restaurant)은 베이비부머들을 중심으로 넓은 폭의 고객층을 확보하고 있다. 일인당 가격대는 1만 5천원에서 5만원 정도까지 볼 수 있으며 모든 종류의 메뉴를 대상으로 한다. 음식은 재료를 처음부터 손질해서 만드는 스크래치(scratch)방식과 어느 정도 조리된 상태의 재료를 사용하는 방식들을 혼합하고 있다. 후

패스트캐주얼다이닝 레스토랑의 대표 브랜드인 치폴레(Chipotle)

치폴레에서 주문중인 오바마 미국 대통령

자인 경우 이 재료들은 중앙조리센터(CK : central kitchen) 또는 커미셔리(commissary)라 불리는 곳에서 1차 가공하여 냉동 또는 냉장상태로 공급된다. 이외의 컨셉은 패밀리 레스토랑을 업그레이드한 것이라 볼 수 있다.

패스트캐주얼다이닝 레스토랑(FCDR: fast casual dining restaurant)은 캐주얼다이닝 레스토랑에 신속한 서비스 등의 컨셉을 강화한 것이다. 카운터에서 고객이 메뉴를 고르면서 안에 들어가는 내용물을 선택하여 주문을 완료한 후 테이블에서 음료수를 마시고 있는 동안 음식을 만드는 컨셉이다. 그러므로 신속하게 조리하는 것이 관건인데 푸드 엔지니어링 기술의 발전과 관련기기의 개발로 이러한 신속함이 가능해졌다고 할 수 있다. 최근 미국에서 가장 활발히 확산되고 있는 컨셉으로, 다음과 같은 특징이 있다.

① 주문한 후 오픈된 주방에서 조리하는 모습을 볼 수 있어서 신선한 음식이라는 이미지를 갖는다.
② 셀프서비스 방식이기 때문에 일반적으로 음식값의 15~20%를 차지하는 서비스 팁(tip)을 별도로 지불할 필요가 없어서 경제적인 부담도 덜 수 있다.
③ 제한적이긴 하지만 고객이 재료를 선택할 수 있으므로 자기만의 개성있는 레시피로 만든 음식을 먹을 수 있다.

이런 이유들로 인해 개성을 중시하고 경제적 사정이 넉넉하지 않은 젊은층을 중심으로 폭발적인 인기를 끌고 있다. 멕시칸 음식을 판매하는 치폴레(Chipotle), 중국식 음식을 판매하는 페이웨이(Pei Wei) 등과 같은 각국 메뉴의 음식점들은 물론 파네라브레드(Panera Bread) 처럼 베이커리 분야에서도 이런 컨셉을 활용하는 레스토랑들이 활발하게 생기고 있다. 국내의 경우, 앞에서도 소개한 김밥을 비롯해서 떡볶이 등의 간식을 대상으로 패스트캐주얼다이닝 컨셉을 적용한 레스토랑들이 나타나기 시작했다.

(4) 파인다이닝 레스토랑

높은 가격의 코스(table d'hote)메뉴를 판매하는 최고급 레스토랑으로서 특급호텔 내의 레스토랑과 작은 규모의 개인이 운영하는 레스토랑이 있다. 음식 맛, 직원의 서비스, 그리고 식사 분위기 등이 뛰어나야만 비싼가격을 기꺼이 지불하는 고객들이 방문한다. 그러나 격식을 차려야 하는 번거로움을 불편해하고 품질대비 높은 가격이 부담스러운 고객들은 점차 편안한 분위기에서 적당한 가격의 음식을 즐길 수 있는 캐주얼다이닝쪽으로 이동하고 있다. 이러한 파인다이닝 레스토랑(fine dining restaurant)은 다음과 같은 몇 가지 특징을 갖고 있다.

① 구매력이 있는 고객들이 많은 대도시 중심가나 주요 관광지에 위치한다.
② 셰프나 서버 등 직원들의 업무에 대한 기능이 매우 뛰어나다.
③ 비교적 작은 크기의 레스토랑에 적당한 개수의 테이블을 갖추고 있다.

6. 기타 형태의 레스토랑

(1) 스페셜티 레스토랑

스페셜티 레스토랑(specialty restaurant)은 어느 한 종류의 음식들만을 판매하는 전문점 레스토랑을 말한다. 스테이크, 해산물, 파스타, 샌드위치, 산채음식, 수입맥주 등 각양각색의 전문점 레스토랑들이 확산되어 있다.

(2) 델리카트슨

델리(deli)라고도 불리며 주로 조리된 육류와 여러 종류의 햄, 치즈 등을 식재료 상태로 판매하는 곳. 이 식재료를 활용해서 만든 샌드위치, 케익 등과 같은 완제품상태의 음식을 함께 판매하는 곳도 많다. 호텔에도 델리코너가 있는데 여기서는 주로 제과나 제빵류를 판매한다.

(3) 베이커리 카페

제빵류만을 판매하던 베이커리숍(bakery shop)은 일찍이 커피 등의 음료를 메뉴에 추가하여 베이커리 카페 또는 디저트 카페로 진화하였다. 이러한 흐름은 이미 전국적인 체인점들이 주도하여 확산되었고, 단순한 제과점 형태로 운영하는 베이커리숍은 거의 지역 개인업체들이 운영하는 형태로 남아 있다. 최근에는 메뉴를 더욱 확장하여 취급하는 빵과 햄, 치즈 등을 활용한 샌드위치, 샐러드, 그리고 일부 육류제품 등도 함께 판매하면서 레스토랑으로 발전하고 있다.

이러한 변화에 대응하기 위해 기존의 커피숍(coffee shop)들도 케익과 샌드위치는 물론 한끼 식사가 되는 라자니아, 파스타, 피자 등의 음식도 취급하면서 각 업종 간 경계가 허물어지고 있다.

논 의 과 제

01 외식산업의 개념과 종류를 설명하시오.

02 식품위생법상의 외식산업 분류기준을 설명하시오.

03 외식산업의 특성을 설명하시오.

04 컨세션의 동향을 사례를 통해 설명하시오.

05 퀵서비스 레스토랑(QSR)에 대한 도전과 그들의 변화노력에 대해 설명하시오.

06 패스트캐주얼다이닝 레스토랑(FCDR)의 확산이유를 고객관점에서 설명하시오.

제8장 외식산업의 경영방식

• 학습목표

이 장을 학습한 후, 다음 내용들을 이해할 수 있어야 한다.

1. 국내 체인경영방식개념과 이점을 설명할 수 있다.
2. 국내 체인경영 업체에 관한 주요 이슈들을 설명할 수 있다.
3. 독립경영방식의 이점을 설명할 수 있다.
4. 가맹점 경영방식의 장·단점을 설명할 수 있다.

GO

외식산업이 성공하기 위한 요인들은 레스토랑의 입지, 메뉴 등과 관련된 컨셉 등 여러 가지가 있는데, 그 중에서도 가장 중요한 것 중 하나가 경영방식이라 할 수 있다. 본 장에서는 어떤 경영방식을 택하는가? 그리고 각 경영방식에 따른 장·단점을 잘 파악하여 어떻게 효과적으로 실행할 것인가? 등과 같은 사업을 시작하기 전에 결정해야 할 중요한 기본전략사항을 살펴보고자 한다.

01 체인경영방식의 이해

1. 체인경영의 의미

체인경영은 여러 레스토랑들이 동일한 브랜드를 사용하면서 하나의 집단을 이루고 있는 레스토랑 형태를 말한다. 이러한 체인경영유형으로는 경영수체인 본사가 레스토랑들을 직접 운영하는 본사 직영체인(regular chain)과 계약에 의한 관계인 가맹점 레스토랑들을 운영하는 프랜차이즈체인(franchise chain)이 있다. 이외에도 임의가맹점 체인(volun- tary chain), 조합체인(cooperative chain)의 유형이 있으나 외식산업에서는 거의 적용되지 않는 유형들이다.

기업이 체인경영방식을 적용하고자 하는 것은 크게 두 가지 이유로 설명할 수 있다. 첫째는 동일한 브랜드를 사용하는 레스토랑을 확산시킴으로써 고객에게 브랜드 인지도를 손쉽게 높이고, 이를 통해 마케팅 측면에서의 이점을 활용해 매출을 증진시키고 사업을 확장하는 것이다. 둘째로는 많은 수의 레스토랑 운영을 통한 각종 비용측면에서의 규모의 경제화를 이루어 경쟁력을 확보하는 것이다.

2. 체인경영유형

외식산업에서 주로 적용하고 있는 체인경영방식은 본사 직영체인(regular chain)과 프랜차이즈체인(franchise chain)의 두 가지 유형이 대표적이다.

(1) 본사 직영체인

본사 직영체인은 본사가 직접 자본을 투자하여 직영점을 개설하고 본사에서 교육과 훈련을 마친 직원을 파견하여 레스토랑을 관리한다. 그러므로 직원들의 회사에 대한 브랜드 소속감이 높고 본사의 경영방침이 정확하게 전달되어 음식과 서비스의 품질을 유지하

사례 세계 3대 외식업체 체인

◆ 맥도날드(McDonald's)

1955년 레이크록(Ray Kroc)이 품질(Quality), 서비스(Service), 청결(Cleanliness)의 운영체제를 강조하면서 설립한 햄버거체인. 전세계 100여국에 진출하여 약 36,000개의 레스토랑을 운영하고 있으며 직영점이 약 20%를 차지하고 있는데, 5년 내에 10% 수준까지 낮추려는 전략을 갖고 있다. 국내에는 1988년 서울 압구정동에 1호점을 오픈하였고 현재 100여 개의 가맹점을 포함하여 400여 개의 매장이 있다.

◆ 염 브랜드(Yum! Brands)

펩시코(PepsiCo)에서 KFC, 피자헛(Pizza Hut), 타코벨(Taco Bell)이라는 세 브랜드를 운영하던 외식사업부는 1997년에 트라이콘(Tricon)이라는 외식업체로 분사되었고 이후 염 브랜드라는 이름으로 변경되었다. 현재 전세계 125개국에서 41,000여개의 레스토랑을 운영하고 있으며 직영점은 약 20% 정도인데 중국이 가장 많은 부분을 차지하고 있다. 1984년에 도입된 KFC는 현재 한국 내 가맹점 사업자인 CVC사가 190여 개의 레스토랑을 운영 중이다. 1985년에 국내에 런칭한 피자헛은 미국 본사의 지사인 한국피자헛이 현재 350여개의 가맹점을 운영하고 있다. 1985년에 국내에서 철수한 타코벨은 2010년에 다시 상륙하여 현재 아워홈 등 두 가맹점 사업자가 10개의 매장을 운영 중이다.

◆ 스타벅스(Starbucks)

1971년 미국 시애틀에서 출발한 스타벅스는 66개국 21,000여개의 매장을 운영 중이다. 품질 유지가 고객만족을 위한 가장 중요한 사항이라는 하워드슐츠(Howard Schultz)회장의 신념에 따라 전세계 모든 매장은 본사 또는 본사와의 합작투자회사(Joint Venture)에 의해 직영체인형식으로 운영되고 있다. 국내에는 스타벅스와 신세계와의 합작법인인 스타벅스코리아가 1999년 1호점을 오픈한 이후 현재 780여개의 매장을 운영 중이다.

기 쉬워서 기업의 브랜드 이미지를 구축하거나 유지하는데 유리하다.

본사 직영체인의 경우는 레스토랑의 개설에 따르는 비용을 모두 본사가 부담하므로 회사의 재무적 리스크가 매우 크기 때문에 개점 시 투자대비 수익률 분석을 철저히 수행하고 신중한 입지선정을 하므로 일반적으로는 가맹점인 프랜차이즈 레스토랑에 비교하여 이익금액과 수익률이 높은 편이다. 그러나 각 지역으로 흩어져 파견된 본사 직원들의 주인의식과 책임감이 희박해지면 매출과 수익증대에 관한 실행이 제대로 이루어지지 않을 수도 있다. 그러므로 본사에서는 각 업장에 대한 성과를 측정하고 평가하기 위한 효과적인 체계적인 성과관리(performance management)시스템을 정립하는 것이 매우 중요하다.

(2) 프랜차이즈체인

프랜차이즈(franchise)란 가맹본부(franchisor)가 자신의 상품, 상호, 상표 및 운영노하우 등을 가맹사업자(franchisee)에게 제공하고 그 대가로 가맹금(franchise fee)을 받는 시스템을 말한다. 이때 가맹사업자가 지불하는 가맹금은 초기가맹비, 보증금, 로열티, 물품수수료 등 여러 형태가 있으며 각 기업의 계약내용에 따라 지불하는 비용의 종류는 달라질 수 있다.

1860년대 미국의 싱거(Singer)재봉틀회사에서 도입한 이 개념은 이후 자동차, 음료수 등의 산업으로 적용대상을 넓혀갔고, 1950년대 이후 레스토랑 분야에서 적극적으로 활용되면서 크게 확산되었다. 현재는 프랜차이즈체인의 범주에서 레스토랑이 차지하는 비중이 가장 크다.

프랜차이즈체인은 일단 직영점 체인으로 사업을 시작하여 일정기간 사업컨셉과 수익성을 검증한 후에 가맹사업자를 모집하여 프랜차이즈 레스토랑을 개점함으로써 레스토랑의 전체 점포수를 확대하는 것이 가장 바람직한 방법이다. 그러나 일부 프랜차이즈체인의 본사기업들은 직영으로 운영하는 레스토랑에는 최소의 자본을 투자하고 많은 수의 가맹점만을 개점하여 가맹비를 통해 수익을 창출하고자 하여 프랜차이즈 시스템을 잘못 이해하고 접근하는 경우도 있다. 이런 기업들 대부분은 근시안적인 사업접근으로 가맹점 사업자들과 잦은 마찰을 일으키고 결국에는 긍정적인 수익창출의 모습을 보이지 못하고 문을 닫는 경우가 많다.

3. 체인경영의 이점

여러 개의 레스토랑 점포가 같은 브랜드를 갖고 운영하는 체인경영은 기본적으로 규모의 경제와 비용부담의 배분을 통해 다음과 같은 여러 가지 이점을 갖고 있다.

(1) 마케팅과 브랜드 인지도 강화

비용이 많이 소요되는 TV광고 등 전국적인 미디어를 활용한 여러 종류의 광고를 시행할 수 있다. 이 비용들은 체인내 각 레스토랑들이 십시일반(十匙一飯)씩 지불하여 비교적 큰 부담없이 조달한다. 아울러 여러 곳에 개점된 레스토랑을 통해 많은 고객들이 음식제품과 서비스를 경험할 수 있어서 짧은 시간에 브랜드 인지도를 높일 수 있다.

(2) 레스토랑 입지선정의 전문성

어떤 형태의 레스토랑이라도 그것이 어디에 위치해 있는지에 따른 입지에 의해 성공여부가 크게 결정된다. 특별히 같은 브랜드를 사용하면서 여러 곳에서 운영되는 체인경영 방식의 레스토랑의 경우는 이러한 입지의 역할이 더욱 중요하다고 볼 수 있기 때문에 입지를 선정하고 상권을 분석하고 판단하고 의사결정을 내리는 과정과 능력은 매우 중요하다. 입지를 정확하게 분석하는 능력과 실제로 현장에서의 풍부한 경험을 보유하고 있는 직원들을 채용한다면 이러한 외식체인 경영기업의 성공확률은 더욱 높아질 수 있다. 아울러 여러 레스토랑들의 매출 및 입지자료를 데이터베이스(data base)화하여 자료로 활용할 수 있는 시스템을 갖추고 이를 활용할 수 있는 인력을 확보한다면 보다 전문적이고 정확한 의사결정을 할 수 있다.

(3) 자금조달이 용이함

어느 정도의 규모를 가진 체인본사는 은행에서의 융자가 상대적으로 쉬운편이다. 아울러 개인에 비해 이자율도 낮출 수 있는 유리함이 있다. 또 규모가 매우 커지고 성공적으로 사업을 영위하고 있으면 기업공개를 통해 주식시장에서의 자금조달도 가능하다.

(4) 구매와 관련된 각종 혜택

체인으로 경영하고 있는 경우는 공급업체와의 구매거래업무를 체인본사가 맡아서 진행하기 때문에 가격측면에서 규모의 경제(economy of scale)를 실현할 수 있다. 또한 거래조건협상에서도 우위에 설 수 있으며, 개발할 신제품에 필요한 새로운 식재료 품목의 개발에 대한 공급업체의 협조와 지원을 받을 수도 있다.

(5) 경영정보시스템 구축과 활용

체인본사는 포스(point-of-sales; POS)시스템을 활용하여 매일의 영업 및 운영데이터를 집계하여 마케팅활동을 계획하거나 레스토랑관리에 필요한 각종 보고서를 만들어서 필요한 부서나 레스토랑 운영자들에게 제공할 수 있다. 매출과 고객관련 정보는 마케팅과 영업관련 의사결정에 활용되어 매출증진 기회를 얻을 수 있다. 또한 식재료비, 인건비 등 각종 비용에 관한 정보는 레스토랑 매니저들이 생산성을 향상하고 비용을 절감할 수 있도록 도와준다.

(6) 신제품개발의 경쟁력 향상

외식시장에서 경쟁이 치열해질수록 새롭고 흥미로운 신제품개발이 중요해진다. 신제품개발은 능력있는 전문가와 이를 뒷받침할 수 있는 재정적인 지원이 있어야 보다 쉽게 이루어질 수 있는데, 이런 관점에서 체인경영업체들은 개인업체에 비해 상대적으로 유리한 위치에 있다. 신제품을 통해 언론홍보효과와 매출 및 이익을 증대시켜서 궁극적으로는 시장점유율 확대를 꾀하게 된다.

(7) 인적자원개발 프로그램

전형적인 환대산업 중의 하나인 레스토랑사업은 직원들의 서비스 수준이 사업성패를 좌우할 정도로 매우 중요하다. 레스토랑의 경우는 정규직 직원 이외에도 파트타이머 직원들이 큰 비중을 차지하고 있다. 따라서 파트타이머에 대한 교육은 정규직원들을 교육시키는 것 이상으로 중요하게 고려되어야 한다. 그러나 개인점포를 운영하는 업주들은 이직률이 높은 파트타이머들의 교육과 훈련을 위해 충분한 금전 및 시간적인 투자를 하기 어려운 상황이지만, 체인경영업체들은 컴퓨터와 인터넷 등 IT기술을 활용한 교육프로그램을 개발하여 매우 적절하게 현장에서 적용함으로써 교육관련 비용을 줄이면서도 효과를 극대화하고 있다.

4. 국내 체인경영업체 관련 이슈

국내에서 외식업체인을 경영하고 있는 업체들은 외식시장이 포화되고 그 시장규모가 커지면서 몇 가지 관련한 이슈들이 나타나고 있다. 이러한 문제들은 회사의 성장과 변화에 관련되는 문제들로서 해외시장진출, 멀티브랜드추구, 펀드회사의 투자로 인한 소유권의 변화 등을 들 수 있다.

(1) 해외시장진출

국내 외식시장은 수년 전부터 대기업은 물론 수많은 중·소기업들이 참여하여 포화상태가 되면서 업체별 성장세가 많이 둔화되고 있다. 이를 타개하기 위해 많은 업체들이 외국시장을 성장동력으로 인식하여 해외로 눈을 돌리고 있다. 특히 체인형식으로 운영하고 있는 대기업들은 외식업이 중소기업 적합업종으로 지정되는 등 정부규제가 강화됨에 따라 국내에서의 사업확장이 더욱 어렵게 된 상황에서 해외시장으로의 진출은 성장을 위한 필수불가결한 선택인 것이다.

이밖에 한류 등을 통해 국가인지도가 높아져 한국브랜드에 대한 외국투자자들의 선호가 늘어난 것도 요인이라고 할 수 있다. 그결과 외식업체의 해외진출 유형 중 마스터프랜차이즈(master franchise)방식이 60% 가까운 수준으로 가장 많이 차지하고 있다. 반면 직영형태의 진출은 12% 정도이며 국내업체와 직접 프랜차이즈 계약을 맺은 가맹점은 17% 정도의 수준이다.

2014년 말 기준으로 해외시장에 진출한 우리나라 외식업체는 120개 업체, 138개 브랜드이며 총 매장 수는 3,726개로서 2013년 매장 수인 2,717개보다 37%나 증가한 수치다. 이러한 자료는 최근 우리나라 외식업체의 해외시장진출이 얼마나 활발하게 이루어지고 있는지를 보여주고 있는 것이다. 국가별로는 중국에 80개 업체가 진출하여 1,500여개의 매장을, 미국에는 34개 업체가 진출하여 1,000개 가까운 매장을 운영하고 있는데, 이는 전체 해외진출매장의 65%를 차지하고 있다. 최근에는 동남아 지역으로 진출하는 업체들도 크게 증가하고 있다.

업종별로는 치킨, 베이커리, 커피관련 매장들이 가장 많고 크게 증가되고 있으며, 한식도 조금씩 증가하는 추세를 보이고 있어서 한국음식의 세계화와 연계된다면 더욱 활발하게 늘어날 것으로 기대할 수 있다.

국내의 외식업체들이 해외시장으로 진출하는 것이 그렇게 순조롭게 진행되는 것은 아니다. 진출하고자 하는 나라마나 다소의 차이가 있을 수는 있으나 대부분 현지의 시장을 파악하고 사업을 펼쳐 적응하는 과정에서 많은 어려움을 겪고 있다. 이러한 어려움을 정리하면 다음과 같이 요약될 수 있다.

① 인·허가 등 현지 법제도 및 관련내용에 관한 지식부족
② 현지 식문화에 관한 이해부족
③ 한국 식재료수입 어려움과 현지 식재료 품질문제 등 수급에 관한 문제
④ 조리 등 전문인력 구인에 관한 문제
⑤ 과도한 간접비용발생 등으로 인해 직영점의 수익성 악화

이러한 어려움을 해결함으로써 많은 기업들이 활발히 해외시장으로 진출하도록 도움을 주기 위한 정부차원에서의 정책지원도 점차 늘어나고 있다. 그 예로 농림축산식품부는 해외시장진출을 계획하거나 진행 중인 식품·외식업체의 글로벌 경쟁력을 강화하고자 브랜드육성컨설팅, 경영전략컨설팅, 기술가치평가, 금융지원 기회제공 등을 포함한 '브랜드컨설팅'을 신규사업으로 추진한다고 밝힌바 있다.

(2) 멀티브랜드 추구

이미 포화상태인 외식산업의 어려움을 타개하고자 많은 업체들은 다른 품목을 취급하는 브랜드를 만들어서 새롭게 등장하고 있다. 이는 기존메뉴에 실증을 느낀 고객들에게 새로운 메뉴의 브랜드를 소개함으로써 변화하는 요구를 충족시킬 수 있는 전략이 될 수 있다.

특히 외식업의 운영시스템은 어느 종류의 음식이건 공통적으로 적용하기 쉽기 때문에 고객들이 매력적으로 생각할 수 있는 컨셉이라면 새로운 분야로 진출하는 것은 그리 어려운 일이 아니다. 즉, 신규투자가 거의없이 기존의 운영시스템을 활용하면서 새로운 매출과 이익을 추가로 창출하는 효과를 극대화 할 수 있기 때문이다. 이런 멀티브랜드 전략은 대기업이 운영하는 외식업체 브랜드에서 매우 활발하게 나타나고 있다. 다음에 제시된 외식업체는 대기업이 운영하고 있는 대표적인 멀티브랜드 외식업체를 보여주고 있다.

① 아워홈(자회사 캘리스코) : 사보텐, 버거헌터, 한식 소담길, 타코벨, 키사라 등 50여개 브랜드
② CJ푸드빌 : 뚜레주르, 빕스, 계절밥상, 비비고, 투썸플레이스, 차이나팩토리, 제일

사례 **멀티브랜드**

외식업계에 '세컨 브랜드'(Second Brand) 열풍이 불고 있다. 경기불황과 내수침체 속 정체기를 맞은 프랜차이즈 업계가 새로운 먹거리 찾기에 나서고 있는 것. 세컨 브랜드를 통해 타 업종에 진출하거나 가격대에 차별화를 두는 등 사업 다각화 전략을 펼치는 업체들이 늘고 있다.

8일 외식업계에 따르면 최근 외식 중견기업을 중심으로 세컨 브랜드를 잇달아 개설하고 있다. 가장 활발한 행보를 보이는 업체는 종합외식기업 놀부다. 놀부는 지난 4월과 5월 말 각각 커피전문점 '레드 머그커피'(RÖD MUGG COFFEE)와 소자본 창업형 호프전문점 '놀부 옛날 통닭'을 론칭했다. 기존 한식위주사업에서 벗어난 다양한 영역에 진출을 꾀하겠단 전략이다.

'이바돔감자탕'을 운영하는 이바돔은 세컨 브랜드인 '제주도야지 판'과 '이바돔 해물아구찜과 쭈꾸미'를 개설했다. 이바돔은 안정적인 물류와 원자재 공급을 중심으로 다양한 브랜드를 개발한다는 계획이다.

같은 업종이지만 가격대에 차별을 둔 세컨 브랜드를 론칭한 업체도 있다. 한식 정통 레스트랑 브랜드 하누소는 지난 5월 한우갈비살구이 전문 브랜드인 '하누소 갈비살'을 론칭했다. 하누소 갈비살은 특화메뉴인 갈비살을 중심으로 기존 하누소보다 저렴한 가격에 판매하고 있다. 하누소 갈비살에서 사용하는 모든 고기는 하누소 본사에 위치한 육가공 센터에서 전량 손질해 공급된다.

이자카야 브랜드 '청담이상'을 운영하는 리코플레이트는 중소형 매장에 최적화된 이자카야 브랜드 '이토리'를 내놨다. 고급화전략으로 대형매장 중심인 청담이상에 비해 작고 메뉴 가지수를 줄여 예비창업자들에게 호응을 받고 있다. 이토리는 현재 경기 과천과 판교 등에 매장을 운영하고 있다.

외식컨설팅 전문업체 이니야의 정보철 대표는 "대표 브랜드를 확실히 가진 외식 업체들이 장기 불황에서도 새로운 수익창출과 이미지 쇄신을 위해 세컨 브랜드 개발에 나서는 경우가 증가하고 있다"고 전했다.

하지만 업계 일각에선 외식업계의 세컨 브랜드 성공률이 저조하기 때문에 무리한 신사업은 신중해야 한다는 지적도 있다. 기업의 자금사정을 고려치 않고 사업다각화를 시도하다 실패한 사례가 많기 때문이다.

실제로 카페베네의 경우 이탈리안 레스토랑인 블랙스미스와 베이커리 매장인 마인츠돔을 낸 이후부터 내리막길을 걷고 있다. 지난 2011년 당시 김선권 대표는 "제 2의 카페베네를 만들겠다"고 공언하며 론칭 1년만에 블랙스미스 매장을 75개나 내면서 주목을 받았다. 하지만 이후 자금압박을 견디지 못한 카페베네는 2013년 외식사업부문을 물적 분할했고 현재 운영중인 블랙스미스 매장은 20여개에 불과하다.

프랜차이즈 치킨업체 비비큐(BBQ) 또한 세컨 브랜드 실패로 쓴맛을 본 경험이 있다. 지난 2013년 비비큐는 일본 외식 전문 대기업인 와타미(和民)와 합작해 서울 강남역 인근 와타미 1호점에서 오픈했다. 당시 2016년까지 100여개 매장으로 확장하겠단 목표를 세웠지만 현재 운영중인 매장은 1호점 한 곳 뿐이다.

한 프랜차이즈 업계 관계자는 "이미 포화상태에 달한 업종의 프랜차이즈 업체들이 신사업으로 눈을 돌리는 경향이 강하다"면서 "하지만 본업과 전혀 관계없는 분야로 진출할 경우 더욱 신중할 필요가 있다"고 조언했다.

● 브릿지경제, 2015.7.8

제면소, 콜드스톤크리머리 등 19개 브랜드

③ 신세계푸드 : 베키아에누보, 자니로켓, 보노보노, 딘앤델루카의 레스토랑 4개 브랜드와 데이앤데이, 달로와요 등 베이커리브랜드 4개

④ 롯데리아 : 롯데리아, 엔젤리너스, T.G.I. Friday, 크리스피크림, 나뚜루POP

⑤ 이랜드 : 애슐리, 리미니, 피자몰, The Caffe, 자연별곡 등 12개 브랜드

⑥ SPC : 파리크라상, 파리바게뜨, 던킨도너츠, 배스킨라빈스, 파스쿠치 등 베이커리와 카페 브랜드 및 퀸스파크, 라그릴리아 등 레스토랑 브랜드 총 14개 브랜드

이러한 멀티브랜드 전략은 비단 대기업뿐만이 아니라 많은 중견 및 소형 외식업체에서도 널리 활용되고 있다. 놀부NBG는 기존의 보쌈, 부대찌개와 같은 한식분야에서 벗어나 커피와 호프전문점까지도 진출하였다. 피자로 사업을 시작한 에땅은 '오븐에 빠진 닭'에 이어 일식전문점 '돈돈부리부리', 족발전문점 '본능족으로', 프리미엄 분식점 '투 핑거스'를 선보였고 최근엔 한식브랜드 '퍼주마'를 론칭하였다.

(3) 체인경영업체들의 소유권 변화

2010년 세계금융위기로 인해 기업을 인수 또는 합병하여 수익을 내는 시장은 얼어붙었다. 기존의 인수, 합병시장에서 주요 대상 매물이었던 제조업 기업들은 인수에 필요한 자금규모가 매우 크고 이에 따라 위험률도 매우 높았는데, 금융위기로 인해 위험성이 훨씬 커진 것이다. 이를 타개하기 위해 사모(私募)펀드(PEF: private equity fund)들은 생존전략을 새로이 만들 수밖에 없었고 이들의 관심을 끈것이 외식업체들이다.

외식업체들은 일반 제조업에 비해 상대적으로 회사 규모가 작아서 투자에 부담이 적다

사례 사모펀드

불특정 다수의 일반 투자자들을 대상으로 공개적으로 자금을 모아 주식이나 채권 등에 투자하여 수익을 창출하는 공모(公募)펀드에 비해, 사모(私募)펀드(PEF: Private Equity Fund)는 소수의 거액 투자자들로부터 비공개적으로 자금을 조달하여 운용하는 펀드이다. 이것도 주식이나 채권에 투자하여 수익을 올리게끔 운용하기도 하지만, 특정기업의 주식을 대량 인수해 경영에 참여하고 일정 기간 동안 기업가치를 높인 후에 되팔아서 수익을 남기는 방식으로 주로 운용한다.

표 8-1 사모 펀드의 외식 기업 투자 사례

기 업	일 시	사모 펀드	투자 금액
놀부NBG	2011년 1월	모건스탠리 PE	1,200억 원
버거킹코리아	2012년 9월	보고펀드	1,000억 원대
BHC치킨	2013년 6월	CVCI	1,000억 원대
할리스커피	2013년 6월	IMM	400~500억 원
크라제인터내셔날	2014년 3월	나우IB	150억 원
KFC코리아	2014년 5월	CVC	1,000억 원
공차	2014년 9월	유니슨캐피탈	340억 원
창고43	2014년 9월	CVCI	140억 원
매드포갈릭	2015년 4월	SCPE	500억 원

● 자료 : 이트레이드증권 리서치본부

는 이점이 있다. 게다가 현금사업이기 때문에 유동성을 확보하기 쉬워서 추가 운영자금의 부담이 거의없는 편이다. 또한 프랜차이즈 사업을 통해서 매출을 늘리기도 용이하다는 큰 장점이 있다. 2011년 미국 모건스탠리가 외식업체 놀부NBG를 인수하면서 시작한 사모펀드의 외식업체진출은 매우 활발하게 진행되고 있으며 이러한 움직임은 당분간 지속될 것으로 예상된다.

사모펀드의 외식업체 투자사례는 〈표 8-1〉과 같다.

02 독립경영방식의 이해

1. 독립경영방식의 의미

개인이 하나의 레스토랑을 전적으로 운영하는 방식이다. 음식개발과 조리를 직접 수행하면서 경영까지도 책임지는 오너셰프(owner chef)가 운영하거나 또는 셰프를 고용하고 레스토랑 전체의 경영을 관장하는 오너가 운영한다. 독립경영방식의 레스토랑이 성공한 후 체계적인 시스템을 갖춰서 체인경영방식의 기업으로 발전하기도 한다. 놀부, 원할머니보쌈, 신선설농탕 등 많은 한식브랜드들이 이런 과정을 통해 전국적인 규모의 체인점으로 발전하였다.

외식업에서 체인경영방식이 여러 가지 측면에서 경쟁력이 있음을 앞에서 살펴보았다. 그러나 개인에 의한 독립경영방식도 나름대로의 이점이 충분히 있음을 간과해서는 안 된다. 이 이점을 충분히 활용해서 성공하는 독립레스토랑 경영자는 미래의 체인기업경영자가 될 것이다.

체인경영방식이 규모의 경제를 통해 이점을 얻는데 반해서, 독립경영방식은 유연한 경영, 오너의 높은 성취동기, 그리고 오너가 직접챙기는 세심한 운영에 의해 이점을 볼 수 있다. 규모가 어느 정도 커지면 기업은 관료주의가 생기게 되어 문제해결을 위한 의사결정은 지연되고 틀에 박힌듯한 결정이 나오기 쉽기 때문이다.

그러나 독립레스토랑 경영자는 현장에서 일어나는 현상을 매일 직접관찰하면서 메뉴, 가격 등에 대하여 상황에 적합한 의사결정을 유연하게 내릴 수 있고 그 실행도 직접챙기면서 고객을 만족시키는 기회를 갖게 된다. 이때 독립레스토랑은 음식, 서비스, 인테리어 등 컨셉과 관련된 여러 측면에서 다른 레스토랑과의 차별화(differentiation)를 반드시 이루어야 한다.

2. 독립경영방식의 특징

개인이 운영주체가 되어 외식업체를 경영하는 독립경영방식이 갖는 특징들은 다음과 같다.

(1) 마케팅과 브랜드 인지도 강화

고객들과의 직접적인 관계형성을 통해 오너 본인과 레스토랑 브랜드 지명도를 높일 수 있다. 고객을 맞이하면서 친근한 인사를 나누고 식사하는 단골고객들을 챙기고, 고객불만을 처리하면서 고객들과 인간적인 교감을 나눌 수 있다. 이런 식으로 서비스를 강화하면 구전(word-of-mouth)을 통해 비용을 들이지 않더라도 매우 효과적인 광고를 하게 된다.

사례 오너셰프

◆ 오너셰프의 비결, '오늘에 모든 걸 건다'

그냥 '셰프'가 아니다. '오너셰프'다. 주방에서 요리를 하면서 직접 가게를 소유한 직업군이다. '오너'하면 대개 '사장님'을 떠올리지만 사실 오너셰프 대부분은 사회면 기사 속 '무한 생존경쟁에 내몰린 영세 자영업자'의 범주에서 벗어나기 힘들다. 그런 오너셰프에 '젊은'이라는 수식어가 하나 더 붙었다. 무한경쟁을 뚫고 성공 궤도에 안착한 원로 오너셰프가 아닌, 아직도 시행착오를 겪지만 분명한 꿈과 철학을 갖고 요리에 매진하는 경력 5~10년차 젊은 요리사 7명이 〈젊은 오너셰프에게 묻다〉에 등장하는 인터뷰이들이다. 역시 젊은 오너셰프인 심가영씨(35)가 이 책을 썼다.

◆ 어느 날, 시나리오 대신 요리책을 손에 들다

심가영 셰프는 원래 글을 쓰고 살았다. 문예창작을 전공하고 영화 시나리오와 연극 대본을 썼다. 영화는 번번이 엎어졌다. 희곡은 힘겹게 서울 대학로 연극무대에 올렸지만 그걸로 끝이었다. 수중에 차비조차 남지 않을 정도로 생활이 고달파졌다. 머리가 터질 것 같던 그 시절, 우연히 집에서 빵을 구우면서 정말 오랜만에 마음이 고요해지는 것을 느꼈다.

'머리' 대신 '몸'을 부지런히 놀려 정직하게 생산해낼 수 있는 요리의 매력에 빠진 심씨는 서점에 가서 '희곡·시나리오' 코너 대신 '요리' 코너로 발길을 돌렸다. 두꺼운 요리책을 사서 A부터 Z장까지 모조리 따라 만들었다. 심씨는 달걀을 주재료로 한 소박하고 따뜻한 메뉴들로 구성된 작은 브런치 카페 '빙봉'을 3년 전 열었다. 자신만의 요리를 구현하며 식당을 운영하는 일은 녹록치 않았다. 눈코 뜰새없는 '셰프'이자 '오너'이자 '아내'이자 '엄마'로서 고민이 깊어지던 지난해 초, 심씨는 출판사에서 제안을 받았다. 젊은 오너셰프들을 인터뷰해 책을 내보지 않겠느냐고.

젊은 오너셰프 7명은 프렌치·이탈리안·북유럽·일식·베이커리·한식 분야에서 자기만의 철학을 갖고 음식을 만드는 사람들이다. 심씨는 이들에게 이 직업이 얼마나 비전이 있는지, 월 매출이 얼마나 되는지, 어떻게 하면 손님을 많이 끌 수 있는지 묻지 않았다. 대신 얼마나 이 일을 사랑하며 어떤 방식으로 사랑을 표현하는지 물었다. 핵심 질문은 이것이었다. "사람들은 왜 당신의 작은 식당을 즐겨 찾는가?"

하지만 7인이 들려주는 오너셰프의 일과 삶은 결코 장밋빛이 아니다. 새벽부터 새벽까지 이어지는 어마어마한 노동량과 선후배·주변 식당들과 벌이는 살벌한 경쟁은 그렇다 쳐도, '요리사'가 아닌 '자영업자'로서 겪어야 하는 숱한 책임앞에 많은 오너셰프가 지쳐가고 있었다. 겨우 식당이 자리를 잡아가나 싶으면 발등에 떨어지는 건물주인과의 임대차 갈등 또한 이들의 주요 골칫거리이다.

그럼에도 불구하고 심씨는 7인의 젊은 오너셰프가 계속 열정을 갖고 식당 문을 여는 비결을 찾았다. 바로 '오늘에 모든 것을 건다'는 공통점이다. 오늘 이후로 다시 오지 않을 손님이라도 최선을 다해 요리하고, 오늘 손님이 적다고 낙담하지 않으며, 오늘 손님이 너무 많아 주문이 밀려도 무엇하나 소홀히 만들지 않는, '후회 없는 매 순간'을 만드는 것이 그 비결이라는 것이다.

● 시사 IN, 2014.6.24

(2) 레스토랑 입지선정의 전문성

지역 내에서 레스토랑을 운영하고 있으므로 입지와 시세 등 매우 세부적인 내용을 자세히 알게 된다. 그러므로 어떤 이유로 레스토랑을 이전해야 할 경우에는 체인기업의 점포개발 담당자보다 훨씬 현실적인 정보를 쉽게 얻을 수 있다. 그리고 필요한 경우 전문적인 지식을 보유한 외부 컨설턴트를 활용하여 경제성 분석 등의 업무를 보완할 수 있다.

(3) 구매와 관련된 각종 혜택

레스토랑의 핵심경쟁력은 음식의 맛이고 이것은 좋은 식재료를 공급받는 것부터 시작된다면 많은 독립레스토랑들의 경영자는 낮은 구매가격보다는 식재료 품질에 더 높은 우선순위를 둘 수 있게 된다. 이런 경우 공급업자와 인간적인 관계를 지속적으로 유지하여 품질면에서 더욱 우수한 식재료를 공급받는데 도움이 되도록 한다.

(4) 경영정보시스템 구축과 활용

체인경영기업은 중앙집중적(centralized)인 관리시스템을 갖고 있는데 비해 독립레스토랑은 표준화된 POS시스템을 구입하여 사용한다. 레스토랑에서 모든 정보를 처리해야 하므로 다소 복잡할 수 있지만, 입맛에 맞게 변형하여 사용할 수 있다. 재료비 등 비용관리는 리포트를 활용하기 보다는 오너가 현장에서 일하면서 사용량, 폐기량 등을 자연스럽게 관리할 수 있다.

(5) 인적자원개발 프로그램

독립레스토랑의 경영자들은 직원들과의 친밀한 인간관계를 형성함으로써 이직률을 낮출 수 있으나 체계적인 교육·훈련프로그램들의 부재로 교육에 소요되는 인력 등 인건비는 더 발생할 가능성이 많다. 직원들에게 금전적인 보너스를 지급함으로써 동기부여하는 것은 체인경영기업과 비슷하다.

독립레스토랑은 체인경영기업처럼 브랜드 이미지 유지에 얽매일 필요가 없으므로 메뉴 개발 등에서 유연한 시도가 가능하다. 즉, 지역 취향에 맞는 레스토랑 컨셉을 개발해서 고객의 욕구를 반영한 차별화된 레스토랑을 운영하도록 해야 한다. 독특한 나만의 음식, 뛰어난 서비스, 즐거운 분위기, 개인적인 독창성과 차별성을 갖추어 단골고객들의 지속적인 방문을 유도할 수 있어야 한다.

03 가맹점 경영방식의 이해

1. 가맹점 경영방식의 의미

프랜차이즈(franchise)를 통한 가맹점 경영방식은 체인경영방식과 독립경영방식이 혼합된 중간형태라 볼 수 있다. 가맹사업자(franchisee)는 독립된 경영자로서 레스토랑을 운영하지만 가맹본사(franchisor)를 일종의 모기업(parent company)으로 여기고 있다.

가맹점 경영방식이라고 하면 가장 먼저 외식업을 떠올릴 정도로 이제 외식업은 이를 대표하는 업종이 되었다. 특히 햄버거, 피자, 치킨 등의 서구식 음식은 물론 김밥, 떡볶이, 족발, 각종 탕류 등 거의 모든 한식들을 취급하는 퀵서비스 레스토랑은 가맹점 경영방식이 매우 보편화된 분야이다.

프랜차이즈란 상호, 상품, 노하우를 소유한 가맹본부가 계약을 통해 가맹점 사업자에게 상표의 사용권과 제품의 판매권, 기술 등을 제공하고 그 대가로 가맹금을 받는 시스템을 말한다. 이때 가맹금은 가맹비, 로열티, 공급물품 마진 등의 여러 형태가 있으며, 계약조건과 운영형태에 따라 지불하는 비용의 종류에는 기업마다 차이가 있다.

2. 가맹점경영

(1) 가맹본부와 가맹점의 역할

우선, 가맹본부는 가맹점 사업자에게 자신의 상호나 상표, 서비스 등을 사용하여 자신과 동일한 이미지로 영업활동을 하도록 허용하고 아울러 영업을 위한 교육 및 지원을 제공한다. 그리고 자신의 브랜드를 보호하기 위해 적절한 통제를 실시한다.

1) 오픈 이전 지원

① 입지선정

② 레스토랑 디자인 및 건설

③ 가맹점 사업자 및 직원교육

④ 관련 매뉴얼 제공

2) 오픈 이후 지원

① 운영 및 관리절차점검
② 경영정보제공
③ 품질관리
④ 직원교육
⑤ 식재료, 식자재 및 기타 원재료 구매
⑥ 마케팅 프로그램 시행
⑦ 신제품개발

가맹점은 가맹본부로부터 상호나 상표, 서비스 등을 사용하여 동일한 이미지를 갖추어 영업활동을 할 수 있도록 허가받아 자신의 자금과 노력으로 레스토랑을 운영한다. 그러므로 브랜드를 유지하고 지속적으로 고객을 확보하기 위해 음식제품과 서비스를 정해진 수준으로 제공하기 위해 노력해야 한다.

(2) 가맹점 경영방식의 장·단점

가맹점을 투자하고 운영하는 가맹점 사업자는 가맹점 경영방식에 대한 다음과 같은 장점과 단점을 이해하고 있어야 한다.

1) 장 점

① 입증된 컨셉을 활용하여 위험이 낮음

개인이 독립경영방식을 선택하여 레스토랑을 창업할 경우 가장 어려운 것 중의 하나가 과연 본인이 만든 컨셉(concept)이 성공할 것인가에 대한 높은 위험성이다. 이에 비해 가맹점은 이미 입증된 컨셉과 브랜드를 계약하게 되므로 많은 위험을 줄일 수 있다. 그러나 가맹점이라고해서 위험성이 전혀없다고 생각하는 것은 위험한 일이다.

② 브랜드 인지도를 활용한 조기 사업정착 가능

독립레스토랑은 창업한 후 오랜 시간동안 많은 노력을 기울여야 지역상권 내에서 인지도를 얻을 수 있다. 그러나 가맹점은 이미 기존브랜드를 인지하고 있는 고객들의 즉각적인 방문을 기대할 수 있다.

③ 기술 및 경영지원

구매·조리·인사·서비스 등 모든 분야에서 지원을 받는 가맹점은 특히 레스토랑 운영에 대한 사전 경험이 없는 사람들에게 적합한 모델이다.

④ 효과적인 광고 및 판촉활동

가맹본사는 효과적인 광고 및 판촉 프로그램을 개발하여 시행할 수 있다. 특히 많은 자금이 필요한 대규모의 상업성 광고까지도 시행할 수 있기 때문에 고객과의 커뮤니케이션을 극대화할 수 있다.

⑤ 연구개발지원

외식업은 지속적으로 신제품을 출시하여야 고객들의 관심을 끊임없이 이끌어내고 이를 통해 매출을 증대시킬 수 있다. 또한 새로운 사업모델을 꾸준히 개발하여 경쟁우위를 갖는 것이 매우 중요하다. 그런면에서 가맹본사는 풍부한 경험과 기술력을 갖추고 혁신적인 제품출시와 사업실현을 가능하게 해준다.

2) 단 점

① 가맹본사 제공 서비스에 대한 비용지출

가맹본사가 제공하는 각종 서비스에 대해 지속적으로 일정액의 분담금을 지불해야 한다. 분담금의 규모가 적정한지에 대한 양측 간의 인식이 일치하지 않은 경우 근본적인 갈등을 야기하기도 한다.

② 가맹본사로부터의 통제

표준화되고 통일된 상품, 서비스, 디자인과 레스토랑 운영 등을 매뉴얼대로 따라야만 하는데, 고객 및 지역적 특성이 각기 다른 경우 고객불만을 야기할 수도 있다. 이런 경우 가맹본사와 협의를 해야만 하는데, 통일성을 유지하려는 가맹본사를 이해시키는 것이 쉽지 않은 경우가 많다. 글로벌 프랜차이즈 경험이 많은 기업들은 각 나라별로 음식문화, 고객행동 등의 차이가 있음을 인식하고 있어서 현지 가맹점 사업자에게 재량권을 주는데 많이 유연한 편이다.

③ 공동체적인 책임

가맹점 사업자가 자기 레스토랑을 잘 운영한다 하더라도 전체 브랜드를 운영하는 가맹본사의 경영방식에 따라 사업자체는 큰 영향을 받게 된다. 또한 다른 가맹점 사업자가 저지른 잘못으로 인해 전혀 관련이 없는 본인 레스토랑의 경영성과에 부정적 효과를 미칠 수 있다. 어느 브랜드의 가맹점이 식재료관리나 고객불만처리, 그리고 종업원관리 등의 문제를 야기해서 사회적 이슈화될 때, 동일 브랜드를 가진 다른 가맹점들까지 큰 곤란을 겪는 경우가 이러한 예라고 볼 수 있다. 글로벌 브랜드를 운영하는 기업의 경우는 한 국가에서 발생한 문제가 그 한 나라의 가맹점들에게만 국한되지 않고 전 세계 다른 나라의 가맹점들에게도 영향을 끼쳐, 이런 경우 문제발생시 위기관리(crisis management)차원에서 해결방안을 찾아야 한다.

논 의 과 제

01 체인경영방식의 개념과 종류, 그리고 이점을 설명하시오.

02 국내 체인경영업체들의 해외시장 진출사례를 세 가지 이상 설명하시오.

03 해외시장 진출 시 겪는 어려움을 설명하시오.

04 사모펀드가 인수한 체인경영업체 사례를 세 가지 이상 설명하시오.

05 독립경영방식의 이점을 설명하시오.

06 가맹점 경영방식의 장·단점을 설명하시오.

제9장 외식기업 조직과 업무

01 전사조직과 업무
02 레스토랑 조직과 업무
03 레스토랑운영
04 레스토랑 위생관리

• 학습목표

이 장을 학습한 후, 다음 내용들을 이해할 수 있어야 한다.

1. 본사 조직과 담당업무를 설명할 수 있다.
2. 레스토랑의 조직과 직책별 담당업무를 설명할 수 있다.
3. 레스토랑 FOH업무를 고객접객 순서에 따라 설명할 수 있다.
4. 레스토랑 BOH업무를 음식제조과정 순서에 따라 설명할 수 있다.
5. 레스토랑 식중독의 원인과 예방방법을 설명할 수 있다.

GO

본 장에서는 외식업체의 조직을 본사와 레스토랑의 두 가지 측면에서 살펴본다. 그리고 레스토랑의 직책별 수행업무를 살펴본다. 특히 레스토랑은 홀이라 부르는 Front Of the House(FOH)와 주방이라고 부르는 Back Of the House(BOH)에서 이루어지는 업무를 보다 상세하게 살펴봄으로써 레스토랑 업무를 이해하도록 한다. 아울러 외식업체의 가장 중요한 관심 중의 하나인 위생에 대해서도 살펴보고자 한다.

01 전사조직과 업무

1. 조직개요

외식업을 이해하기 위해서는 우선 외식업체들의 조직과 각 조직단위가 맡은 업무와 책임 등을 파악하는 것이 도움이 된다. 단일 레스토랑을 운영하고 있는 외식업체들은 대부분이 영세하고 가족경영형태로 운영되는 소규모 경영조직이라 크게 주방과 홀이라 부르는 객장으로 나뉘어서 관리되고 있지만 체계적이지 않아 업무의 책임소재가 불명확한 경우가 많다. 그러므로 경영자가 모든 것을 직접 관리하면서 효율을 극대화하는 방식으로 운영된다.

레스토랑 수가 점점 늘어나서 일정규모가 되면 외식업체들의 각 부서의 업무가 명확해지면서 관리책임자들이 배치되고 기업체로서 조직을 갖추게 되는 것이다. 기업의 조직도 그 규모에 따라 차이가 있지만 수행하는 기능들은 대부분 유사하기 때문에 본 장에서는 대규모 체인경영업체의 조직에 대해서 살펴보도록 한다. [그림 9-1]은 레스토랑 100개 이상을 운영하는 대규모 체인경영업체 조직도의 기본형태이다.

그림 9-1 체인경영업체 조직도

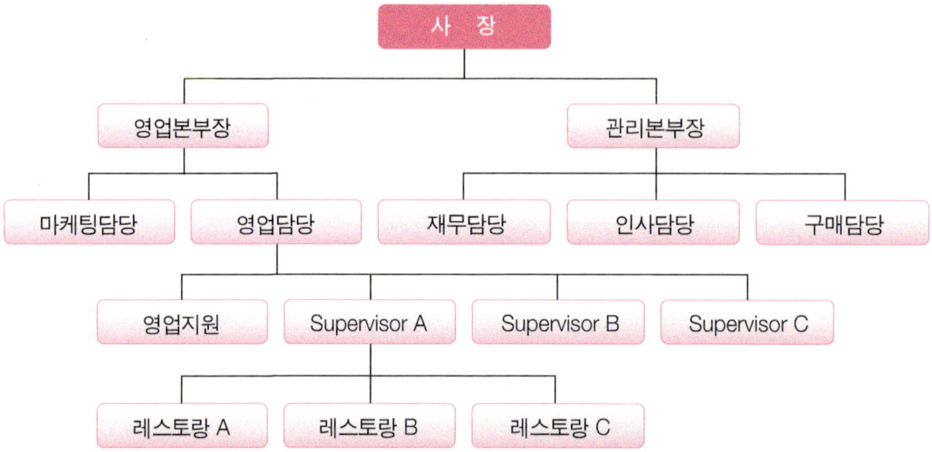

2. 주요직책별 업무

체인경영 외식업체의 조직에서 사장, 영업본부장, 관리본부장, 마케팅담당, 영업담당 등 주요직책별 업무를 살펴보면 다음과 같다.

(1) 사 장

기업전체의 운영과 성과에 대한 책임을 갖는다. 회사의 전략수립에 관한 의사결정에 직접 관여하고 세부적인 각 현장업무는 영업본부장과 관리본부장을 통해 통제한다. 또한 관공서 및 동종업계 등과 관련된 대외업무를 관장한다.

(2) 영업본부장

매출을 증대하기 위한 마케팅정책의 수립과 이를 영업현장에서 시행하는 직영점과 가맹점 조직을 이끌면서 회사매출부분에 대한 책임을 가진다. 일선 레스토랑 직원들과는 물론 가맹점주들과의 원만한 커뮤니케이션이 중요하므로 이에 관련된 자질을 갖추는 것이 필요하다.

(3) 관리본부장

재무 및 기획업무, 인사업무, 구매업무 등 회사의 여러 내부업무를 총괄함으로써 기업

전체가 효율적으로 운영될 수 있도록 통제하는 역할을 맡는다. 그러나 일부기업에서는 영업 등 일선조직을 체크(check)하고 관리하는 역할에 치중하면서 갈등을 유발하기도 한다. 글로벌 브랜드인 KFC, 피자헛, 타코벨 등을 운영하는 염 브랜드(Yum! Brands)는 영업조직이 업무를 원활하게 수행하도록 지원하는 것이 관리본부의 기본역할임을 강조하기 위해 조직의 명칭을 '레스토랑지원센타(Restaurant Support Center)'라 부르고 있다. 고객만족을 실현하면서 매출을 창출하는 일선 영업단위인 레스토랑의 중요성을 강조하기 위함이다.

(4) 마케팅담당

장기적인 마케팅전략의 수립과 단기적인 광고, 홍보 및 판촉계획을 수립하고 시행하는 업무를 맡는다. 또한 연구개발팀과의 협업을 통해 경쟁력 있는 제품을 개발하는 책임이 있다.

(5) 영업담당

일반적으로 현장인 필드(field) 영업팀과 사무실 내에서 영업과 관련된 각종 지원업무를 수행하는 영업지원팀을 이끌면서 일별로 발생되는 영업활동과 매출실적을 관리한다.

1) 영업지원

본사 각 부서/팀과 직영점 및 가맹점 레스토랑 간의 커뮤니케이션을 총괄한다. 그리고 레스토랑 영업에 직접적으로 필요한 시설관리 및 보수업무, POS 관련업무, 가맹점 모집업무 등 다양한 지원업무를 수행한다. 레스토랑과 직접적으로 관련된 업무를 수행하기 때문에 조직구성원은 레스토랑 근무경험이 있는 것이 바람직하며, 그렇지 않은 직원일 경우에는 충분한 기간 동안의 현장교육을 통해서 레스토랑에 대한 이해를 완벽하게 갖도록 해야 한다.

2) 영업팀 슈퍼바이저

영업팀의 일선 조직인 레스토랑의 가맹점주와 점장을 현장에서 관리하고 지원하는 역할을 한다. 레스토랑을 방문하면서 업무를 수행하기 때문에 이동이 많고 근무환경이 다소 열악한 것이 현실이다. 가맹점주와 점장에게 본사의 정책을 전달하고 그들의 애로사항을 본사에 전달하는 역할을 수행해야 하므로 원만한 대인관계 능력이 필요하다. 아울러 레스토랑 음식의 품질, 서비스 수준이 기준(standard)에 부합하는가 등을 점검해야 하므로 규율(discipline)을 준수하는 특성도 갖고 있어야 한다. 또한 회사의 대표자(representative)로서 신중하고 신뢰감 있게 행동해야 한다. 슈퍼바이저(supervisor) 한명이 몇 개의 레스토랑을 담당하는가 하는 것은 업종과 사업형태에 따라 다르지만 일반적으로는 직영점보다는 더 많은 수의 가맹점을 맡는다.

(6) 재무담당

일별로 발생하는 매일의 영업결과를 집계하고 주기적으로 필요한 보고서를 작성한다. 그리고 회사가 계획한대로 운영될 수 있도록 필요한 경우 각종 분석을 하여 자료를 공유한다.

(7) 인사담당

직원관리와 교육이 가장 중요한 업무이다. 교육대상은 정직원 뿐 아니라 가맹점 직원 그리고 파트타이머들까지도 포함한다. 특히 많은 수의 파트타이머를 활용하고 이들의 이직률이 레스토랑과 전체기업의 성과와 직결되기 때문에 이들에 관한 사기진작방안을 개발하고 현장에서 시행하도록 적극적으로 지원해야 한다.

(8) 구매담당

좋은 품질의 식재료 등 원재료를 적절한 가격에 안정되게 공급받을 수 있도록 하는 것이 중요한 업무이며, 여러 지역에 산재해 있는 각 레스토랑에의 원재료 공급이 최소의 비용으로 원활하게 이루어질 수 있도록 물류시스템을 운영해야 한다. 또한 조직 내의 연구개발(R&D)팀은 마케팅에서 제안한 신제품 아이디어에 부합하는 제품을 개발하는 임무를 수행한다.

위와 같이 대규모 체인업체의 예를 이용하여 조직과 업무를 살펴보았다. 기업의 환경과 인적자원의 유무에 따라 조직구성과 그에 따른 업무는 기업별로 다소 차이가 있을 수 있지만 기본형태는 [그림 9-1]의 조직형태에서 크게 벗어나지 않을 것이다.

02 레스토랑 조직과 업무

1. 레스토랑 조직개요

레스토랑의 조직에 대해서는 퀵서비스 레스토랑(QSR) 그 이외의 레스토랑 간에 큰 차이가 있다. QSR은 대부분 모든 업무진행과정이 표준화되어 있음에 따라 매뉴얼로 운영이 가능한 조직이며, 다루고 있는 메뉴의 품목도 다른 종류의 레스토랑에 비해 적은 편이므로 단순화된 형태의 조직구성으로 운영될 수 있다.

그러나 그 이외의 레스토랑들 즉 패밀리 레스토랑, 캐주얼다이닝 레스토랑, 파인다이닝 레스토랑과 같은 종류의 레스토랑에서는 QSR의 조직과는 다르게 구성된다. 패밀리 레스토랑과 캐주얼다이닝 레스토랑의 경우도 많은 업무가 표준화된 것은 사실이지만 QSR에 비해 메뉴품목이 비교적 더 많고 조리방법도 좀 더 복잡한 방법을 사용하며 무엇보다도 고객응대에 있어서 테이블서비스 체제로 운영되기 때문에 주방(BOH: back of the house)과 홀(FOH: front of the house)로 나누어진 양분된 체계로 조직이 구성된다.

2. 직책 별 업무

[그림 9-2]는 전형적인 캐주얼다이닝 레스토랑의 조직을 보여주고 있다. 점장이 전체

그림 9-2 레스토랑 조직도

적으로 점포를 관리하고, 업장을 관리하는 매니저를 두며 그 하위조직으로 주방메니저와 홀매니저가 관리하는 두 개의 부서로 구분된 레스토랑의 조직이다. 다음은 이들의 직책별 업무에 대해서 알아보고자 한다.

(1) 점 장

① 높은 수준의 품질과 서비스의 제공으로 고객만족을 창출하고 업장의 매출과 이익을 극대화하는 책임이 있다. 이를 위해 인적자원과 기기 및 시설 등의 물적자원을 효과적으로 운영할 수 있는 능력을 갖추고 있어야 한다.

② 주방과 홀의 직원들에 대한 교육이 제대로 이루어지고 교육내용이 잘 실행되고 있는지를 항상 점검하고 필요시에는 그 내용과 방식을 개선하여 교육효과를 높일 수 있는 방안을 마련해야 한다. 특히 파트타이머들의 채용(hiring)과 유지(retention)에 대해서는 각별한 주의를 기울여 고객이 원하는 서비스 및 수준높은 고객서비스 제공에 만전을 기해야 한다.

③ 또한 레스토랑 매출과 이익이 계획대로 달성될 수 있도록 항상 세부내용을 분석하고 미흡할 경우 개선방안에 대한 실행계획을 준비하여 직원들과 공유한다. 아울러 본사 지원 부서들과의 커뮤니케이션 창구로서 가능한 많은 지원을 확보하도록 노력해야 한다.

④ 독립단위인 레스토랑을 운영하는 책임자로서 인사관리 및 비용관리 등 많은 분야에서의 의사결정권한도 갖고 있으므로 모든것을 자기사업이라 생각하는 주인의식(ownership)과 성실성이 가장 중요한 자질이라 할 수 있다. 솔선수범의 자세로서 많은 직원을 이끌어가는 현장 리더십을 갖고 있는 점장이라면 더 좋은 성과를 이끌 수 있을 것이다. 레스토랑의 모든 분야를 경험한 사람이므로 경우에 따라서는 바쁜 시간에 도움이 필요한 곳에서 직원들과 함께 일하면서 직원들과 소통하는 것도 점장(general manager)으로서 좋은 본보기가 되는 모습이다.

(2) 매니저

① 레스토랑은 일반적으로 긴 영업시간으로 운영되기 때문에 직원들도 두 개 이상의 근무시간대(shift)로 나뉘어 일부 겹쳐지거나 교대근무를 하게 된다. 오프닝(opening)과 마감(closing)의 두 개가 기본이며 영업상황에 따라 중간(mid)이 추가되기도 한다. 〈표 9-1〉은 매니저의 오프닝과 마감업무의 예를 보여주고 있다.

표 9-1 오프닝/클로징 업무 예

구분	시간	업무
오프닝 매니저	9:00	· 보안시스템 해제
	9:00 ~ 9:30	· 전원 ON · 주요 식자재 유효기간 점검
	9:30 ~ 10:20	· 이메일 체크 · 마케팅 내용 등 확인 · 전일 판매대금 은행입금
	10:20 ~ 10:50	**1. FOH점검** · 냉·온방 온도 · 음악 선곡 및 볼륨 · 마케팅 POP 부탁 · 화장실 청결 · 직원 용모 및 유니폼 청결 **2. BOH점검** · 기기 작동상태 · 식자재 해동량 및 신선도 · 냉장·냉동고 온도
	10:50 ~ 11:00	· 직원들에게 주요 사항 전달 · 직원들 컨디션 점검
	11:00 ~ 15:30	**1. 점심영업 지휘** · 음식 및 서비스 품질점검 · 고객 만족 점검 **2. 직원 관리** · 시간대별 직원 인원 및 휴식 상황점검 · 직원 칭찬, 본인 휴식 등
	15:30 ~ 16:00	· 오프닝 매니저와 클로우징 매니저 업무 교대
클로우징 매니저	16:00 ~ 18:00	· 지녁 영입 준비 : 식재료 순비량, 직원
	18:00 ~ 20:00	**1. 저녁영업 지휘** · 음식 및 서비스 품질점검 · 고객 만족 점검 **2. 직원 관리** · 시간대별 직원 인원 및 휴식 상황점검 · 직원 칭찬, 본인 휴식 등
	20:00 ~ 21:50	· 재고조사 및 식재료 발주
	21:50 ~ 22:00	· 마감 5분 미팅 및 영업마감
	22:00 ~ 22:40	· 매출금 정산업무
	22:40 ~ 23:00	· 청소상태 점검 · 기기 OFF 상태점검
	23:00	· 보안시스템 가동 및 퇴근

② 모든 근무시간대를 점장 혼자서 관리하기가 불가능하므로 각 근무시간대는 매니저들이 교대로 총괄하게 되어 있다. 즉, 오프닝매니저는 하루의 영업이 원활하게 이루어지도록 홀과 주방의 준비상태를 완벽하게 갖추는 책임을 갖고, 마감매니저는

저녁영업을 수행하고 또 영업과 관련된 모든 업무가 완벽하게 마무리되도록 관리하는 책임을 갖는다. 이런 업무를 담당하는 직원들을 매니저 또는 부점장이라 칭한다. 결원 또는 매니저(manager) 휴무와 같은 상황에서는 점장이 이 역할을 수행하는 것이 일반적이다.

(3) 주방매니저

① 식재료구매 및 관리와 음식조리에 대한 총체적인 관리를 통해 고객들에게 높은 품질의 음식이 제공되도록 하는 책임이 있다. 식재료원가관리도 맡으며 이를 통해 레스토랑 전체의 수익성 증대에도 기여하게 된다. 또한 주방 내 직원들에 대한 인사관리와 교육 등에도 직접적인 책임을 갖는다.

② 쉐프(chef), 키친매니저(kitchen manager) 등으로 불리기도 하며, 홀매니저(FOH manager)와의 협업을 통해 항상 레스토랑이 원활하게 운영되어 고객이 만족하는 제품과 서비스를 제공하도록 해야 한다.

(4) 홀매니저

① 고객과 직접적으로 가장 많은 접촉이 이루어지는 홀(또는 객장)은 레스토랑 이미지 측면에서는 가장 중요한 구역이다. 이곳에서 근무하는 직원들이 훌륭한 고객서비스를 제공할 수 있도록 인사관리, 교육, 청결 등에 관해 직접적인 책임을 갖고 운영한다.

② 많은 경험을 통해 서비스 교육과 실습을 효과적으로 진행하며 직접 시범을 보이면서 직원들이 능력을 갖출 수 있도록 지원한다. 그리고 고객불만이 발생하면 현장에서 즉각적인 해결을 지휘하는 책임자이기도 하다.

03 레스토랑 운영

1. Front Of the House(FOH) 운영

(1) FOH에 대한 개요

레스토랑에서의 FOH, 즉 홀이나 객장의 경우는 세 가지 측면에서 중요한 공간이 된다. 첫째는 고객에게는 맛있는 음식을 동반자와 함께 즐기는 사회적 공간(social place)이다. 그러므로 즐거운 분위기가 조성되고 훌륭한 서비스가 제공되어 이러한 사회적 기능이 충족되도록 하여야 한다. 둘째로는 다양한 요구를 하는 고객들을 응대하는 레스토랑의 직원들이 업무로 인한 피곤함은 최소화하고 효율성은 극대화하여 근무할 수 있도록 계획된 공간이어야 한다. 따라서 고객의 안락함과 직원의 동선을 고려한 테이블 배치, 그리고 기물배치 등에 대한 충분한 고려가 필요하다. 셋째, 경영자에게는 음식을 제공한 대가로 수입이 발생하는 공간이기 때문에 매출관리와 보안관리가 철저하고 엄격하게 이루어지도록 구성되어야 한다.

(2) FOH의 상세업무

레스토랑의 FOH에서 주로 수행되는 업무는 고객이 레스토랑을 방문하였을 때 맨처음 고객을 맞이하는 것부터 시작된다. 그후 고객을 자리로 안내하여 주문을 받고, 음식이 준비되면 고객에게 전달하는 서빙이 이루어지고, 고객이 식사를 마치고 레스토랑을 나갈 때 식사비용을 지불하는 과정의 업무와 나가는 고객을 배웅하고, 고객이 식사를 마친 테이블을 깨끗이 치우는 일이 FOH에서 일어나는 고객과의 접촉순간들이며 동시에 직원들의 주요업무가 된다.

1) 고객맞이

레스토랑 입구에서 고객을 맞이하는 일을 말하며 이 일을 수행하는 직원을 그리터(greeter)라 한다. 레스토랑의 운영방식과 규모에 따라 그리터가 좌석까지 고객을 안내하기도 하는데, 일부 대규모 레스토랑에서는 호스트(host) 또는 호스티스(hostess)라 불리는 별도의 직원이 고객안내업무를 처리하기도 한다.

2) 주문 받기

메뉴(menu)를 고객에게 제공하고 약간의 시간여유를 가진 후 서버(server)는 음식주문을 받는다. 이때 매출증대를 위해서 고객이 주문한 것 이외의 품목을 추가하는 등의 노력을 권유판매(suggestive selling)라 하는데 그 방법으로는 크게 두 가지가 있다.

① 주문한 품목 중에서 사이즈를 더 큰 것으로 권하며 사이즈업(size up)이라고 한다. 특히 음료수 주문 시 많이 활용한다.
② 주문한 품목 이외의 다른 품목을 추가로 권유한다. 이 방법은 메인메뉴, 사이드메뉴, 음료 등 다양한 품목에 대해 활용할 수 있다.

권유판매는 서구 여러 나라 레스토랑에서는 매우 적극적으로 시행되는데 반해 국내에서는 소극적으로 실시되고 있다. 문화의 차이도 있겠지만 서구의 경우는 고객이 서비스 제공자에게 팁(tip)이라 불리는 봉사료를 지불하도록 되어 있는 것이 근본적인 이유가 될 수도 있다. 팁은 그 해당 테이블에서 먹은 음식값의 일정 퍼센트를 따로 지불하는 것으로, 지불할 음식값이 많은 테이블에서는 상대적으로 많은 팁을 지불하게 된다. 따라서 권유판매를 통해 테이블에서 더 많은 음식이나 주류 등을 먹게되면 지불할 음식값이 많아지고 그 만큼 팁으로 받을 수 있는 수익이 늘어나게 되는 것이다. 이러한 차이로 인해 서구에서의 레스토랑에서는 서버의 전체수입 중 봉사료가 차지하는 비중이 적지 않다.

미국의 경우 일반적으로 음식가격의 15% 이상이 봉사료이기 때문에 서버들의 경우 권유판매를 통해 전체 식사비를 증가시킬수록 자신의 봉사료 수입이 늘어나게 되므로 권유판매에 매우 적극적인 편이다. 이에 반해 봉사료 문화가 발달하지 않은 국내 레스토랑에서는 서버들에게 자발적인 권유판매를 기대하기는 쉽지 않다. 그러므로 교육과 자체 인센티브 프로그램을 활용하여 권유판매를 활성화하는 시도가 필요하다.

레스토랑에게는 추가매출과 이익을 가져오는 권유판매는 고객의 기분을 상하게 할 위험이 있기 때문에 각 상황에 맞는 다양한 방법들을 적절하게 활용해야 한다. 또한 충분히 교육을 받고 숙련된 방법으로 접근해야 고객과의 불필요한 갈등을 피할 수 있다.

다음은 권유판매를 할 때 주의해야 할 사항들이다

① 어린이에게는 시도하지 않는다. 올바른 판단을 하기 어려운 어린이들에게의 권유판매는 부모들의 거부감을 초래하기 쉽다.

② 너무 많지 않게 한 가지 정도만을 권유한다. 음료, 메인, 디저트 등 주문할 때마다 권유판매 시도하지 않도록 센스있는 권유를 해야 한다.

③ 고객이 '이걸로 주문 끝입니다'라는 메시지를 표현하면 즉시 권유판매시도를 중단해야 한다. 그렇지 않고 계속 권한다면 결국 고객의 불만을 고조시켜 고객을 잃게 되는 소탐대실(小貪大失)이 될 수 있다.

④ 잘 안 팔려서 남는 품목을 권유하지 않는다. 고객을 잃을 가능성 100%이다.

⑤ 맛 또는 양 등을 과장해서 설명하지 않는다. 신뢰를 잃어버리기 매우 쉽다.

3) 음식 서빙

고객이 주문한 음식을 테이블로 운반하여 제공하는 업무이며 이것을 처리하는 직원을 서버(server)라 부른다. 레스토랑 타입에 따라 서버가 고객들과 접촉하는 정도와 내용이 달라질 수 있다. 파인다이닝 레스토랑의 서버는 고객에게 가장 정중하고 세련된 매너로 고객과 이런저런 많은 대화를 나누는데 비해 QSR의 서버는 기본적인 내용만을 대화한다. 그러나 서버는 레스토랑 내 어느 직원보다도 고객과 많은 접촉을 하기 때문에 레스토랑 타입과 상관없이 다정하고 유쾌한 매너로 능숙하게 업무를 처리해야 한다. 점점 경쟁이 심해지는 레스토랑 산업에서 훌륭한 서비스는 가장 중요한 경쟁력이기 때문이다.

고객에게 서비스를 제공하는 레스토랑 서버들이 주의해야 할 사항들은 다음과 같다.

① 완성된 음식이 식지 않도록 신속하게 서빙한다.

② 고객들 일행이 각기 다른 품목을 주문했을 경우, 각 고객앞에 주문한 품목을 정확하게 놓아드린다

③ 고객과 대화를 할 경우 음식과 일정 거리를 두고 이야기 한다.

④ 음식을 놓은 후 맛있게 드시라는 가벼운 인사를 드린다.

4) 테이블 치우기

고객이 음식을 드신 후에 남은 음식과 사용한 식기 등을 테이블에서 치우는 것을 말한다. 단품(a la carte) 위주로 판매하는 대중적인 레스토랑에서는 고객이 테이블에서 일어난 후에 정리를 하면 되지만, 정식요리(table d'hote)를 판매하는 레스토랑은 코스가 끝날때마다 테이블을 정리해야 한다.

테이블 정리를 전담하는 직원을 버서(busser)라 하는데, 많은 레스토랑에서는 서버가 이 업무를 겸하기도 한다. 테이블을 정리할 때 기본적으로 주의할 점은 다음과 같다.

① 고객이 보는 앞에서는 남은 음식을 한 접시에 쏟아붓는 것을 삼가야 한다.
② 항상 깨끗한 행주를 사용해서 테이블을 깨끗이 닦는다.

5) 음식대금 받기

고객이 지불하는 음식비용을 받고 거스름을 지불하는 업무를 말하며 이를 처리하는 직원을 캐시어(cashier)라 부른다. 캐시어는 예약관리업무를 함께 맡는 경우가 일반적인데, 작은 규모의 레스토랑에서는 호스트나 호스티스가 캐시어 업무를 함께 처리하기도 한다. 그러나 레스토랑에서는 캐시어에게 판매대금관리(control)만을 하도록 하여 캐시어 본연의 업무에만 집중하게 함으로써 책임소재도 명확하게 하고 재정관리업무에 차질이 없도록 해야 한다.

특별히 캐시어는 지불과 관련된 각종 정보에 대해서도 완벽히 숙지하고 있어야 한다. 레스토랑들이 판촉을 위한 각종 프로그램을 단독이나 또는 제휴형태로 시행하는 경우가 많아지고 있고 그 방법도 전통적인 쿠폰이나 플라스틱 카드뿐 아니라 모바일 기기를 활용하는 등 매우 다양해지므로 지불과 관련된 캐시어의 이러한 업무에 차질이 없도록 해야 한다. 각종 다양한 방법으로 지불하는 과정에서 그 처리시간이 다소 증가되는 경우도 있고, 이로 인해 지불하는 고객이나 기다리는 고객이 불편을 겪는 경우도 있다. 이러한 문제가 발생하지 않도록 점장과 홀 매니저의 관심있는 관찰과 필요한 경우 해결방안이 강구되도록 해야 한다.

퀵서비스 레스토랑에서는 고객맞이, 주문받기, 음식서빙, 그리고 계산까지의 모든 과정을 카운터 직원이 수행하는 시스템을 채택하고 있다.

6) 고객배웅

즐거운 시간을 가졌는지 마지막으로 확인하면서 다음 방문을 요청하는 단계이다. 음식이나 서비스의 칭찬에 대해서는 감사를 표시해야 하며, 불만이나 개선사항에 대해서는 점검과 개선을 약속해야 한다. 이때 중요한 것은 형식적인 응대가 아니라 진정으로 고객의 의견을 받아들이는 자세를 보여주는 것이다. 이런 업무는 보통 캐시어나 그리터(greeter)가 수행한다.

(3) FOH의 관련 기기장비

FOH에서의 가장 큰 관심은 고객서비스이다. 고객서비스는 두 가지 요소로 구성되어 있다. 첫째는 고객을 편안하고 친절하게 응대하는 것이며 이것은 특별히 다이닝 레스토랑(dining restaurant)이 중요하게 생각하는 고객서비스 요소이다. 둘째는 주문한 음식을 제때에 정확하게 제공하는 것이며 이것은 주로 배고픔에 대한 생리적 욕구해결이 우선적으로 시급한 식사 레스토랑(eating restaurant)에서 중요한 고객서비스 요소이다.

경영자의 입장에서는 레스토랑의 효율적 운영을 우선적으로 고려하여야 한다. 갈수록 매출과 이익증대가 어려운 여건에서 인적자원의 제한과 한정된 공간에서 효율적으로 운영하여 최대의 효과를 거두어야 목표했던 이익을 얻고 경쟁력을 확보할 수 있기 때문이다.

이러한 목적들을 달성하기 위해 조금 더 도움이 되고자 레스토랑에서는 정보기술을 활용한 여러 종류의 하드웨어와 소프트웨어로 구성된 시스템을 도입하고 있으며, 이러한 시스템들은 직원들의 업무에 신속성, 정확성, 효율성을 더해주고 있다.

① 포스시스템

포스시스템(Point-Of-Sales System: POS)은 레스토랑을 비롯한 외식산업, 호텔 등의 숙박산업, 그리고 백화점, 쇼핑센터와 같은 유통산업 등 모든 소매업분야에서 사용되고 있는 시스템이다. 레스토랑 내 FOH와 BOH에서 사용하는 하드웨어(hardware)들과 관련 소프트웨어(software)프로그램들은 모두 POS시스템에 연결되어 있어서 POS는 레스토랑의 기본 전산운영체제라 보면 된다.

터치스크린이 장착되어 있는 하드웨어인 POS 단말기(terminal)는 금전등록기(cash register) 역할은 기본이고 거래정보를 기록하고 분석자료를 만들어 내는 PC기능도 함께 하고 있다. 하루 중 거래가 꾸준히 일어나는 레스토랑은 별도로 PC를 설치하고 POS 단말기와 네트워크로 연결하여 각종 관리업무용으로 활용하기도 한다.

체인형태의 업체들은 각 레스토랑의 매출과 각종 데이터를 본사에서 집계해야 하므로

POS 단말기 화면을 메뉴사진으로 나타냈다.

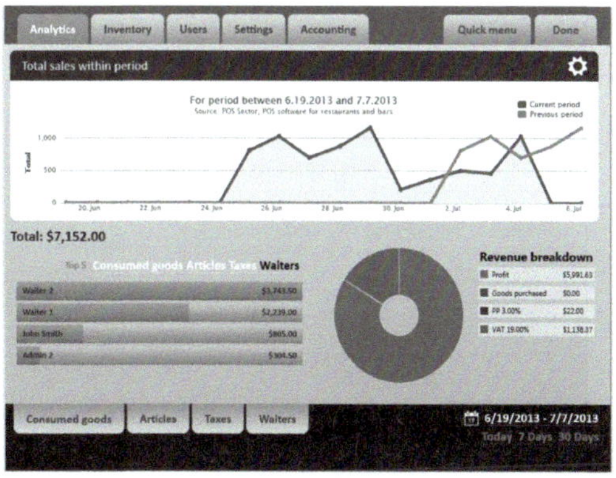

POS 단말기를 관리용으로 전환하여 사용한다.

본사에 컴퓨터시스템을 갖춰서 네트워크로 구성하고 있다. 이러한 네트워크 시스템을 통해 레스토랑에 필요한 자료나 정보를 수시로 전달한다.

② 무선주문기기

태블렛 PC를 사용하여 주문을 입력한다.

무선 포스시스템(Wireless POS system)이라고 할 수 있다. 주문받은 직원은 주문을 입력하기 위해 POS 단말기가 있는 곳까지 가지않고 테이블에서 핸드헬드터미널(handheld terminal) 또는 태블릿(tablet) PC와 같은 휴대용 기기(PDA: personal digital assistant)를 사용해서 즉시 입력한다. 입력된 주문은 주방으로 곧바로 전송되어 스크린이나 프린터에서 내용을 확인할 수 있다. 서비스 시간을 단축할 수 있어서 고객만족은 물론 테이블 회전(table turn)을 높이게 되어 궁극적으로는 매출증대에 기여하게 된다.

③ 디지털메뉴

디지털메뉴

종이로 된 메뉴는 수시로 수정하기가 쉽지 않고 제작비용도 적지 않게 소요된다. 디지털메뉴(digital menu)는 정보기술 기기사용에 익숙한 고객들을 타깃으로 하는 레스토랑에서 점차 사용되고 있다. 음식 리스트만 보여주는 것이 아니라 고객이 직접 조작해서 주문까지 마칠 수 있도록 하고, 무선주문(mobile ordering)기능까지 갖추고 있는 것이다.

④ 주방화면시스템(kitchen display system)

주방화면시스템(kitchen display system; KDS)은 주방에서의 주문처리를 효율적으로 관리하기 위해 사용한다. 이제까지는 고객의 주문이 주방내의 프린터에서 종이로 출력되어 주방직원에게 전달되었지만 이제는 주문내용은 주방에 설치된 모니터에서 곧바로 확인할 수 있고, 모든 주방직원들이 볼 수 있어서 커뮤니케이션이 향상에 도움이 된다. 또한 주문한 후 일정시간이 경과된 주문은 색깔이 변하거나 깜박이게 표시되어 긴급하게 처리해야 할 것을 알려주기 때문에 전체 조리과정이 더욱 신속하게 된다.

신속함을 중요하게 생각하는 QSR에서 사용하기 시작했으며 최근에는 패밀리 레스토랑이나 캐주얼 레스토랑에서도 많이 사용되고 있다. 조리단계별로 소요된 시간이 자료화

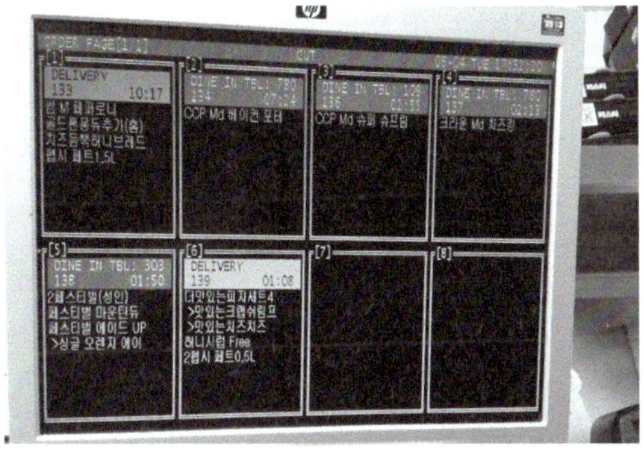

피자헛에서 사용 중인 KDS

품목별 각각의 KDS를 함께보며 종합적으로 모니터링한다.

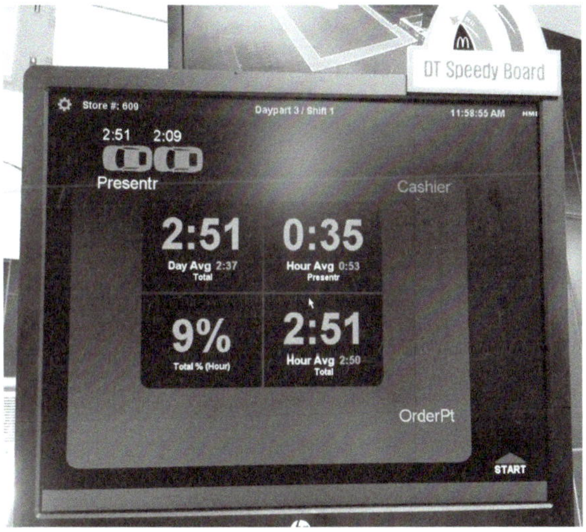

맥도날드 드라이브 스루용 대쉬보드 화면

되고 분석되어 주방업무분석과 개선에도 활용된다.

⑤ 대쉬보드

자동차나 비행기의 대쉬보드(dashboard)에는 현재의 속도, 온도, 연료재고량 등이 종합적으로 표시되므로 운행에 필요한 모든 정보를 한눈에 볼 수 있다. 대쉬보드는 이런 지표들을 한 화면에 표시한 시스템이다. 레스토랑에서도 현재의 수요지표가 한꺼번에 표시되는 대쉬보드를 활용하여 운영을 보다 효율적으로 하고, 결국 고객만족 증진과 비용관리 측면에 큰 도움이 된다. 대쉬보드는 신속한 음식제공이 고객만족의 중요한 요소인 QSR의 드라이브스루에서 주로 사용하고 있다.

2. Back Of the House(BOH) 운영

(1) BOH에 대한 개요

음식을 만드는 곳인 주방(BOH)은 레스토랑의 공장과 같은 곳이다. 원재료라 할 수 있는 각종 식재료와 포장재 등이 입고(receiving)되면 저장(storing)하고, 음식을 만들기 위해 식재료를 다듬고 가공하는 준비(preparation: prep. 프랩)단계를 거쳐 고객의 주문이 들어오면 음식을 조리(cooking)한다. 고객이 식사한 후에 수거되는 그릇과 용기들은 세척(washing)되고 남은 음식물 찌꺼기는 쓰레기(trash)로 처리된다.

QSR의 BOH는 대부분의 식재료들이 Central Kitchen이나 커미셔리(commissary)로부터 가공된 상태로 입고되어 간단한 조리와 조립(assembly)만 하면 음식을 만들 수 있다. 여기서는 많은 공정이 단순하게 되어있고 매뉴얼화 되어 있어서 경험이 없는 직원들도 쉽게 배울 수 있는 체제이다. 그러나 고급 레스토랑일수록 식재료들이 본래의 상태로 입고되어 현장에서 처음부터 만들어지는(scratch) 형식을 택하고 있다. 이런 경우는 재료를 다듬고 가공하는 준비에 많은 시간과 인력이 소요되고 경험과 노하우를 가진 조리사가 필요하게 된다.

레스토랑의 BOH의 면적은 레스토랑의 규모나 매출정도에 따라 달라지는데, 일반적으로 QSR의 BOH는 조리공간에 비해 저장공간의 면적이 넓은 편이다. 이는 가공되어 냉동, 냉장상태로 입고되는 식재료의 비중이 높기 때문이다. 이에 비해 케주얼다이닝 레스토랑이나 파인다이닝 레스토랑에서는 QSR에 비해 가공이 덜된 식재료가 입고되기 때문에 식재료의 준비와 조리를 위한 공간이 더 필요하게 된다.

BOH직원의 임무는 크게 세 가지로 나누어 볼 수 있다.

1) 맛있는 음식제공

좋은 품질의 맛있는 음식(food taste)을 제공하여 고객을 즐겁게 함으로써 기존고객의 재방문을 증가시키고 고정고객을 확보할 수 있도록 하고, 구전효과(word-of-mouth)를 통한 신규고객창출로 매출증진에 기여한다.

2) 음식 안전유지

올바른 식재료를 위생(sanitation) 기준에 맞게 관리하고 조리하여 질병으로부터 안전한 음식을 제공함으로써 고객의 건강과 레스토랑의 평판유지에 기여한다.

3) 레스토랑 수익기여

BOH는 레스토랑 비용의 많은 부분이 발생하는 곳이다. 이러한 비용을 효율적으로 관리함으로써 레스토랑 전체수익(profit)에 기여할 수 있다. BOH에서 관리해야 하는 비용은 크게 다음의 세 가지로 구분된다.

① 재료비

적정량의 식재료를 주문하고 적정한 온도와 시간을 지켜 적정장소에서 보관하며, 레시피(recipe)에 맞게 음식을 조리하여 식재료의 불필요한 낭비(waste)가 발생하지 않도록 한다

② 인건비

레스토랑 전체 인건비(labor cost)의 큰 비중을 차지하는 주방파트의 인건비 관리를 위해 주방직원들의 근무스케줄을 효율적으로 작성하고 운영한다.

③ 기타 비용

세제용품, 청소용품 등과 수도, 전기 및 가스 등의 유틸리티(utility)가 효율적으로 사용되도록 세심하게 관리한다.

비용절감을 너무 강조한 나머지 원재료를 레시피보다 적게 사용하거나 품질측면에서 기준 이하의 원재료를 사용하면 최종적으로 완성된 음식의 품질이 저하된다. 또한 인건비를 과도하게 절감하려고 필요한 인력보다 적은 인원을 사용하는 것도 음식품질은 물론 제공시간에도 영향을 끼쳐 결국 고객만족에 부정적인 작용을 하게 된다.

이런 현상들이 자주 발생하다 보면 고객의 신뢰를 잃게되어 레스토랑을 떠나는 고객들이 늘어난다. 그 결과 매출은 하락하고 이익이 감소되어 또 다시 비용절감을 추진해야만 하는 악순환에 빠지게 된다. 이런 상태가 지속되면 현재의 비즈니스를 계속해야 하는지를 고민해야 하는 극단적인 상황까지도 올 수 있으므로 어떤 경우에도 음식의 품질, 그리고 음식 제공시간 등 고객만족에 관한 기준은 반드시 지켜야 한다.

(2) BOH의 상세업무

식재료의 흐름에 따라 BOH업무를 살펴보고자 한다. 식재료에 대한 처리과정은 레스토랑 형태나 규모별로도 거의 차이가 없는데 일반적으로 [그림 9-3]에서 나타난 바와 같이 FOH업무인 서빙을 제외하고 구매(주문), 입고, 보관, 출고, 준비, 조리, 식기세척의 7단계로 구분할 수 있다.

그림 9-3 식재료 흐름에 따른 BOH업무

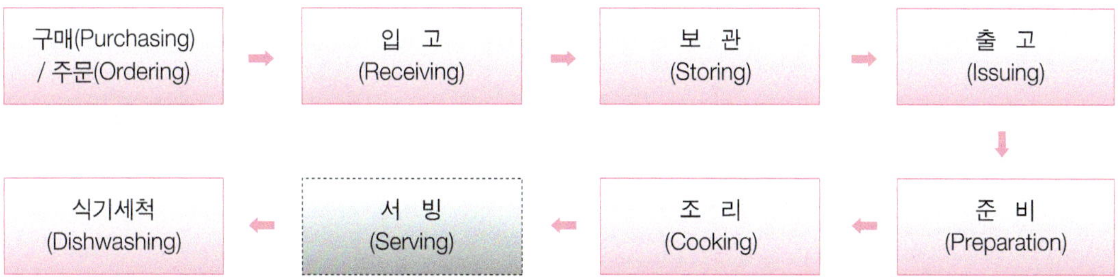

1) 구매 또는 주문)

레스토랑을 찾는 고객들에게 음식을 제공하기 위해서는 필요한 식재료를 구매하는 일부터 시작해야 한다. 구매(purchasing)를 위해서는 다음 내용들이 미리 정리되어 있어야 한다.

① 품목별 사양

식재료의 크기, 무게, 성분함량 등 레스토랑에서 필요한 식재료의 구체적 기준을 정한다.

② 품목별 구매주기

품목별 사용량, 포장단위, 유효기간, 보관방법 및 공간 등을 감안하여 구매하는 주기를 품목마다 정한다.

③ 품목별 적정재고량

항상 유지해야 하는 적정재고량(par stock)을 품목별로 계산하여 정해놓고 재고를 조사해서 이 적정재고량과의 차이만큼을 구매하는 것이다. 품목별 적정재고량은 매출액에 따라 변해야 하므로 적절한 매출액 구간별로 산정해 놓는 것이 바람직하다.

체인레스토랑은 본부에서 공급처, 품목별 사양, 가격 등 모든 사항들을 일괄적으로 계약을 맺기 때문에 각 레스토랑에서는 필요한 때에 필요한 양만 주문하면 되므로 업무부담이 많이 줄어든다.

2) 입 고

주문한 식재료가 레스토랑에 도착하면 담당자는 식재료의 품질, 양, 가격 등이 주문한 내역과 일치하는지 확인하는 검수과정을 거쳐 접수한다. 이때 주의할 사항 몇 가지는 다음과 같다.

① 박스로 포장된 품목들은 샘플 몇 개씩 선정해서 내용물까지 확인한다.

② 주문한 내역과 차이가 확인되면 배달송장에 표시하고 배달자의 서명을 받는다.

③ 추후 사용하는 직원이 쉽게 확인할 수 있도록 유효일자를 포장박스에 표시하거나 별도의 스티커에 적어서 붙여 놓는다. 이것은 먼저 입고된 식재료를 먼저 사용하는 선입선출(first in first out : FIFO)을 원활히 실행하기 위해서이다.

3) 보 관

식재료는 건자재(dry goods), 냉장제품(refrigerated goods), 냉동제품(frozen goods)으

(좌)잘 정리된 건자재 창고
(우)냉장제품으로 가득찬 워크-인 냉장고

로 구분해서 지정된 장소에 보관(storing)한다. 건자재는 오픈된 창고에 보관하며 냉장·냉동제품은 냉장고(refrigerator 또는 cooler)나 냉동고(freezer)에 보관하는데, 냉장고는 일반(reach-in) 냉장·냉동고와 워크-인(walk-in) 냉장·냉동고가 있다. 손을 뻗어서 꺼내쓴다는 의미의 'reach-in'인 일반 냉장고는 주로 주방내에 설치하여 조리할 때 바로 꺼내 쓰도록 당일 사용하는 식재료를 보관하는 용도로 사용된다. 내부공간이 넓어서 걸어서 들어가고 나온다는 의미로 'walk-in'인 워크-인 냉장·냉동고는 일정기간동안 식재료를 쌓아놓고 보관하는 데 사용된다.

손상이나 도난, 절도와 같은 이유로 발생하는 손실(loss)을 최소화하면서 영업에 필요한 충분한 양을 보유하는 것이 보관업무의 핵심이다. 너무 긴 기간동안 식재료를 보관하여 유효기간을 넘기게 되면 식재료의 손상이 발생되므로 과도한 양을 보관하지 않도록 구매 또는 주문단계에서 신중하게 결정해야 한다. 과도한 양을 보관하는 것은 구입비용뿐 아니라 보관공간에의 과투자를 유발하므로 '필요한 양을 필요한 시점에 주문한다'는 기본원칙을 정해놓을 필요가 있다.

다음은 식재료의 보관과 관련하여 주의해야 할 내용으로 식재료의 도난과 부패방지에 대하여 설명하고 있다.

① 내·외부로부터의 도난을 방지해야 한다.

이익과 직결되는 식재료의 도난은 언제든지 일어날 수 있다는 것을 염두에 두고 관리체계를 갖춰야 한다. 모든 보관장소에는 보안시스템이나 잠금장치를 해두어서 아무나 쉽게 접근할 수 없도록 하고 필요한 경우에 승인된 직원만 출입할 수 있도록 해야 한다. 또한 입고, 보관, 출고업무는 가능하면 각기 다른 직원들이 담당하는 것이 바람직한데, 레스토랑 규모나 여건으로 인해 여의치 않을 경우에는 경영자나 점장 등이 주기적으로 업무상태를 점검해야 한다. 도난이 발생하면 금전적인 손실과 함께 이로 인해 직원들 간에 불신이 생겨서 팀웍에 큰 손상을 입게 되므로 보관을 위한 관리체제를 잘 갖추어 제대로 운영함으로써 내·외부로부터의 도난 가능성을 사전에 완벽하게 차단하는 것이 중요하다.

② 변질과 부패를 방지하기 위한 적합한 시설을 갖춰야 한다.

용도에 맞는 냉장·냉동고를 청결하게 유지하고 적합한 저장온도, 습도, 환기 등을 유지하는지 수시로 점검해야 한다. 품목별 적정 냉장온도는, 농산물은 7℃이하, 육류와 유제품은 4℃이하, 해산물은 −10℃이하이며 냉동제품은 −18℃이하이다. 그리고 부패하기 쉬운 해산물류는 별도의 공간을 만들어 주는 것이 바람직하다.

4) 출 고

출고(issuing)란 조리를 위해 식재료를 저장장소로부터 조리장소로 옮기는 것을 말한다. 관리목적을 위해서는 조리담당직원이 출고증을 작성해서 보관관리직원에게 제출한 후 식재료를 수령해야 하지만 이렇게 운영할 수 있는 규모의 레스토랑들은 그리 많지 않다. 그러므로 조리담당 리더가 출고에 대한 책임을 갖고 내부관리를 해야하며 관련된 주요 사항은 다음과 같다.

① 선입선출(FIFO)을 위해 먼저 입고된 식재료인지를 확인하면서 이동한다. 현실적으로는 입고와 보관 시 선입선출을 할 수 있도록 미리 정리가 되어 있어야 한다.
② 출고 후에는 정기적으로 재고조사(inventory)를 실시한다. 재고조사는 필요한 식재료를 주문하고 원가계산을 위한 두 가지의 목적을 가지고 있다. 원가계산을 위한 재고조사는 매월 말일 영업마감 후에 실시하는 것이 일반적이다.

재고조사를 통해 각 품목별 원가를 계산하는 방법은 다음과 같다.

> 이달의 식재료원가 =
> (전월 말 재고량 + 이달 입고량 − 이달 말 재고량) × 단가

5) 준비(preparation)

기본 식재료를 음식을 만들 수 있는 중간재료로 만드는 과정이다. QSR에서는 준비과정작업이 그리 많지 않으나 캐주얼다이닝 레스토랑과 파인다이닝 레스토랑에서는 바쁜

식사시간 시작 전에 미리 완료해야 할 것이 많으므로 업무량과 효율성을 감안하여 직원 근무스케줄을 작성하는 것이 중요하다.

작업과정에서 버려지는 부분이 필연적으로 발생하는데 이 버려지는 양 줄이기는 수율(yield)을 활용해서 관리할 수 있다. 수율은 가공 전과 가공 후의 식자재의 양을 비교하는 지표이다. 이 수치가 낮으면 준비과정에서 많은 낭비가 발생했다고 추정할 수 있다.

수율(yield) = 가공 후의 무게/가공 전 무게 × 100

피자 오븐기계

6) 조 리

고객이 주문을 하면 음식을 만들기 위한 조리(cooking)가 시작된다. 이때 활용하는 대표적인 조리기구들은 오븐(oven), 후라이어(fryer), 스티머(steamer) 등이 있다. 각 기구들은 여러 타입이 있는데 음식종류와 서비스 형태에 적합한 기구들을 선택하는 것이 음식품질과 직원 생산성에 영향을 미친다. 주방은 조리를 하면서 발생하는 열과 연기 등으로 근무환경이 나빠지기 쉽다. 이것은 직원의 심신컨디션과 사기, 그리고 생산성에 영향을 미치게 되므로 가능한 한 쾌적한 환경을 조성하기 위해 적절한 시설투자를 해야 한다. 그리고 주방의 배치(layout)는 레스토랑을 개점할 때 한번 만들어 놓으면 변경하기가 쉽지 않으므로 직원 작업동선을 감안하여 신중하게 결정해야 한다.

사용중인 식기세척기

7) 식기세척

식기세척(dishwashing)은 일반적으로 기술이 필요한 업무가 아니므로 파트타이머들을 많이 활용하는데, 매우 힘들고 격리된 공간에서 혼자 작업하는 경우가 많아서 이직률이 높은 편이다.

중요한 업무가 아니라고 판단해서 경영자나 점장이 관심을 적게갖는 경향이 많은데 가격이 대체로 높은 세제 또는 청소용품, 그리고 물과 가스 등이 많이 사용되는 곳이므로 올바른 사용량과 사용법에 관한 교육과 관리가 필요하다. 성능과 효율이 높고 가격도 합리적인 식기세척기들이 많이 보급되고 있기 때문에 이를 활용하는 레스토랑들이 점점 증가하고 있다.

04 레스토랑 위생관리

1. 위생의 중요성

외식업은 다른 환대산업과 마찬가지로 고객에게 음식뿐 아니라 경험을 제공하는 산업이다. 레스토랑에서 맛있는 음식과 함께 좋은 분위기, 친절한 서비스를 제공하려고 노력하는 것은 고객의 식사경험이 레스토랑에 대한 평가의 큰 부분을 차지하기 때문이다.

식사 후에 벌어지는 여러 상황까지도 식사경험에 영향을 주게 된다. 예를 들어 먹고남은 음식을 집에 가져왔을 때 정갈하고 깨끗한 포장용기에 잘 담겨있는 것을 보면 그 레스토랑에 대해 긍정적인 이미지를 갖게 된다.

그와 반대인 경우는 음식으로 인해 고객에게 식중독(food borne illness)이라는 질병이 생기는 경우다. 레스토랑의 잘못이 확인되면 환자의 치료와 보상 등에 많은 정신적, 금전적 비용이 지출된다. 여기에서 끝나는 것이 아니고 이로 인해 레스토랑의 평판이 나빠지고 계속 운영할 수 없는 극단적인 상황까지도 갈 수 있다는 것이다. 그러므로 항상 위생적으로도 완벽한 음식을 만들기 위해 모든 과정에서 주의를 철저히 기울여야 한다.

2. 식중독과 원인

식중독은 음식으로 인해 사람에게 발생되어 나타나는 질병이다. 식중독이 발생되는 원인은 여러 가지가 있을 수 있겠지만, 본 장에서는 식중독발생의 대표적인 원인인 박테리아, 바이러스, 화학물질에 대해서 알아보고자 한다.

① 박테리아

식중독을 유발하는 원인 중에서 가장 큰 비중을 차지하는 것이 세균, 즉 박테리아다.

2011년 국내에서 발생한 식중독 249건 중에서 박테리아에 의한 것이 103건으로 전체 발생건수의 약 40%정도를 차지하고 있으며 여름에 가장 많이 발생하고 있다. 박테리아 종류는 매우 다양한데, 우리에게 가장 널리 알려져 있는 병원균인 살모넬라(salmonella)를 비롯해 비브리오(vibrio), 병원성대장균(O157 : E.coli), 황색포도당구균 등이 대표적인 것들이다.

박테리아가 증식하기 위해서는 시간과 온도, 음식물, 습도, PH조건이 필요하므로 식재료와 완성된 음식을 대상으로 이런 환경을 만들지 않는 것이 중요하다. 즉, 식재류와 음식물을 '위험한 온도범위(temperature danger zone)'인 15.6℃~43.3℃에서 보관하지 않도록 해야 한다. 그리고 음식물을 조리할 때에는 식재료 내부를 최소 60℃ 온도로 가열해서 익히도록 한다. 또한 조리한 음식은 가급적 빠른 시간안에 고객에게 제공하도록 한다.

② 바이러스

가장 작은 미생물유형인 바이러스는 세균과 같이 가열이나 냉각에 의해 영향을 받지 않으면서 증식하거나 이동한다. A형 간염균이나 노로바이러스 등이 음식과 관련한 대표적인 바이러스다. 일반적으로 오염된 식수, 조리되지 않은 채소나 어패류 등에서 자주 발견되는데 정수를 하기나 끓이거나 익히면 위험을 제거할 수 있다.

③ 화학물질

방부제, 살충제, 농약 등으로 오염된 식재료를 사용함으로써 신체건강에 이상을 초래한다. 식재료를 재배하거나 유통하는 과정에서의 공급체인망 내의 모든 상황에서 발생할 수 있는데, 레스토랑에서는 물에서 잘 씻는 것과 같은 물리적인 방법으로 제거해야 한다.

3. 위생관리

레스토랑에서 식중독을 예방하기 위해 실시하는 위생관리는 식재료관리, 개인위생관리, 교차오염관리의 측면에서 이루어져야 한다. 식재료관리는 식재료 및 주방기기와 관련된 부분에서 이루어져야 하며, 개인위생관리는 식재료를 다루고 조리하는 직원들을 대상으로 실시하여야 하고, 마지막으로 교차오염관리는 이미 어느 한 곳에서 발생한 바이러스가 다른 곳으로 전이되어 확산되지 않도록 관리하는 것이다.

(1) 식재료관리

주방에서 취급하는 일체의 식재료는 위생적으로 관리되어야 하며 식재료가 보관될 시에는 적정한 온도에서 보관하도록 하여 식중독의 원인으로부터 철저히 관리될 수 있도록 해야 한다. 식재료뿐만 아니라 칼이나 도마를 비롯한 작은 기구에서 큰 주방기기에 이르기까지 이러한 위생관리는 철저하게 이루어져야 한다. 식재료관리에 관한 주의사항은 다음과 같다.

① 식재료 종류에 따라 적합한 온도에서 보관한다.
② 음식 조리시에는 충분히 익히도록 한다.
③ 냉장고내 증식가능 균들이 있으므로 냉장고에서도 장기간 보관하지 않는다.
④ 주방 등 조리환경의 청결을 유지하고 위생적으로 취급한다.
⑤ 조리기구는 철저히 소독하고 살균하도록 한다.

(2) 개인위생

우선 외식업에서 근무하기 위한 모든 개인은 전염성 질병에 감염되지 않았는지를 검사하여 「정상」의 결과를 받아야 한다. '식품위생법', '감염병의 예방 및 관리에 관한 법' 제19조에 따라 식당, 급식소, 유흥업소, 주류판매업소 등에서 종사하는 직원은 보건소에서 발급받은 건강진단결과서(일명 보건증)를 업주에게 제출하고 업주는 업소에 보관하도록 되어 있다. 결핵, 세균성이질, 전염성피부질환, 장티푸스 등의 검사항목을 검사하여 발급하는 증명서로 유효기간은 1년이다. 즉, 1년마다 새로이 검사하여 재발급받아야 한다.

그러나 이러한 규제는 최소한의 장치이지 완벽한 것이 될 수는 없다. 각종 바이러스 및 전염성 질병을 예방하는 가장 확실한 방법은 다음과 같은 비위생적인 행동을 금지하는 등 개인위생을 철저히 실천하는 것이다.

① 손과 두발을 항상 청결히 하고 손톱은 짧게 깎는다.
② 손에 상처가 난 경우 상처부위를 반창고로 완전히 감싸고 고무장갑을 착용한다.
③ 음식물을 향해 기침이나 재채기를 하지 않는다.
④ 깨끗한 위생복과 위생모 또는 머리덮개를 착용한다.
⑤ 손과 팔에 장신구를 착용하지 않는다.
⑥ 최상의 건강상태를 유지하며 발열, 구토, 설사 등 증상이 있을 시는 조리에 참여하지 않는다.

사례 식기취급 요령

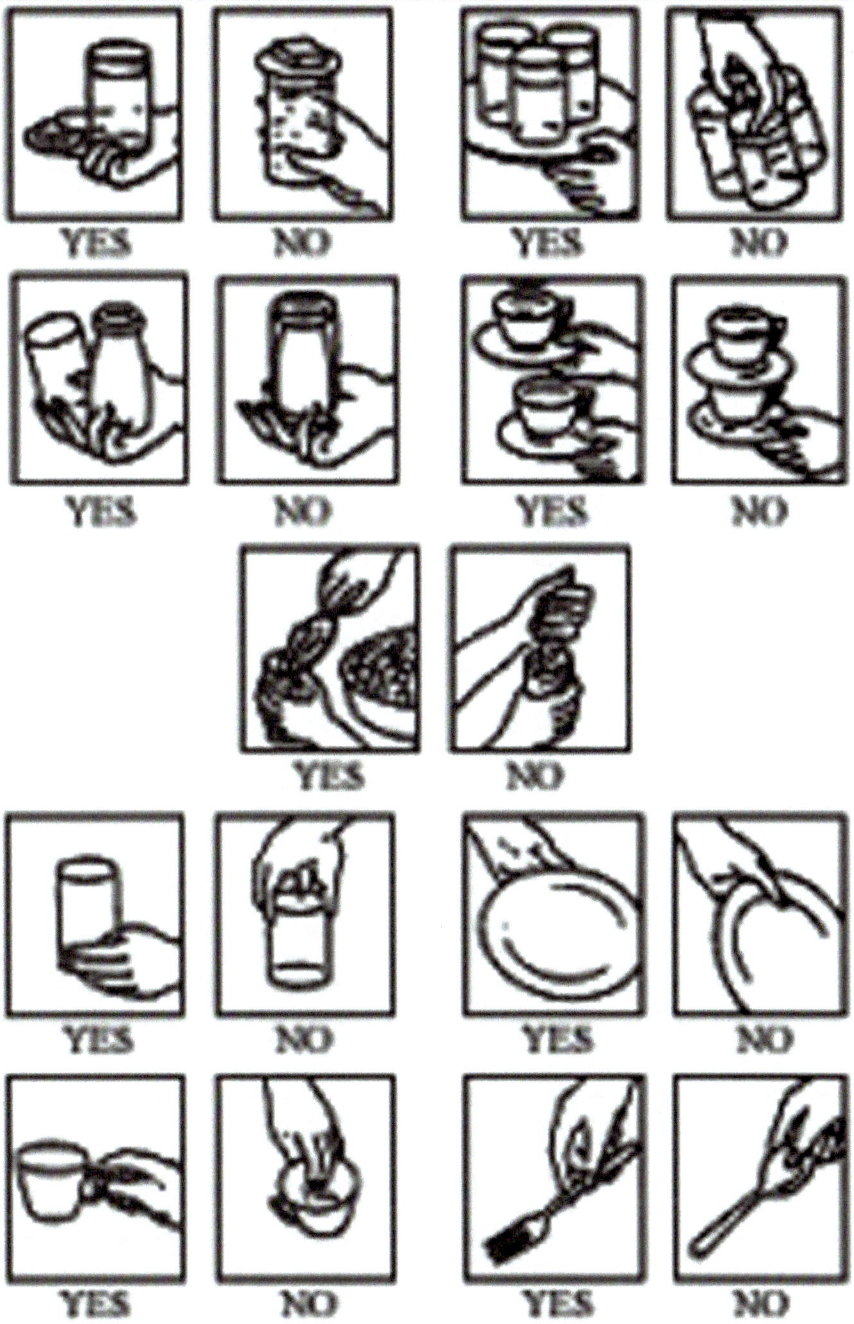

이 중에서도 가장 효과가 높고 중요한 것은 손 씻기를 습관화하는 것이다. 손은 인체에서 미생물이 가장 많이 살고있는 곳이고 질병의 온상이라고 말한다. 항상 뭔가를 만지거나 집거나 만들고 있기 때문에 유해세균에 가장 많이 노출되기 때문이다.

레스토랑에서 행주로 식탁을 닦거나 청소도구를 사용한 후에 씻지않고 그 손으로 음식을 서빙하는 광경을 아직도 자주 볼 수 있다. 심지어는 손님의 신발을 정리한 손으로 음식접시를 옮기거나 음식을 만지기도 한다. 아직도 개인위생 중 손 씻기는 개선의 여지가 매우 많은 부분이다. 음식 이외의 것을 만졌을 경우에는 무조건 손을 씻는것을 생활화하고 항상 실천할 수 있도록 한다. 다음과 같은 일을 한 후에는 반드시 손을 깨끗하게 씻어야 한다.

① 흡연 또는 화장실을 이용한 경우
② 청소도구나 쓰레기 등 오물을 만지고 난 후
③ 귀, 입, 코 등 신체부위를 만지거나 긁은 후
④ 현금 등을 만진 후
⑤ 운반, 정리 등의 업무를 한 후

음식서빙과 기물을 사용할때에도 음식 또는 고객의 입이 접촉할 부분은 절대로 손을 대지 않도록 주의한다.

(3) 교차오염 예방

교차오염(cross contamination)이란 식재료나 직원, 조리기구 및 도구, 작업대 등에 존재하는 유해한 세균이나 바이러스가 중간 매개체를 통해 오염되지 않았던 식재료나 음식, 직원, 조리기구 및 도구, 작업대로 전이되는 것을 말한다. 우리주변 모든 장소와 마찬가지로 레스토랑 어느 곳에나 세균이 존재할 수 있고 실제로 존재한다. 그리고 레스토랑은 항상 직원과 고객 등 많은 사람들이 모이고 접촉이 이루어지는 곳이다. 이런 특성상 어느 음식물이나 사람이 식중독요인을 갖고 있다면 다른 음식이나 여러 사람에게로 전파가 매우 쉽게 이루어질 위험이 있다.

식중독을 유발하는 가장 중요한 요인인 교차오염의 매개체로는 사람, 물건 그리고 환경·시설·장비 등의 세 가지가 있다. 다음과 같은 내용을 철저히 지켜서 교차오염이 발생하지 않도록 주의해야 한다.

교차오염 방지를 위해 행주를 구분 하여 사용함

① 손 씻기 등 개인위생을 철저히 지킨다.

② 조리되지 않은 식품, 특히 생고기를 만진 후에는 철저히 손을 씻는다.

③ 보관 중인 식재료와 완제품 간 오염이 일어나지 않도록 상태에 따라 구분해서 보관한다.

④ 식재료를 해동할 경우 실온은 피하고 용기에 담아 냉장고 안에서 서서히 녹인다.

⑤ 도마와 칼은 식재료 종류마다 다른 것들을 준비하여 사용한다.

⑥ 작업대는 작업이 끝날 때마다 세척 및 살균소독을 한다.

⑦ 각 작업이 끝날때마다 도마와 칼을 세척, 살균하여 보관한다.

⑧ 행주는 작업내용과 작업장에 따라 구분하여 사용한다.

⑨ 뷔페레스토랑에서는 수많은 손들이 접촉하는 집게, 국자, 숟가락 등은 30분마다 교체한다.

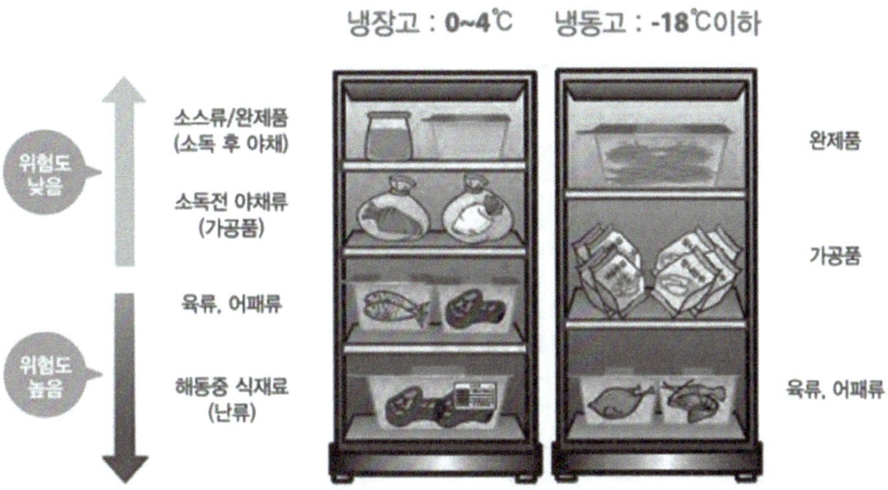

교차오염 방지하기위한 냉장고 보관방법의 예

논의과제

01 본사 조직의 기능별 담당업무를 설명하시오.

02 레스토랑의 조직과 직책별 담당업무를 설명하시오.

03 레스토랑 오프닝과 클로징 업무를 설명하시오.

04 권유판매의 종류와 주의할 점을 설명하시오.

05 레스토랑 BOH업무를 음식제조과정 순서에 따라 설명하시오.

06 교차오염의 원인과 예방법에 대해 설명하시오.

제10장 외식산업 경쟁력 확보

• 학습목표

이 장을 학습한 후, 다음 내용들을 이해할 수 있어야 한다.

1. 외식산업의 경영환경의 내용과 그로 인한 영향을 설명할 수 있다.
2. 외식산업의 상품정책 내용에 대해 설명할 수 있다.
3. 외식산업 가격정책 내용에 대해 설명할 수 있다.
4. 외식산업 유통정책 내용에 대해 설명할 수 있다.
5. 외식산업 촉진정책 내용에 대해 설명할 수 있다.

GO

본 장에서는 외식산업에 영향을 미치는 거시적 환경과 미시적 환경에 대한 내용을 살펴보고, 이러한 경영환경에서 나름의 경쟁력을 확보하기 위해 외식업체들이 다양한 분야에서 어떻게 노력하고 있는지 구체적으로 살펴본다.

01 외식산업의 경영환경

1. 경영환경이해

외식산업에서의 소비와 공급구조를 살펴보면, 외식산업은 거의 전 국민이 소비자라 할 정도로 많은 소비자가 존재하고 이렇게 많은 소비자들은 개인별로 각기 다른 기호와 다른 욕구를 가지고 있는 산업이다. 공급의 측면에서도 진입장벽이 다른 산업에 비해 매우 낮기 때문에 누구나 쉽게 외식사업을 시작할 수 있어 역시 다수의 공급자가 존재한다고 볼 수 있다. 이렇듯 많은 소비자와 공급자가 존재하는 외식산업에서는 어느 한 외식업체가 가격을 올리거나 내리는 등 어떤측면에서도 독단적으로 마음대로 시장을 통제하는 것이 거의 불가능하다. 이는 산업속성상 경쟁이 매우 심할 수밖에 없는 특성을 가졌음을 의미한다.

이런 외식업의 경쟁은 오래 전부터 있어왔던 현상이다. 그러나 경제가 한창 성장하고 가계소득이 증가하던 시기에는 경쟁상황 속에서도 외식업체들이 성장하는 기회를 많이 가질 수 있었다. 특히 국내·외 공통적으로 여성들의 사회참여가 증가함에 따라 가계의 가처분 소득이 늘어나고, 여성이 가정에서 가사에 할애할 수 있는 시간이 줄어들면서 외식업은 더욱 성장해왔다.

우리나라에서는 1980년대부터 2000년대까지 외식업이 규모와 수준면에서 많이 발전한 시기라 할 수 있다. 각 품목별 유명한 독립업체들이 크게 성장하여 일부는 전국규모의 체인업체로까지 발전하였다. 또한 해외 유명브랜드들도 치열한 경쟁을 통해 국내에서 확고하게 브랜드를 정착시킬 수 있었다.

그러나 최근은 과거 어느때보다도 외식업에서의 경쟁이 심한 시기라 볼 수 있다. 경제성장률이 수년간 정체 내지 감소하면서 소비자들이 지갑을 닫기 시작하여 내수침체가 심각한 단계에 이른지 오래다. 비관적인 것은 한국경제가 일본식 '잃어버린 10년'같은 장기불황에 빠질것이란 섬뜩한 경고까지 여기저기서 나오고 있다. 이렇게 수요가 밝지 않은 속에서도 공급측면에서 외식업체 수는 포화상태라 할 수 있을 정도로 엄청나게 많은 것이 현실이다.

이런 어려운 환경에서 외식업체들은 매출을 늘리고 성장하기 위한 모든 노력을 아끼지 않고 있다. 본 장에서는 외식산업을 구성하고 있는 환경을 살펴보고, 이런 환경 속에서 업체들이 경쟁력을 확보하기 위해 어떤측면에서 노력하고 있는지 알아보고자 한다.

2. 경영환경분류

(1) 거시적 환경

특정한 업종이나 분야가 아닌 거의 모든 산업에 영향을 미치는 외부요인들로서 어느 한 기업이 통제할 수 없는 주어진 경영환경을 말한다. 인구통계적 환경, 경제적 환경, 사회·문화적 환경, 정치·법률적 환경, 기술적 환경 등으로 구분할 수 있다.

1) 인구통계적 환경

인구의 분포, 연령구조, 성별분포, 직업, 소득 등 인구와 관련된 모든 사항들은 외식산업의 소비에 큰 영향을 준다. 인구증가율은 계속 하락하는 추세로서 2030년경에 총인구는 정점을 기록한 뒤 점차 감소할 것이라는 예상이다. 즉, 15년 후에는 절대 구매자 수가 줄어든다는 것이다.

인구 구성비 측면에서도 외식산업에 미치는 영향은 부정적이다. 즉, 노년인구의 증가로 생산가능인구가 노인부양에 부담해야 하는 사회적 비용은 계속 증가추세에 있다. 2014년에 약 17%정도인 부담비율이 2030년경에는 40%에 가까운 수준으로 급격히 증가하리라 예상된다. 이 비율이 높을수록 생산가능연령의 가처분소득이 줄어들 가능성이 매우 높은 것이다. 외식을 포함한 모든 소비에 사용할 금전적 여력이 많이 줄어들게 된다는 것이다.

그러나 외식업 전체의 측면에서 보면 긍정적인 변화도 있다. 즉, 1인가구와 일하는 여성의 증가는 외식산업의 새로운 상품개발과 판매방식의 변화에 자극을 주는 사회적 변화인 것이다. 2000년에 전체 가구수의 15%정도였던 1인가구 비중은 2010년에는 20%대로 증가하였고, 2015년에는 500만 가구를 넘어서서 전체 가구수의 26%이상이 될 것이라는 추산이다. 이러한 1인 가구의 증가는 맞벌이 부부의 증가, 여성의 사회적 활동증가와 함께 생활패턴에 영향을 주게되어 가정에서 음식을 만들지 않고 외식 또는 가정식대용품(Home Meal Replacement : HMR)을 통해 식사를 해결하려는 경향을 더욱 증가시킬 것으로 보고 있다.

2) 정치 · 법률적 환경

정부의 법률이나 각종 제도, 그리고 시민단체들과 관련된 환경의 변화는 외식업체들의 장·단기전략을 바꿔야 할 정도로 큰 영향을 미치게 된다.

파트타이머를 많이 활용하는 외식업체들에게 가장 심각한 영향을 주는 것이 최저임금에 관한 것이다. 이 문제는 미국 외식업체들도 유사하게 겪고있는 문제로서 최저임금 인상을 요구하는 시위가 빈번히 일어나기도 하며 이에 따라 미국의 각 주별로 최저임금을 대폭 올리기도 하고 있다. 이러한 현상은 기본생활에 필요한 임금수준을 지급하기 위한 흐름으로 보인다.

국내에서도 역시 최저임금에 대한 결정은 매년 큰 진통이 따른다. [그림 10-1]에서

그림 10-1 연도별 최저임금·인상률(2016년 최저임금 6,030원)

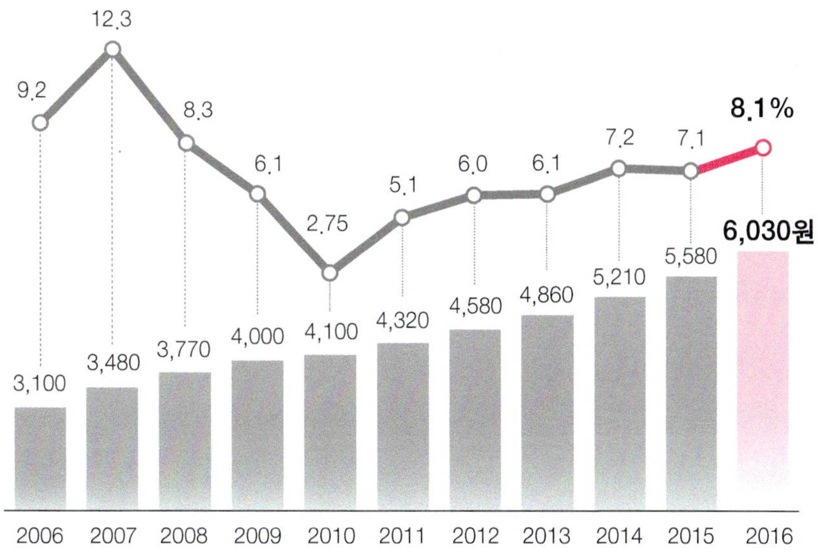

● 자료 : 최저임금위원회

사례 美 뉴욕·시애틀 최저임금 '15弗'로 인상, 스타벅스 등 외식업체 '비용부담' 고민

미국 주요 도시가 최저 임금 인상에 나서면서 대형 외식업체들의 고민이 커지고 있다. 고용인원이 많아 그만큼 비용부담이 커질 수밖에 없는 구조여서다.

25일(현지시간) CNN머니, CNBC 등에 따르면 뉴욕시 임금위원회는 최근 패스트푸드 매장에서 근무하는 시간제 근로자 임금을 오는 2018년말까지 15달러로 인상하라고 권고했다.

뉴욕주에서 성인 한명이 생활하기 위한 최저 시급은 12.75달러다. 또한 부부가 같이 일하면서 두 명의 자녀가 있다면 18.30달러다. '매사추세츠공대(MIT) 생활임금계산기' 사이트(livingwage.mit.edu) 계산이다.

커피체인 스타벅스가 최초 영업을 시작한 시애틀 역시 시간당 임금을 15달러로 인상한다는 법안이 최근 통과됐다. 로스앤젤레스나 샌프란시스코도 이에 동참할 예정이다.

현재 뉴욕주 최소 시급은 8.75달러, 캘리포니아주와 매사추세츠주는 9달러, 뉴저지주는 8.38달러 수준이다.

뉴욕주 패스트푸드 근로자 수는 18만명으로 미 전국에서 4번째로 많은 수가 일한다. 캘리포나이주 근로자 수 역시 뉴욕과 비슷하다.

나이즐 트래비스 던킨도너츠 최고경영자(CEO)는 CNN과 인터뷰에서 시간당 최저임금인 15달러는 "충격적"이라며 "시간당 12달러선이 수용 가능하다"고 밝혔다. 하워드 슐츠 스타벅스 CEO 역시 15달러는 과하다는 입장이다.

CNN은 그러나 두 회사의 경우, 시급이 인상돼 큰 문제는 아닐 것으로 예측하고 있다.

실제로 스타벅스는 최저임금인상이 실행되면 각 매장 운영비용이 전년대비 18% 증가할 것이라고 내다봤다. 하지만 영업실적이 급증하고 주가 역시 높아 별다른 부작용이 없는 상황이다.

회사측은 직원들에 대한 임금지급 등에서 과감한 투자로 생산성을 높였기 때문으로 설명했다. 던킨 역시 영업비용이 13%가 늘었지만 주당수익은 2% 증가한 것으로 나타났다.

하지만 소규모 자영업자는 충격을 받을 것으로 전망된다. 직영점은 문제가 없겠지만 프랜차이즈 운영자 대부분이 소규모 자영업자여서다. 스티브 이스터브룩 맥도널드 CEO는 시급인상이 맥도날드 프랜차이즈 매장 소유자들이 임금인상에 대한 우려를 나타내고 있다고 밝힌 바 있다.

각 업체들은 그러나 판매 식음료의 가격 인상 등으로 이를 타개할 것으로 분석했다. 이미 스타벅스는 영업비용 증가에도 일부 음료의 가격 인상을 공지했다.

던킨 역시 추후 프랜차이즈 매장에서 가격 인상과 함께 신용카드 매출에 대한 수수료를 인상하는 등 본사 차원에서 프랜차이즈 레스토랑을 지원할 예정이라고 밝혔다.

멕시코식 패스트푸드 체인 치폴레의 경우, 최근 직원임금이 18.5% 올랐지만 지난 2·4분기 수익은 27% 급증했다. 이는 종업원 임금이 올라도 바로 영업이윤 감소로 이어지지 않는 좋은 사례라고 CNN은 분석했다.

● 파이낸셜뉴스, 2015.07.26

보듯이 최근 수 년 동안 최저임금은 물가상승률 이상으로 인상되어왔고 2015년의 최저임금은 2014년보다 8.1% 인상된 수준으로 결정되었다. 몇 년 전까지만해도 정규직원에만 적용되었던 고용관계법의 일부내용들을 이제는 파트타이머들에게도 반드시 적용되고 준수되어야 한다. 아직도 지키지 않고 있는 외식업체들이 있으나 결국에는 준수되어야 하는 항목이다. 이와 관련된 내용들을 보면 다음과 같다.

① 4대 보험(국민연금, 건강보험, 산재보험, 고용보험) 가입
② 야간근로, 심야근로, 휴일근로에 대한 가산수당지급
③ 주 40시간 이상 근무시 주휴수당지급
④ 1년 이상 근무 시 퇴직금지급

동반성장위원회에 의한 중소기업 적합업종지정은 중소기업의 상권보호를 위해 대기업의 신규 출점을 제한하는 것이 핵심이기 때문에 대기업과 중소기업과의 이해관계가 대립되는 사항이다. 이 규제가 시행됨으로 인해 대기업들은 국내에서 사업확장이 어려워져 해외로 진출하고자 더욱 노력하고 있다.

3) 경제적 환경

경제적 환경은 모든 산업에 직접적이면서 가장 넓게 영향을 미치는 변수이다. 자국은 물론 지구 반대편에 있는 다른 나라에서 경제적 환경이 변화된 것에 의해서도 즉각적으로 우리들의 소비행태에 영향을 미친다.

경기, 경제성장률, 실업률 등의 2008년 미국 발 금융위기는 미국 등 곳곳에서 경기침체로 소비가 위축되었고, 우리나라는 수출이 어려워서 경상수지가 적자였으며 이는 다시 국내소비심리를 위축시키고 실업률이 급등하는 악재로 이어졌다. 그리고 우리나라 사람들도 집값하락, 주가하락 등으로 큰 재정적 손실을 입었다. 당시 외식업체 중에서도 특히 고급레스토랑들이 많은 어려움을 겪었고 문을 닫은 곳들도 적지 않았다. 하지만 상대적으로 저렴한 가격대의 레스토랑들은 매출에 변화가 없거나 오히려 증가하기도 하였다.

앞으로도 과거와 같은 경제성장은 기대하기 힘들고 오히려 저성장이 우려되는 상황이지만 적정한 이익을 확보하면서 가격에 민감한 고객을 잡기위해 외식업체들은 지속적으로 노력할 것이다.

4) 사회·문화적 환경

사회·문화적 환경은 외식업체와 연관된 사회적, 문화적 분야에 대한 변화와 소비자들의 라이프스타일에 관련된 변화나 트렌드 등과 관련된 부분이다. 건강에 대한 소비자들의 관심은 오래 전부터 웰빙(well-being) 푸드에 대한 관심으로 이어졌다. 농약을 쓰지 않는 유기농(organic) 식재료를 이용한 음식과 레스토랑들이 활발히 소개되었고, 패스트푸드에 대응하는 의미의 슬로우푸드(slow food) 컨셉이 적용되고 있다. 또한 지역농산물인 로컬푸드(local food)로 신선한 식단을 꾸린 식당들이 나타나고 있다.

사회적인 이벤트나 커다란 사건에 의해서도 외식업은 크게 영향을 받게 된다. 예를 들어 2014년의 세월호 사건, 2015년의 메르스사태는 사람들의 야외활동과 소비심리를 극도로 위축시켜서 모든 산업에 부정적인 영향을 끼쳤다. 외식업도 예외는 아니어서 영세업체는 물론 대기업까지도 오랫동안 큰 폭으로 매출과 이익이 줄어드는 어려움을 겪었다. 이러한 사건은 외식업에 부정적인 영향을 미친 경우이고, 세계적인 스포츠 이벤트와 같은 범국가적인 행사를 치룰때는 외식업체들이 크게 긍정적인 영향을 받기도 한다.

문화적인 측면의 한 단면에서 본다면, 외식업과 관련해서 지금까지는 「맛집」이라 불리는 음식점들을 소개하는 TV프로그램이 거의 대부분을 차지해왔다. 이 때문에 방송에 소개되기만 하면 일단 많은 고객이 몰리는 현상이 있었다. 이러한 경향은 다소 변화되어 음식을 직접 요리해서 집에서 먹는 「집밥」이라 불리는 음식관련 프로그램들이 사람들의 높은 호응을 얻고 있다. 쉐프나 유명 연예인들이 시범을 보여주는 레시피대로 직접 음식을 요리하고자 시도하는 소비자들에 의해 이와 관련된 음식이나 또는 식재료의 매출이 큰 폭으로 증가하기도 한다.

5) 기술적 환경

지속적으로 발전하는 정보기술 및 통신기술과 PC나 모바일 등 관련 기기의 활용은 외식산업의 전 분야에 걸쳐 영향을 미치고 있다. 레스토랑의 인적자원과 물적자원을 관리하는 여러 업무분야를 비롯해서, 음식주문, 대금결제, 고객정보관리 등 고객과 관련된 많은 분야에서도 새로운 기술이 적용되고 있다. 외식업에서는 초기부터 콜센터에 단일 전화번호를 부여하여 체계적인 주문시스템을 구축하여 활용해 왔다. 특히 우리나라 외식업의 경우는 인터넷을 이용한 주문도 쉽게 정착시켜 왔고, 모바일을 활용한 주문에서도 세계적으로 선두주자 격이다. 이런 기술과 경험은 중국배달 시장까지도 활발히 공략하는 자원이 되고 있다.

마케팅에서도 소셜네트워크 서비스(Social Network Services: SNS)를 활용한 광고와 홍보가 활발히 이루어지고 있다. 이러한 SNS를 통하여 한 레스토랑이나 쉐프에 대한 긍정적인 홍보가 이루어지면 즉각적으로 해당 레스토랑을 방문하는 고객은 엄청나게 증가하기도 한다. 하지만 조금이라도 잘못한 경우가 생기면 이로 인해 큰 타격을 입게되는 부정적인 측면도 간과해서는 안된다.

(2) 미시적 환경

미시적 환경은 기업이 속해있는 특정산업내에서 자사에 직접적으로 영향을 미치는 요인으로써 사업환경이라고도 하는데, 고객환경, 경쟁자 환경, 공급자 환경, 공중환경으로 구분한다. 외식업에서의 미시적 환경은 다음과 같이 볼 수 있다.

1) 고객환경

고객환경은 거시환경 중 사회·문화적 특성과 개인의 특성에 따라 끊임없이 변화된다. 고객의 욕구, 선호, 구매 및 소비행동 등에 의해 외식에 대한 개념, 필요성 그리고 외식을 하는 목적과 동기가 단순하거나 획일적이지 않다. 비만에 대한 우려와 다이어트에 대한 관심으로 인해 건강식에 대한 관심과 수요가 많이 증가했으나 맛에 대한 욕구를 충족시키지 못하면 실제 소비는 기대에 훨씬 못 미치지 못하고 있다. 육체적인 건강뿐 아니라 정신적인 건강, 즉, 힐링(healing)에 대한 관심 또한 높아지면서 음식의 종류에 상관없이 맛있는 음식을 즐겁게 먹고자 하는 의식들도 증가되어 고객환경은 지속적으로 변화되는 주요 고려요인이다.

2) 경쟁자 환경

2009년 기준 국내 외식업체는 약 580,000개로 인구 86명당 1개꼴로서 이것은 미국의 322명은 물론 일본의 170명에 비해서도 월등히 많은 숫자이다. 진입장벽이 낮은 외식업의 신규업체 수는 이후에도 지속적으로 증가하여, [그림 10-2]에서 보여지듯이 2013년 630,000개 이상이 되었으며 경쟁강도가 어느 정도인지는 짐작할 수 있을 것이다.

업체수 증가는 대표적인 노동집약산업인 외식산업의 인력수급에서도 어려움을 초래하여 구인난을 겪고 있는 많은 외식업체들은 외국인 인력에 크게 의존하게 되었다. 특히 배달인력은 구하기도 어렵고 이직률이 높아서 거의 모든 배달업체가 양질의 배달인력을 확보하기 위해 많은 노력을 기울이고 있다.

외식업에서는 모든 먹거리 업소가 경쟁자라는 말이 있다. 사람이 하루에 먹는 끼니와

그림 10-2 2007~2013 음식점 및 주점업 사업체 수 추이

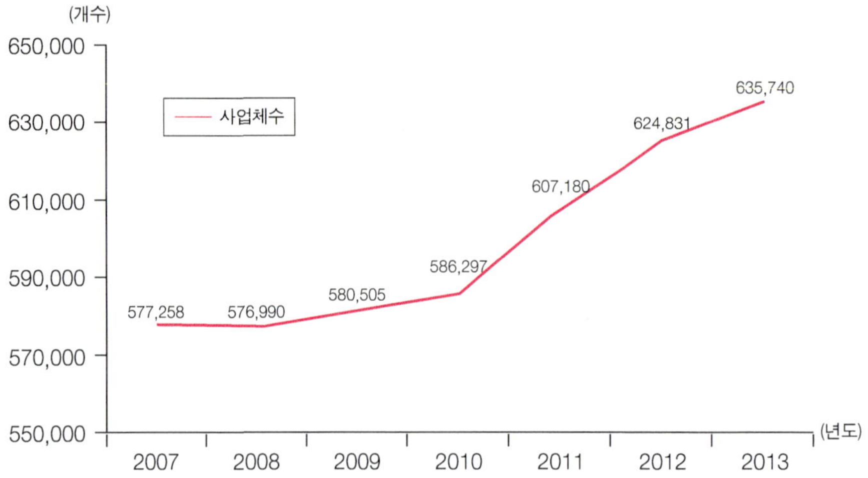

● 자료 : 통계청 전국 사업체 조사

양은 한정되어 있으니 동종 품목을 취급하는 곳만이 경쟁자가 아닌 것이다. 이런 관점에서 아래 두 곳은 일반 레스토랑에게는 큰 경쟁자가 될 수 있다.

① 편의점

편의점은 여러 소매유통채널 중 가장 성장률이 높은 분야이다. 백화점과 대형마트들이 몇 년째 매출감소로 고전하고 있는 상황에서도 지속적으로 성장하고 있다. 2015년 1분기의 전년 동기대비 성장률은 20% 정도로 알려져 있다. 1인가구 증가, 여성의 경제활동 증가, 그리고 경기침체로 한끼 식사를 간단하게 때우려는 사람들이 늘어난 것이 편의점 성장의 이유라고 분석되고 있다. 전자레인지를 갖추고 더운물을 제공하면서 라면 또는 김밥류 등으로 간단하게 식사하고자 하는 젊은층을 주 타깃으로 삼는 편의점은 스낵류를 판매하는 업체들과는 직접적인 경쟁상태에 있어 왔다.

점점 더 많은 종류의 미리 준비된 음식들을 취급하면서 많은 고객을 유인하여 이제는 QSR뿐아니라 일반 레스토랑까지도 위협하는 큰 경쟁자가 되었다. 특히 품질을 강화하여 고급화한 도시락들이 출시되면서 도시락 판매증가가 가장 두드러진 현상으로 나타나고 있는데, 일본의 도시락 문화확산을 뒤따르는 것인가 하는 견해도 있다.

편의점 업체들은 이동통신사들과 연계하여 IT기술을 활용한 다양한 판촉방법을 활용하고 있다. 모바일 앱을 활용해서 쿠폰을 보내주고 점포에 방문하거나 근처를 지날 때

사례 '편의점 도시락 전쟁' 점입가경…'나 홀로 호황'

간편식에 대한 수요가 늘면서 편의점 도시락을 둘러싼 업계 간 경쟁도 본격화하고 있다.

연예인 마케팅과 품질개선, 최근에는 11찬 도시락까지 편의점의 도시락 전쟁이 점입가경이다.

14일 편의점 업계에 따르면 세븐일레븐, CU, GS25 등 주요 편의점의 올해 상반기 도시락 매출 신장률은 모두 두자리수 이상을 기록했다.

세븐일레븐의 올해 상반기 도시락 판매 신장률은 87.6%로 조사됐다. 세븐일레븐 측은 1인가구, 일하는 여성의 증가 등 인구통계적 변화가 편의점 도시락 성장에 가장 큰 영향을 주고 있다고 분석했다.

또 상반기 저녁식사 시간 도시락 판매비중은 27.6%로 점심시간보다 2.0% 높게 조사됐다. 귀가 도중 도시락을 구매해 집에 가서 먹는 사람들이 많아졌다는 게 업계측 분석이다.

편의점 CU의 도시락 판매 신장률은 41.0%로 나타났다. 지난해 도시락 판매 증가율이 10.2%를 기록한 것과 비교할 때 30% 가량 증가했다. GS25의 도시락 매출 증가율은 38.9%로 조사됐다.

업계 관계자는 "이 같은 도시락 판매율 상승은 1인가구 증가와 도시락의 품질이 예전보다 좋아져 '편의점 도시락'에 대한 소비자 인식이 달라졌기 때문이다"고 밝혔다.

◆ 11찬 도시락, 집밥도시락, 김혜자 도시락 등 메뉴도 다양

편의점 세븐일레븐은 지난 13일 '혜리 11찬 도시락'을 선보였다. 지난 3월 처음 출시된 혜리도시락은 초기 2종에서 6종으로 늘어났고 현재는 11찬 도시락까지 출시됐다.

혜리 11찬 도시락은 맥적구이, 닭다리통살튀김, 버섯돈육볶음, 진미채, 오이지, 새우와 호박, 감자, 메추리알, 멸치볶음, 김치 등으로 구성돼 있다.

편의점 CU는 지난 4월 집밥 도시락을 선보여 큰 호응을 얻었다. 집밥 도시락은 '국민9찬밥상'과 '국민7찬밥상'으로 구성됐다.

특히 도시락에서 보기 힘들었던 구이, 전, 튀김, 볶음, 나물 등 기본찬으로 구성했다. 차가운 반찬과 따뜻한 반찬을 구분하는 한국인의 특성을 고려해 반찬을 나눠 데울 수 있도록 분리 용기를 사용했다.

지난 2010년 '김혜자 도시락'을 출시한 GS25는 최근 진수성찬 도시락, 고등어조림 도시락, 통장어 도시락 등을 잇따라 내놨다.

진수성찬 도시락은 떡갈비, 계란찜, 콩나물을 비롯해 3가지 나물반찬 등 총 8가지의 반찬으로 구성돼 있는 김혜자 도시락의 대표상품이다.

◆ **업계 관계자들 "편의점 도시락 시장은 높은 성장 유지할 것" 예측**

업계 관계자들은 도시락을 찾는 수요가 향후 더욱 늘어날 것이라는 전망을 내놓고 있는 상태다. 편의점 선진 시장인 일본처럼 우리나라 도시락 시장도 넓어질 것이라는 것

A 편의점 업체 관계자는 "1인가구 증가와 최근 도시락 품질개선으로 향후 도시락을 찾는 소비자들은 더욱 늘어날 것"이라고 전망했다.

B 편의점 업체 관계자는 "최근 편의점들은 어떤 도시락을 먹기위해 어떤 편의점을 방문해야 한다는 점을 고객에게 마케팅하고 있다"며 "상반기에는 메르스 발병 등으로 편의점 도시락 매출이 급증한 경향이 있다"고 설명했다.

C 편의점 관계자는 "현재 일본 도시락 시장을 만든 1인가구, 워킹맘 증가 등의 변화가 우리나라에서도 그대로 나타나고 있다"며 "인구통계와 소비 트렌드를 미뤄볼 때 도시락 시장은 앞으로도 높은 성장을 유지할 것으로 예측하고 있다"고 설명했다.

● 뉴시스, 2015.7.14

자동으로 쿠폰을 보내주기도 한다. 넓은 의미에서 외식업체에 포함된다 할 정도로 편의점의 성장에 전통적인 레스토랑들의 효과적인 대응방안 마련이 시급한 상황이다.

② 수퍼마켓

수퍼마켓이나 할인점들도 오래 전부터 레스토랑과 경쟁자의 위치에 있어 왔다. 그 안에 있는 식품점 코너에서는 집에서 손쉽게 음식으로 해 먹을 수 있는 식재료와 미리 조리된 음식(prepared food)을 판매해 왔다. 이것들은 매우 다양한 메뉴와 형태로 판매되고 다른 상품을 쇼핑하면서 동시에 구매할 수 있다는 편의성 때문에 레스토랑에서 배달이나 포장형식으로 판매되는 가정식 대용품(HMR)의 매출을 빼앗아 올 수 있다.

그러나 미리 조리된 음식은 제조 후 긴 시간동안 진열하여 판매하는 등 레스토랑 음식에 비해 품질측면에서 떨어지게 되어 매출증가는 어느 정도 한계에 있다고 볼 수 있다. 이런 문제점들을 극복하기 위해 유통업체와 식품회사들은 포장된 상태의 음식개발에 노력했고, 급기야 일부 유통업체는 자체브랜드(Private Brand : PB)상품으로 포장음식까지도 개발하고 있다.

이외에도 유통업체들은 푸드코트(food court)를 운영하면서 외부의 레스토랑들을 입점시키거나 별도의 독립된 공간에 다소 고급 레스토랑들까지도 유치하고 있다. 특히 품목별 맛집을 유치함으로써 백화점의 명성이 높아지고 내방객이 증가하는 효과를 경험하

사례 이마트 '피코크' 식품 인기

전자레인지에 6분만 돌리면 바로 먹을 수 있는 피코크 삼계탕, 냄비에 넣어 끓이기만 하면 되는 피코크 차돌박이 된장찌개….

이마트의 야심작 '피코크'표 식품이 큰 인기다.

전체 간편가정식(HMR) 매출 가운데 피코크가 차지하는 비중이 10%를 넘어섰다. 피코크는 이마트의 식품 자체 브랜드(PL 또는 PB)다.

26일 이마트에 따르면 냉동·냉장 간편가정식 매출에서 피코크 제품이 차지하는 비중은 2013년 4.7%, 2014년 9.4%에서 올해 11.5%로 늘었다. 간편가정식은 식재료를 가공·조리된 상태로 판매해 끓이거나 데우는 최소한의 조리로 편리하게 이용할 수 있는 제품으로 1인가구 및 맞벌이 부부 증가 추세와 맞물려 확대되고 있다.

피코크는 최근 남원시의 시래기와 미꾸라지로 만든 '남원 추어탕'과 수도권 맛집인 송추가마골의 특제 고추장 소스를 접목시킨 '송추가마골 돼지 고추장 불고기', 대구 유명 동태탕집 레시피를 담은 '대구 송림동태탕', 통오징어 2마리를 넣은 '속초식 오징어 순대' 등을 출시했다. 현재 이마트가 판매 중인 피코크 제품은 이 같은 가정간편식을 비롯해 음료, 과자, 커피 등 모두 700여종에 이른다.

지난해 연말 390여종에서 7개월 만에 79%나 늘어난 것이다. 이마트는 올해 하반기 가정간편식 100여종과 기타 가공식품 100여종을 추가로 출시할 예정이다.

● 세계일보, 2015.7.26

사례 백화점 식품관 전쟁, 막 올랐다

주요 백화점들이 먹을거리에 부쩍 신경을 쓰고 있다.

롯데·현대·신세계 등 국내 주요 백화점들은 해외 식료품점을 통째로 들여오는가 하면, 유명 맛집 유치에 공을 들이는 등 식품관 키우기에 적극적이다.

'백화점 식품관'으로 대변되던 비슷비슷한 매장을 벗어나 각 백화점만의 고유 브랜드를 만들기 위해 투자를 아끼지 않고 있다.

백화점들이 이처럼 식품관에 열을 올리는 이유는 식품이 최근 몇년 간 경기 불황속에서도 꾸준한 매출 성장을 기록하며, 고객들을 끌어들이는 데 큰 역할을 하고 있기 때문이다.

유통업계 관계자는 "더 이상 패션만으로 새로운 고객을 모으기 힘들다는 것이 중론"이라며 "식품관은 불황에도 매년 매출이 두자릿수 이상 늘아나기 때문에 식품관을 통해 집객 효과를 확대하려는 전략"이라고 말했다.

● 이데일리, 2014.10.22

여 단기행사 기간동안이라도 전국의 유명맛집을 입점시키고자 치열한 경쟁을 벌이기도 한다.

3) 공급자 환경

① 원재료 공급환경

외식산업이 공급자의 원자재에 의해 영향을 받는 중요한 두 가지는 원재료의 공급물량과 공급가격이다. 원재료의 경우는 국내에서뿐 아니라 외국 어디에서라도 어렵지 않게 수입할 수 있기 때문에 일방적인 독과점은 쉽게 일어나지 않지만 여러 요인들에 의해 단기적으로 공급자의 영향력이 강해질 수는 있다. 즉각적인 대체 공급선 확보가 어렵거나 비용이 많이 들 경우 공급가격은 올라갈 수 있고 이에 따라 외식업체들은 음식 판매가격을 올릴것인지, 아니면 장기적인 관점에서 그대로 유지할 것인지를 판단해야 한다.

② 원재료 위생환경

공급자의 원재료에 의한 또 다른 큰 문제는 원재료의 위생환경이다. 유통기간이 경과한 원재료를 사용하거나 식재료를 비위생적인 방법으로 생산 또는 유통함으로써 커다란 사회문제를 일으키는 경우가 자주 발생하고 있다. 이러한 문제가 발생될 때마다 관련 외식업체의 매출과 이미지는 즉각적으로 큰 타격을 입게되며, 소비자들의 기억에 남아있는 기간에는 매출이 회복되기 어렵다.

사례 위기의 맥도날드… '부패버거' 파동 거센 후폭풍

세계 최대 패스트푸드 체인 맥도날드가 '불량버거' 파동으로 거센 후폭풍을 맞고 있다. 최근 중국에서 유통기한이 지난 고기로 만든 햄버거를 판매한 것이 드러나 한바탕 홍역을 치른 맥도날드는 가파르게 떨어지는 매출 때문에 또다시 시름에 잠겼다.

월스트리트저널(WSJ)은 11일자 아시아판에서 "맥도날드가 미국 본토와 중국에서 고전하고 있다"면서 "맥도날드의 성장에 대한 의문이 커지고 있다"고 보도했다.

실제 맥도날드는 7월 글로벌 전체 매출액(동일매장 기준)이 전년동월 대비 2.5% 감소했다고 8일 밝혔다.

그 가운데 맥도날드 매장의 40% 가량을 차지하는 미국 시장에선 3.2%의 하향세를 기록했다. 이로써 맥도날드의 미국 판매액은 9개월 연속 플러스 성장하는 데 실패했다. 미국에서 이처럼 장기간 부진을 이어간 것은 2003년 이래 처음이다.

● 헤럴드경제, 2014.08.11

비위생적인 식재료의 공급문제는 외식기업과 외식브랜드의 존폐에도 영향을 끼칠 수 있는 사안이므로 기업전체의 위기관리차원에서 다뤄야 한다. 공급업체에 대한 품질관리 기준을 명확히 세우고 현장을 수시로 방문하여 처리과정과 원재료를 엄격히 검사하는 등 모든 노력을 집중해야 한다. 특히 해외로 진출하는 외식업체들은 한 지역 또는 국가에서 발생한 문제가 다른 나라에서의 사업에도 영향을 미칠 수 있다는 것을 인식하여 철저한 관리체계를 확립하고 실행해야 한다.

4) 공중 환경

공중(public)이란 기업의 활동에 영향을 미칠 수 있는 집단을 말한다. 기업 내의 직원이나 경영자, 노동조합 등과 같은 이해관계자들이 있으며, 외부로는 지역사회의 주민들과 시민운동단체, 사회단체 등이 있다. 이들은 기업과 브랜드 이미지와 관련되어 커다란 영향력을 행사할 수 있으므로 관련 이슈들의 해결과 완화에 적극적인 관심을 갖고 노력해야 한다. 외식산업과 관련된 공중환경의 이슈들은 다음과 같다.

① 직원 근로여건에 관한 문제

외식기업은 최저임금지급 또는 적정 휴식시간 보장 등 직원의 보상이나 기타 여건에 관한 사안들은 최소한 노동관계법에 규정된 내용을 준수하여야 한다.

② 소비자 건강에 관한 문제

비만, 성인병 등 건강과 관련된 문제는 꾸준히 제기되어 왔다. 외식기업에서도 채소를 보완한 신제품을 소개하거나 나트륨과 설탕의 양을 줄인 레시피를 개발하는 노력이 필요할 것이다.

③ 지역사회환경에 관한 문제

외식기업은 일회용 용기, 쓰레기 분리수거와 같이 환경오염을 줄이는 위한 노력은 비교적 꾸준히 잘 실천해왔다. 다른 사안들에 대해서도 이처럼 선제적으로 적극적인 대처를 하는 것이 필요하다.

02 경쟁력 확보방안

레스토랑의 경우 1년 생존율은 55.0%, 5년간 생존율 17.7%으로 타 산업업체들에 대비해 매우 낮은 수준으로 알려져 있다. 사업을 유지하는 것 조차도 쉽지 않은 어려운 상황 속에서 외식업체들은 생존하기 위해 꾸준히 노력하고 있다. 외식업체들의 이러한 경쟁력을 확보를 위한 노력을 마케팅 믹스(marketing mix)관점에서 검토해 보고자 한다.

기업은 기대하는 마케팅 목표를 달성하기 위해 이용 가능한 여러 가지 마케팅 수단들을 적절하게 조합해서 사용하게 되는 데 이를 마케팅 믹스라 한다. 이 마케팅 믹스는 4P라 불리는 상품(product), 가격(price), 유통(place), 촉진(promotion)의 네 가지 요소로 나누는 것이 일반적이다.

1. 상품정책

환대산업(hospitality industry) 중의 하나인 외식산업에서의 상품은 고객의 경험에 영향을 미치는 모든 것을 의미한다. 제공되는 음식뿐 아니라 직원과 고객과의 상호작용, 그리고 분위기까지도 포함한다. 구체적 항목들로는 음식의 종류, 맛과 품질, 레스토랑의 평판이나 이미지, 인적서비스, 실내장식과 인테리어(interior), 간판 등 외부표시물(exterior) 등이 있다.

상품을 음식과 서비스, 그리고 위 모든 항목들을 포함하는 컨셉이라는 세 가지 측면에서 구분할 수 있는데, 각각의 경쟁력을 높이기 위해 외식업체들이 진행하는 내용은 다음과 같다.

(1) 음 식

1) 신제품개발

시장에서 성공적인 성과를 얻은 제품들은 대부분 [그림 10-3]과 같은 제품수명주기(product life cycle)를 따른다. 패션산업 못지않게 유행적인 요소가 있다고 보는 외식산업의 메뉴상품 역시 이와 유사한 제품수명주기를 따르고 있다.

그림 10-3 일반적인 제품수명주기

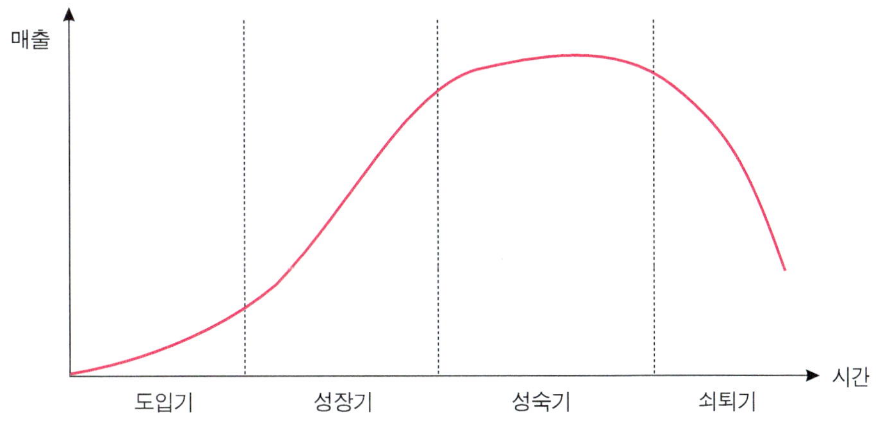

도입기나 성장기에는 신제품의 매출은 급속히 증가한다. 제품에 대한 고객인지도가 높아지면서 많은 경쟁자가 치열하게 경쟁을 벌이는 성숙기에는 매출은 정점에 다다른다. 경쟁자들도 비슷한 제품을 판매하고 고객들의 관심도 점차 줄어들 때 매출이 하락하는 쇠퇴기에 접어든다. 이런 시기가 올것을 대비해서 미리 새로운 제품을 개발하는 것이 중요하다.

새로운 상품개발 등과 같은 변화를 동반하지 않고 같은 상품으로 오래 지속된다면 고객들은 제품뿐 아니라 레스토랑의 컨셉도 진부하게 느끼면서 매력을 잃게 된다. 1992년 국내에 처음 등장한 패밀리 레스토랑은 2000년대 중반까지 최고의 전성기를 누렸다. 하지만 그 이후에 점차로 인기가 감소하였고, 2014년부터는 레스토랑 수를 줄이거나 패밀리 레스토랑사업을 접는 경우도 생겨났다. 2002년 매장 수 1위였던 아웃백스테이크하우스는 109개였던 매장 가운데 34곳을 2015년 1월 한 달 만에 정리하여 폐점하였다. T.G.I. 프라이데이도 매장 수가 최근 2년 동안 45개에서 38개로 줄였으며, 베니건스도 같은 기간 23곳에서 8곳으로 축소시켰다. 토니로마스는 2014년말 국내 사업종료를 선언했고 마르쉐와 씨즐러는 이미 2013년 국내에서는 보기 어렵게 되었다. 이는 비교적 비싼 가격을 받아 가격경쟁력도 낮았고, 지난 20년 동안 비슷한 메뉴의 음식만을 제공했기 때문에 새로운 것을 추구하는 고객들이 더 이상 방문하고자 하지 않았기 때문이라고 분석된다.

외식업은 전반적으로 여름과 겨울이 성수기이고 봄, 가을은 비수기로 여겨지는 계절성이 매우 높은 산업이다. 성수기에 많은 매출을 올리는 것이 연간 사업성과를 좌우하기 때문에 모든 외식업체들은 매번 성수기를 위해 최상의 신제품을 개발하고자 충분한 시간을 갖고 자원을 투입하고 있다. 그러나 항상 신제품을 개발할 수 없는 여건에서는 성수기 동안만이라도 일시적으로 판매하는 메뉴를 도입한다. 예를 들어, 평소에는 취급하지 않았던 메뉴이면서 여름철 한시적으로 계절대표 음식인 냉면, 막국수, 삼계탕 등을 메뉴에 추가하여 판매하는 이른바 '계절음식'이라는 한정기간 메뉴(limited time offer)를 도입하기도 한다.

2) 기존제품의 재활성화

쇠퇴기에 도달한다고 모든 제품이 소멸단계로 접어드는 것은 아니다. 마케팅 믹스의 요소들을 잘 활용하여 기존제품에 변화를 주고 다시 활성화시킨다면 기존제품이라도 재도약하는 과정으로 옮겨갈 수 있다.

예로, 몇 년 전부터 국내에서는 짬뽕에 대한 새로운 관심들이 많이 생겨났다. 짬뽕은 오래 전부터 많은 사람들이 즐겨 먹던 음식이었지만 서구음식들이 도입, 확산되면서 매출이 많이 줄어든 일종의 쇠퇴기에 속하던 음식이었다. 그러던 중 SNS를 통해 전국 각 도시의 유명한 맛있는 짬뽕이 소개되어 널리 알려졌다. 전국 5대짬뽕, 서울 3대짬뽕 등으로 소개된 곳들은 각자 독특한 레시피와 맛이 알려지면서 많은 고객이 찾는 맛집이 되었다. 이런 흐름을 타고 TV의 여러 음식관련 프로그램들이 짬뽕을 주제로 다루면서 짬뽕은 거의 전성기를 맞고 있다.

이런 분위기에 힘입어 그 이후 차별화된 요소를 가진 짬뽕 전문체인들도 많이 생겨 다양한 브랜드의 가맹레스토랑들도 나타났다. 이렇게 새로운 전환기를 맞게 된 시점에서

그림 10-4 재활성화한 제품수명주기

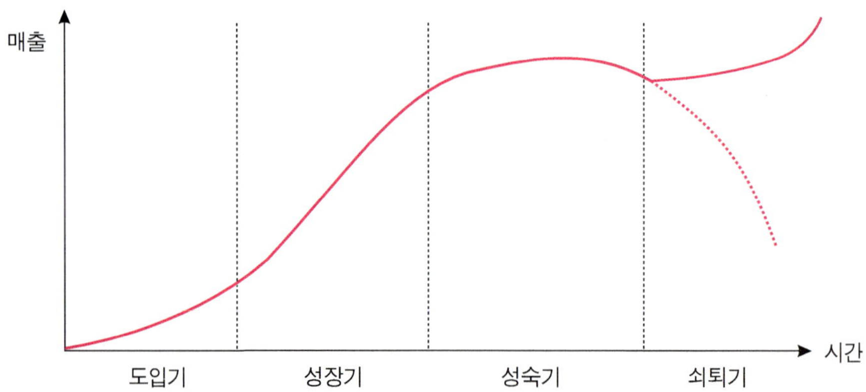

짬뽕 전문점들의 지속적인 성장을 위해서는 맛과 품질측면에서 끊임없이 관리하여 고객만족에 더욱 더 노력하고, 고나트륨함량과 같은 건강관련 문제개선을 위해서도 적극적인 관심과 노력을 기울여야 한다. [그림 10-4]는 이러한 성숙기에 접어든 기존제품을 재활성시켰을 때의 제품수명주기를 그대프로 나타낸 것이다.

(2) 서비스

모두 서비스라고 부르기는 하지만 일반적으로 온-프레미스(on-premise)와 오프-프레미스(off-premise)를 이용하는 고객들이 기대하는 서비스 내용의 우선순위는 매우 다르다.

1) 친절한 서비스

음식자체를 먹는것뿐 아니라 레스토랑에 들어와서부터 나갈때까지의 모든 경험이 고객에게 중요한 온-프레미스에서는 직원들의 고객에 대한 서비스 내용이 어떤지에 따라 그 레스토랑의 평판이 결정되며 재방문의도까지도 크게 영향을 받게 된다.

국내에서는 한끼 식사를 때우는 것이 중요했던 과거에, 일부 서양식 패밀리 레스토랑들이 시행했던, 서버가 무릎을 꿇고서 주문을 받는 모습은 찬반의견이 있긴했지만 고객을 조금이라도 위한다는 것으로서는 신선하게 보여졌다. 많은 외국체인들의 서비스 선진화 노력들이 확산되어 이제는 거의 대부분의 레스토랑에서의 서비스 수준은 무난한 편으로 평준화되고 있다.

이런 상황에서 더욱 차별화된 서비스를 개발하고 실행하는 것은 매우 큰 경쟁력을 확보하게 되는 것이다. 그러기 위해서는 우선적으로 서비스를 제공하는 직원들의 마음을 이해하는 것부터 점검해봐야 한다. 감정노동자에 속하는 레스토랑 직원들이 즐거운 마음상태가 유지되어야만 고객에게도 친절하고 따뜻한 서비스를 제공할 수 있기 때문이다. 외식업체의 발전에 중요한 요소인 차별화된 높은 수준의 서비스 제공은 직원을 어떻게 우대하는 가에 따라 좌우된다는 것을 경영자들은 명심해야 한다.

2) 신속한 서비스

오프-프레미스 중에서도 특히 배달분야에서는 신속함이라는 서비스 요소에 초점을 맞추고 있다. 빨리 배고픔을 달래고 허기를 채우고자 하는 고객욕구와 시간이 지남에 따라 음식이 식어서 맛이 없어지고, 한정된 인력으로 가능한 높은 매출을 올려야 하는 경영자의 필요 때문에 신속한 배달이 더욱 중요한 것이다.

그러나 이런 신속함만을 추구하는 배달시스템은 직원의 생명과 관련한 큰 문제를 일으킬 가능성도 매우 높다. 과거에도 국내외에서 발생한 많은 배달관련 안전사고들로 인해 피자업체에서 강조하던 '30분 보증제'가 폐지되기도 했다. 그러나 아직도 안전보다 실적을 우선하는 풍토와 신속한 배달에 대한 고객들의 강한 요구, 그리고 경영자와 운전자의 안전에 대한 낮은 의식으로 인해 치명적인 사고의 위험성이 항상 존재하고 있다.

신속함과 안전이라는 문제를 해결하기 위해서는 업체들은 배달시간을 내부의 준비시간과 외부의 운전시간으로 구분하여 관리해야 한다. 주문받은 후 음식을 제조하고 배달준비를 완료하는 시점까지의 프로세스를 점검하고 개선하여 내부 준비시간을 최대한 단축하는 데 초점을 맞춰야 한다. 그리고 한편으로는 배달직원들에게 안전교육을 더욱 강화하고 안전장비도 착용하도록 지원해야 한다. 안전사고 역시 레스토랑의 수익은 물론 평판과 사업존속여부까지도 영향을 미치는 요인임을 명심해야 한다.

사례 부산역 '삼진어묵 공방' 오픈… 고급 신제품 취급

'국민간식' 어묵 열풍을 불러 일으킨 부산의 삼진어묵(대표 박종수)이 15일 부산역 1층 역사 내에 '삼진어묵 공방'을 오픈한다.

삼진어묵 공방은 기존 베이커리 형태의 어묵 판매점에서 한층 더 진일보한 프리미엄 기프트 어묵 판매점이다.

삼진어묵 공방에서는 어묵타르트, 어묵경단, 부산어빵, 다담어묵, 문주 등 기존 어묵류와는 전혀 다른 새로운 형태의 어묵을 판매한다.

기존 삼진어묵 베이커리 매장이 튀김어묵류가 주를 이루었다면 새롭게 오픈되는 삼진어묵 공방에서는 찜기나 오븐 등으로 익힌 찐어묵, 구운어묵 위주의 고급 수제어묵으로 구성된다.

삼진어묵 공방의 신제품들은 최상급 연육, 함량 80% 이상의 고급 어묵으로 무엇보다 기름에 튀기지 않아 칼로리는 더욱 낮추어 담백하고 깔끔한 맛이 특징이다.

박종수 삼진어묵 대표는 "이번 삼진어묵 공방 오픈으로 국내 어묵 시장이 본격적인 간식용 어묵 시장을 확대하는 계기가 될 것"이라며 "그동안 밀가루 위주의 베이커리를 선택할 수 밖에 없던 소비자에게 간식용 또는 식사대용 어묵을 제공함으로 그 선택의 폭을 넓혀줄 것으로 기대한다"고 간식용 어묵의 시장 가능성을 밝혔다.

● 파이낸셜뉴스, 2015.6.14

(3) 컨 셉

어느 한 제품의 개선보다는 오히려 전반적인 컨셉을 새로이 만들거나 수정하는 방향으로 시도를 할 수 있다.

1) 새로운 컨셉

기존컨셉으로 구성된 메뉴 등 모든 마케팅 요소들이 진부하다고 판단되어 고객들의 방문이 줄어들기 시작하면 새로유 컨셉들이 시도된다. 컨셉이 성공하기 위해서는 명확한 고객층을 선정하고 니즈를 파악한 후 차별화된 요소를 개발해야 한다.

최근 국내 외식산업의 변화를 이끄는 거대한 트렌드 중 하나는 한식뷔페라 할 수 있다. 한식은 전통적으로 국내 외식시장의 가장 큰 부분을 차지해왔으나 한식뷔페라는 컨셉으로 진화한 것은 중·장년층뿐 아니라 젊은층까지도 타깃고객에 포함시키고, 합리적인 가격으로 건강친화적인 다양한 메뉴를 제공하는 등 니즈를 충분히 충족하고 있기 때문이다.

기존메뉴를 고급화하여 새로운 비즈니스 모델을 만드는 것도 새로운 컨셉으로 볼 수 있다. 이것은 일반적으로 낮은 가격의 제품을 대상으로 하는데, 김밥, 떡볶이 등의 스낵류에서 활발히 시도되고 있다. 특히 기존김밥보다 신선하고 높은 품질의 식재료를 사용하고 서구 QSR의 운영체제 등을 적용한 프리미엄 김밥이 성공하면서 프리미엄 분식시장을 이끌고 있다.

새로운 컨셉은 메뉴를 중심으로 하는 변화에만 국한되지 않는다. 새로운 시간대의 고객을 창출하는 것도 이에 속한다. 대표적인 사례가 아침메뉴다. 국내에서는 맥도날드가 수년전부터 바쁜 직장인을 대상으로 아침메뉴 시장을 공략하여 현재 전체매출의 10%이상을 차지하고 있으며 거의 모든 QSR업체들도 아침시간대의 매출확보경쟁에 뛰어들고 있다.

또한 베이커리와 커피업체들 또한 커피와 어울리는 샌드위치류를 개발하여 치열한 아침시장 경쟁을 펼치고 있다. 흥미로운 것은 미국 맥도날드가 아침메뉴를 하루종일 판매하는 테스트를 시작한 것이다. 빅맥 등의 햄버거에 질린 고객들에게 아침시간에만 잠깐 판매하는 메뉴를 하루 종일 구입할 수 있는 기회를 줌으로써 재방문을 유도한다는 것인데 이것도 새로운 컨셉의 일종으로 볼 수 있다.

아침메뉴를 하루종일 판매한다는 광고(미국 샌디에고)

사례 아워홈의 HMR 제품 예

☐[아워홈] 소고기무국 (400g)
2,900 원

☐[아워홈] 얼큰하고 시원한 대구탕(600g)
6,670 원

☐[아워홈] 얼큰하고 시원한 대구탕(400g)
4,450 원

☐[아워홈] 얼큰하고 시원한 동태탕(600g)
5,500 원

☐[아워홈] 얼큰하고 시원한 동태탕(400g)
4,500 원

☐[아워홈] 푹고은 감자탕(600g)
4,550 원

☐[아워홈] 참치김치찌

☐[아워홈] 백합조개된

☐[아워홈] 백합조개순

2) 기존컨셉의 확장

외식산업에서는 주로 레스토랑에서 판매하는 음식을 포장된 형태로 개발해서 수퍼마켓 등 유통업체에서 판매하는 시도가 활발하다. 그리고 스타벅스를 비롯한 여러 커피업체들은 캔 또는 병으로 포장된 음료를 개발해서 모든 유통채널을 통해 판매하고 있다. 또한 단체급식에서 풍부한 경험을 갖고 있는 아워홈도 여러 종류의 HMR 제품을 개발하여 해당시장을 공략하고 있다.

컨셉확장과는 다소 차이가 있지만 이미 정착된 브랜드를 새로이 개발하는 품목의 브랜드에 사용하는 브랜드 확장(brand extension)도 많이 활용되고 있다. 외식산업에서는 새로운 품목의 레스토랑을 개발하는 데 활용되고 있는데 대표적인 사례로 놀부보쌈으로 시작한 놀부 브랜드와 본죽으로 시작한 본 브랜드를 들 수 있겠다. 이외에 채선당이 업그레이드된 채선당M과 채선당PLUS를, 그리고 CJ푸드빌이 디저트 카페인 투썸플레이스의 컨셉을 가볍게 변형하여 만든 브랜드 투썸커피를 개발한 것도 그 예가 될 수 있다.

2. 가격정책

(1) 가격결정

가격을 어느 수준으로 결정하는가 하는 것은 매우 어려운 문제이다. 외식산업은 공급자와 수요자가 다수인 완전경쟁에 가까운 시장이므로 가격을 결정하기 위해서 고려해야 할 요소들이 많다. 이익 확보를 위해서는 우선 생산원가에 바탕을 둔 가격결정을 고려하는데 일반적으로 매출액 대비 원재료비가 30%정도 되도록 검토한다. 그리고 다수의 경쟁자가 존재하는 시장 안에서 동일품목을 판매하는 경쟁업체들과 동일품목을 판매하지 않더라도 고객의 타깃이 유사한 품목을 취급하는 경쟁업체들의 가격도 검토하여 가격결정에 고려하여야 한다.

경쟁이 심하기 때문에 적정한 가격대로 낮추는 것도 생각하게 된다. 이를 위해서는 고객의 경험을 저해하지 않는 범위 내에서 식재료비나 인건비, 그리고 기타 비용을 절감하는 전략이 필요하다. 예들 들면, 셀프서비스 방식을 채택하면 인건비의 부담을 낮출 수 있는데, 이 비용절감분 만큼을 가격에 반영하여 좀 더 낮은 가격을 책정할 수 있다. 그러나 낮은 가격만을 고려할 필요는 없다. 차별화된 기술과 서비스, 인테리어 등을 통해서 고객을 만족시킬 수 있다고 판단되면 최대한 이익을 얻을 수 있도록 가격을 책정하는 것도 한 가지 방법이다. 예를 들어 등급이 낮은 고기를 사용하지만 자체적으로 개발한 숙성방법을 통해 높은 등급의 고기보다 오히려 더 좋은 맛을 낼 수 있도록 가치를 부여했다면 고객들은 기꺼이 그에 대한 지불을 할 수 있을 것이다.

(2) 가격할인

가장 많이 사용되는 가격할인방법은 쿠폰이나 카드를 소지한 고객에게 정해진 할인을 제공하는 것이다. 이것은 프로모션의 일환으로 진행되는 것이기에 촉진정책에서 다루기로 한다.

그러나 중요한 것은 가격할인이 즉각적인 효과가 있는 수단이긴 하지만, 시행하기 전에는 다음과 같은 점들을 충분히 감안해서 시행여부를 결정해야 한다는 것이다.

① 가격할인으로 방문고객이 증가함으로써 추가매출(incremental sales)이 발생하고 그 결과 추가이익(incremental profit)이 발생하게 되는데, 이것은 할인으로 인해 감소된 이익을 상쇄할 정도가 되어야 한다.

② 장기적인 가격할인은 브랜드의 이미지를 저해시키고 궁극적으로는 고객을 잃을 가능성도 있다. 하지만 오랫동안 가격할인을 시행한 후 중단하는 것 역시 고객을 잃을 수가 있다.

③ 경쟁사 역시 낮아진 가격에 대응하기 위해 가격할인전략을 취할 수 있으며, 이런 식으로 시장전체가 가격할인을 하게되면 모든 외식업체들의 한꺼번에 이익이 줄어들기만 하고 아무런 효과를 거둘 수 없는 부정적인 결과만을 초래하게 된다.

이외의 가격할인방법 중 일반적인 것은 여러 단품들을 한데묶어서 전체금액 대비 10%~20% 정도 낮은 가격으로 제공하는 세트메뉴이다. 보통 이익이 높은 음료수와 같은 품목을 결합하는데, 무엇보다도 고객에게 어필하는 품목들을 선정하도록 해야 한다. 기업이익과 고객혜택을 균형있게 감안해야 하는것이 중요하다.

또한 시간대별로 차별화된 가격을 제공하는 방법도 많이 사용된다. 하루 중에서는 점심시간 대에, 일주일 중에서는 주중에 정상가격보다 낮게 책정하는 것이 예다. 대부분의 QSR들은 세트메뉴를 활용하여 점심시간에 할인된 가격으로 판매하고 있다.

3. 유통정책

유통이란 제품이나 서비스가 생산자로부터 소비자에게 이전되는 활동이나 장소를 의미한다. 외식산업에서 유통에 관한 주제는 단일 레스토랑 장소인 입지(location)에 관한 것과 레스토랑 전체 개수와 같은 유통채널(distribution channel)에 관한 두 가지가 있다. 물론 후자는 체인기업이 관심을 갖는 내용이다.

(1) 단일 레스토랑의 입지

입지(location)에 관한 중요성은 다른 소매업과 같이 외식산업에서도 아무리 강조해도 지나치지 않는다. 개인 독립레스토랑이건 체인레스토랑이건 각 레스토랑들은 입지에 의해 매출과 이익이 큰 영향을 받기 때문이다. 또한 시설, 설비 및 인테리어 등에의 투자가 크기 때문에 쉽게 이전하기 어려우므로 최초 의사결정이 중요하다.

기본적으로는 유동인구가 많은 상권(trade area)에 속하면서 가시성(visibility)과 접근성(accessibility)이 확보된 입지는 높은 경쟁우위가 있는데, QSR과 같이 충동구매의 특성이 강한 경우에는 이러한 가시성과 접근성이 더욱 중요하게 작용한다. 상권은 신도시 개발과 같은 계획된 정책이나 타깃 고객층과 연관된 산업에 의해 중장기적으로 변하므로 여러 동향들을 주의깊게 관찰하여 결정하여야 한다. 대부분의 도시에서는 상권도 항상 똑같이 머물러 있지 않고 지속적으로 변화되고 있기 때문에 이러한 변화에 대응할 수 있도록 준비하여야 한다.

(2) 유통채널 확보

체인시스템으로 운영하여 레스토랑의 수를 증가시키는 것은 매출을 증가시키면서 비용을 감소시키는 경제적인 효과를 가져다준다. 규모의 경제에 의한 비용감소효과는 식재료 공급가의 많은부분을 차지하는 물류비에서도 얻을 수 있다. 배송차량 한 대가 함께 운반하고 배달하는 레스토랑 개수가 많을수록 물류비용의 분담금은 줄어들기 때문이다.

가능한 많은 레스토랑을 개점하려고 노력하지만 경제성 등 여러 제약이 따르게 마련이다. 이런 문제를 극복하기 위한 방법 중의 하나가 기존시설을 활용하는 것이다. 예를 들어 드라이브스루의 판매방식은 국내에서 몇년전부터 맥도날드가 시작해서 여러 QSR도 활용하고 있는 방법으로 최소의 투자로 새로운 유통채널을 추가하는 효과를 얻는 것이다. 기존의 방문고객 이외에 차를 이용한 포장고객을 창출하고 있는 것이다.

쇼핑센터, 공항, 고속도로 휴게소, 극장 등에 입점하는 것은 이런 시설을 이용하는 고객들을 기본적으로 확보할 수 있으므로 외식업체로서는 이점이 크기 때문에 다소 높은 수수료를 지불하면서도 가능하면 입점하려고 노력한다. 그러나 할당되는 규모가 작아서

쇼핑센터에 입점한 피자헛 익스프레스 매장(미국)
정규매장보다 작은 규모와 간단한 메뉴

테이크아웃 커피 매장

입점이 여의치 않을 수도 있는데, 이렇게 정규 레스토랑 크기로 입점하기 부적합한 곳에는 규모를 줄인 익스프레스 레스토랑을 개발하여 오픈하기도 한다. 이런 경우 메뉴구성이나 운영체제 등을 단순화한 키오스크(kiosk)나 이동카트(cart) 형태가 많이 활용된다. 아예 처음부터 투자부담이 적은 사업모델을 개발하여 테이크아웃 형태로만 운영함으로써 짧은시간 내에 많은 유통채널을 확보하려는 기업들도 나타나고 있다.

4. 촉진정책

촉진의 기능은 소비자들의 즉각적인 구매를 유도하는 모든 활동을 말한다. 외식업에서는 광고(advertising)와 판매촉진(sales promotion)이 가장 대표적인 촉진요소다.

(1) 광 고

광고란 특정다수의 고객에게 정보를 제공하고 설득하기 위해 광고주가 기업이나 제품, 서비스 등에 관한 내용을 유료로 TV, 라디오, 신문, 잡지, 옥외시설물 등의 매체를 통해 알리는 커뮤니케이션 수단이다. 최근에는 SNS가 가장 활발히 이용되는 수단으로 각광받고 있다.

표적시장이 거의 전 연령대의 소비자인 외식업체들의 매체종류 선택은 광고비 사용규모에 따라 결정되는 것이 일반적이다. 전국적으로 체인경영을 하는 곳 중에서도 대기업들은 상대적으로 여유있는 예산을 갖고 TV나 버스, 지하철 등 옥외광고를 많이 활용하고 있는데 특히 QSR이 여기에 속한다고 할 수 있다.

예산의 한계가 있는 외식업체들은 과거에는 전단을 많이 활용하여 왔는데, 최근에는 페이스북, 트위터, 유투브 등을 이용한 SNS광고를 적극 활용하고 있다. 많은 소비자가 이용하고 있으며 저렴한 비용으로 고객 개인정보를 활용하여 1:1 마케팅을 시행할 수 있고 특히 쌍방향 커뮤니케이션까지도 가능한 것이 큰 장점이다. 미국의 경우 2014년도 SNS광고 시장규모는 전년보다 41% 증가한 153억 달러인데, 많은 대기업들이 적극 참여하면서 큰 증가를 보이고 있다.

(2) 판매촉진

판매촉진은 즉각적인 매출증대효과를 얻기위해 계획된 여러 프로그램들을 의미한다. 그 예로는 다음과 같다.

1) 쿠 폰

소지자에게 무료음식을 제공하는 쿠폰은 원재료비가 적은 음료와 같은 품목을 주로 대상으로 한다. 그러나 고객에게 의미있는 가치를 주지 못한다면 큰 효과를 기대하기 어려우므로 할인율 또는 무료품목을 결정할 때는 비용과 고객만족을 균형있게 감안해야 한다.

2) 제휴할인

통신사, 은행 등과 제휴하여 고객에게 혜택을 제공하고 이에 소요되는 비용은 제휴업체들이 분담한다. 하지만 시행하면서 정상적으로 획득한 고객정보는 대부분의 경우 통신사나 은행이 보유하고 관리하므로 외식업체들은 고객정보를 활용한 마케팅 활동에 제약을 갖는다.

모바일 마일리지앱의 예

3) 마일리지 프로그램

마일리지 프로그램은 횟수 또는 금액에 따라 고객에게 혜택을 제공하는 것이다. 전산화된 시스템을 갖추고 시행하는 외식업체는 획득한 고객정보를 추후 SNS마케팅에 광범위하게 사용할 수 있으므로 은행 등과 제휴하여 혜택을 추가하는 등 이러한 프로그램확산에 매우 적극적인 노력을 기울이고 있다.

대기업들은 스마트폰을 활용한 모바일 마일리지앱을 많이 활용하기도 하며 방문 시마다 종이쿠폰에 스탬프를 찍어주고 일정 개수가 모이면 혜택을 제공하는 프로그램은 지역 내 독립레스토랑이나 카페에서 많이 활용되고 있다.

4) 기념품 증정/판매

기념품을 증정하고자 할 때도 고객의 관심을 끌 수 있는 아이템으로 선정해야 하는데 많은 양이 아니면 한정된 예산내에서 품목을 정하는 것이 쉽지않아 시행하는 외식업체들이 그리 많지 않다. 어린이 고객을 대상으로 한 맥도날드의 해피밀은 수십 년 동안 꾸준히 시행해 오면서 하나의 아이콘으로 자리잡았다. 디즈니사와 같은 영화사에 지불하는 캐릭터 비용이 적지않지만, 여러 나라가 함께 시행하면서 장난감 단가를 크게 낮출 수 있기 때문에 지속적으로 이용되고 있다.

사례 "슈퍼마리오 때문에…" 어른들 해피밀 '사재기'

'맥도날드 해피밀 슈퍼마리오 시리즈'

맥도날드 어린이용 메뉴 해피밀이 사은품으로 끼워 파는 '슈퍼마리오' 캐릭터 장난감 덕분에 판매량이 급증했다.

맥도날드는 16일 오전 0시부터 해피밀 메뉴와 함께 슈퍼마리오 캐릭터 장난감을 판매해 서울지역 30여개 매장에서 매진됐다. 이런 추세로 판매가 계속되면 사흘만에 매진됐던 지난달 30일 1차 판매에 이어, 이번 2차 판매분도 조만간 모두 소진될 것으로 보인다.

그동안 맥도날드는 해피밀에 특정 캐릭터 장난감 종류를 4~5주 단위로 바꿔 끼워 판매했다. 그러나 이번에 판매하는 슈퍼마리오 캐릭터는 아이들보다 어른들 사이에서 인기를 모으면서 1차 판매분이 5일만에 매진됐다.

맥도날드는 당초 슈퍼마리오 캐릭터 인기를 예상하고 다른 캐릭터 보다 1.5배 많은 물량을 준비했다. 이 점을 감안하면 이 기간동안 해피밀 판매량은 8~10배 가량 늘어난 것이다. 해피밀은 어린이용 메뉴다. 끼워파는 슈퍼마리오 장난감도 사용연령이 만3세 이상의 유아용이지만, 주요 구매층은 어른들인 것으로 추정된다.

2차 판매분이 조기에 매진된 매장이 주로 사무실 밀집지역인 종로와 서울 시청, 강남 일대이기 때문이다. 슈퍼마리오 캐릭터 장난감은 인터넷 중고장터 등에서도 고가에 거래되며 조기 매진으로 구하지 못한 일부 캐릭터를 구한다는 문의 글도 올라오고 있다.

● 경향비즈앤라이프, 2014.6.16

(3) 홍 보

홍보(public relations)는 대중매체를 통한 기사나 뉴스형식으로 이루어지는 커뮤니케이션으로서 기업이 아닌 제3자에 의해 객관적인 정보형태로 전달된다. 그러므로 촉진요소 중에서 가장 신뢰성이 높다는 장점이 있다. 외식업체에서는 신제품을 출시하거나 의미있는 레스토랑을 오픈할 때 활용하는 것이 가장 일반적이다. 또한 꾸준히 진행하고 있는 기업의 사회적 책임활동을 홍보함으로써 친근한 이미지를 높이는 노력을 하고 있다.

파워블로거를 활용하여 레스토랑 방문경험을 홍보하는 것은 매우 흔한 시도이며, 최근에는 CEO와 같은 경영자나 직원을 TV와 같은 대중매체나 SNS를 통해 알림으로써 간접적으로 레스토랑 등을 홍보하는 사례들이 증가하고 있다.

사례 파리바게뜨, 프랑스 2호점 '오페라점' 열어

파리바게뜨 '오페라점' 전경

파리바게뜨는 프랑스 파리 오페라 지역에 2호 매장 '오페라(Opera)점'을 열었다고 1일 밝혔다. 2014년 7월 파리에 1호 매장 '샤틀레 점'을 세운지 약 11개월만이다.

2호점이 위치한 오페라 지역은 뮤지컬 '오페라의 유령'의 배경으로 유명한 '오페라 가르니에'가 있는 지역이다. 매장앞에 있는 작은광장에서는 매년마다 문학상 수상자를 발표하며, 인근에 영화관도 밀집해 있는 문화, 관광의 중심지다.

오페라점은 연면적 200m², 지상 2층, 22석 규모의 베이커리 카페다. 1층에는 베이커리, 2층에는 카페가 있어 빵과 함께 커피나 차를 즐길 수 있다. 매장 디자인과 인테리어는 1호점과 마찬가지로 주변 옛 건물들과 잘 어울리는 '토프(Taupe, 회갈색)' 계열 색상을 적용했다.

오페라점은 프랑스인들의 티타임 시간인 오후 4시에 이용할 수 있는 세트메뉴도 운영할 예정이다. 또한 지난달부터 파리점에서 판매중인 크림빵, 단팥빵 등의 마케팅도 강화할 예정이다.

SPC그룹 관계자는 "1호점의 폭발적인 반응에 힘입어 예정보다 빨리 2호점을 오픈하게 됐다"고 말했다.

● 경향비즈앤라이프, 2014.6.16

논의과제

01 외식산업에 영향을 미치는 경영환경들을 설명하시오.

02 1인가구 증가로 인한 외식산업의 대응방안에 대해 설명하시오.

03 공급자 문제가 외식업체에 미치는 영향을 맥도날드의 사례로 설명하시오.

04 경쟁력확보를 위한 기존제품의 재활성화 시도를 세 가지 사례로 설명하시오.

05 기존컨셉의 확장사례를 세 가지 설명하시오.

06 유통채널확보를 위한 노력들을 사례로 설명하시오.

07 판매촉진방법들을 설명하시오.

제11장 외식산업의 성과

01 성과측정

02 성과향상방안

• 학습목표

이 장을 학습한 후, 다음 내용들을 이해할 수 있어야 한다.

1. 레스토랑 성과측정 내용들을 설명할 수 있다.
2. 손익계산서의 의미와 구성을 설명할 수 있다.
3. 레스토랑 성과향상 방법을 설명할 수 있다.

GO

기업은 이익을 지속적으로 창출해야만 존속할 수 있다. 레스토랑도 이익이 있어야 리모델링이나 신제품개발에 필요한 자금을 투자하는 등 변화하는 환경에 대응할 수 있다. 그리고 직원들에게도 적정한 보상을 할 수 있고 고용도 유지할 수 있는 것이다. 무엇보다도 이익은 경영자의 사업노력과 위험감수에 대한 보상인 것이기에 사업을 이끄는 원동력이 된다. 이 장에서는 레스토랑 성과를 어떻게 관리하는지 그리고 향상방안은 무엇인지에 관해 알아본다.

01 성과측정

1. 매출과 이익

레스토랑성과는 첫째로는 매출이 어느 정도인지, 그리고 둘째로는 이익이 얼마나 되는지를 알아봄으로써 파악할 수 있다. 궁극적으로는 이익이 관심사항이지만 이익을 많이 내기 위해서는 우선 매출이 뒷받침되어야 하기 때문에 두 가지를 파악하는 것이다.

(1) 매 출

레스토랑의 성과는 우선 얼마나 판매가 일어났는가, 즉 매출이 얼마인가로 확인한다. 이 매출은 객수와 객단가라는 두 가지 요소의 곱으로 이루어진다.

매출 = 객수 × 객단가

① 객 수

레스토랑을 찾은 고객 수를 말하는데, 고객인원 수가 아닌 고객그룹 수를 말한다. 즉, POS 단말기로 처리한 거래건수(transaction count)를 의미이다.

② 객단가

거래건당 평균판매금액을 의미한다. 즉 계산서(check)마다 적힌 금액을 평균한 금액

(average check)이다. 예를 들어, 오늘 레스토랑을 찾은 고객그룹 수 즉, 객수가 100이고 한 그룹당 계산한 평균금액인 객단가가 3만원이면 오늘 매출은 300만원(=100×3만원)이 되는 것이다.

여기서 고객 한 사람당 지불한 금액이 얼마인지는 알 수 없다. 이것을 알기 위해서는 그룹당 고객이 평균 몇명씩인가를 알아야 하는데, 이런 자료를 매번 기록하는 레스토랑은 거의없지만, 이러한 데이터로 분석을 해야 하는 경우가 있으면 며칠동안만이라도 직원들이 주문을 받으면서 한 그룹당 몇 명의 고객이 포함되어 있는지 기록을 남겨 계산하기도 한다.

(2) 이 익

어떤 산업에서건 종사하는 기업의 이익은 매출에서 비용을 공제하면 계산된다.

> 이익 = 매출 − 비용

이때 비용은 재료비, 인건비, 경비의 세 가지로 크게 구분된다. 레스토랑에서 발생하는 일반적인 비용항목들은 다음과 같다.

1) 재료비

① 음식을 만들기 위해 사용되는 원료비
② 음료를 만들기 위해 사용되는 원료비
③ 포장용기 비용

2) 인건비

① 정직원 급여와 각종 수당, 보너스 등 인센티브 비용
② 파트타이머의 급여 및 각종 수당, 인센티브 비용
③ 모든 직원들 4대 보험료와 퇴직금
④ 인건비성 각종 복리후생비

3) 경 비

① 수도광열비 : 전기, 수도, 가스
② 소모품비 : 주방용품, 청소용품, 사무용품 등

③ 광고선전비 : 광고비, 판촉비
④ 외부서비스비 : 유선방송, 소독 및 방제, 콜센터, 카드수수료, 조경 등 모든 외부서비스 비용
⑤ 통신비 : 전화 및 인터넷 사용비용
⑥ 수선비 : 건물 및 인테리어와 기기장비 수선비
⑦ 건물 임대료 : 매월 지급하는 임대료
⑧ 제세공과금 및 보험료
⑨ 지급이자 : 건물 보증금 및 시설 투자비 중 외부차입금에 대한 이자
⑩ 감가상각비 : 건물 및 기기장비에 대한 월 감가상각비

모든 비용은 하나도 빠짐없이 관리해야 한다. 그러나 비용항목은 레스토랑의 규모 등에 따라 얼마나 상세하게 할 것인지를 정해야 한다. 직원수도 별로 많지않은 독립운영 레스토랑이 대기업 체인레스토랑이 POS를 결합한 정교한 시스템으로 운영하는 것처럼 복잡하게 운영할 수는 없기 때문이다.

레스토랑 운영에서 가장 중요한 것은 재료비와 인건비이므로 이 두 가지는 독립운영 레스토랑이라 하더라도 정확하게 관리하는 체제가 필요하다.

2. 손익계산서

(1) 손익계산서 의미

외국의 외식업체들은 외식비즈니스를 푼돈이라는 뜻의 '페니 비즈니스(penny business)'라 부른다. 레스토랑 사업은 한 건으로 큰 돈을 왕창 벌 수 있는 것이 아니라 적은 돈이라도 한푼 두푼 벌고 아껴서 궁극적으로는 커다란 이익을 만들어 내는 사업임을 빗대어 하는 말이다.

이를 위해 레스토랑 직원들은 어떻게 하면 매출을 많이 올릴 것인지 못지않게 어떤 비용항목에서 낭비요소는 없는지 그리고 있다면 어떻게 개선해 나갈 것인지를 늘 찾아보고 고민해야 한다. 이때 사용하는 기본적인 도구가 레스토랑 손익계산서(Profit & Loss Statement)이다. 손익계산서는 매출과 비용을 한 눈에 볼 수 있도록 만든 표이다.

일반적인 국내 레스토랑들의 경영자와 직원들의 관심은 이제까지는 매출위주였다. 매출에 대한 관심만큼 비용에 대해서 관심있게 여러 가지 분석을 활용하지 않는 것이 현실

이었다. 외국의 경영자나 매니저가 자기 레스토랑 손익계산서의 모든 수치를 외우다시피 하면서 관리하는 모습과는 매우 대조적이었다. 그러나 최근 이런 분위기는 많이 변화되고 있다. 외국계 외식업체에서 근무했던 사람들이 국내기업에 근무하거나 독립레스토랑을 운영하면서 과거에 경험한 것을 적용하여 효과를 보고있기 때문이다.

(2) 손익계산서 이해

손익계산서는 일정기간 동안 레스토랑의 수입과 지출을 표시하고 맨 밑에 이익을 표시한 도표이다. 여기서 수입은 레스토랑의 매출이고 지출은 비용을 뜻한다.

손익계산서는 많은 비용항목들을 어떤 순서로 표시하는가에 따라 여러 가지 형태가 있을 수 있는데, 대부분의 글로벌 외식업체들은 〈표 11-1〉과 같은 형태의 표준화된 손익계산서를 사용하고 있다.

본 장에서는 이것을 활용하여 설명하고자 한다. 참고로, 손익계산서에는 금액과 함께 매출액 대비 %를 함께 표시한다. 각 비용항목의 절대 금액이 가장 중요한 숫자이지만, 레스토랑은 기간 별로 매출의 변동폭이 크기 때문에 비용항목별 %는 다음과 같은 경우에 매우 유용하게 사용된다.

① 다른 기간과의 비교
② 예산과의 비교
③ 다른 레스토랑 또는 업계평균과 비교

1) 매 출

매출(Sales)은 음식과 음료로 나누어 표시되었다. 음료매출이 큰 비중을 차지하기 때문에 구분되어 이지만, 그렇지 않은 레스토랑에서는 한꺼번에 표시하여도 무방하며, 포장이나 배달 매출비중이 높은 곳에서는 다이닝과 구분해서 표시하는 것도 좋다. 즉, 관리자는 손익계산서를 통해 어떤 의미있는 분석이 가능하도록 항목을 구성하는 것이 중요하다.

어떤 경우이건, 매출은 부가가치세를 제외한 금액으로 표시한다. 고객이 지불한 금액에는 순수한 음식값인 공급가의 10%에 해당하는 부가가치세가 포함되어 있다. 그러므로 부가가치세를 제외한 매출은 다음과 같이 산출한다.

부가가치세 제외한 매출(공급가) = 총 매출액 ÷ 1.1

표 11-1 손익계산서 (Profit & Loss Statement)

레스토랑 xx점 기간 : 2015년 7월1일 ~ 7월 31일

(단위 천원)

① **매출(Sales)**		
음 식	96,300	80.2%
음 료	23,700	19.8%
매출 합계	120,000	100%
② **원재료비(Cost of Sales)**		
음식 및 폐이퍼류	36,820	30.7%
음 료	6,150	5.1%
원재료비 합계	42,970	35.8%
③ **매출총이익(Gross Profit)**	77,030	64.2%
④ **관리가능비용(Controllable Expenses)**		
인건비	34,570	28.8%
수도광열비	3,700	3.1%
소모품비	1,740	1.5%
광고선전비	1,960	1.6%
외부서비스비	920	0.8%
통신비	180	0.2%
수선비	780	0.7%
기 타	1,430	1.2%
관리가능비용 합계	51,280	42.7%
⑤ **관리가능이익(Controllable Profit)**	25,750	21.5%
⑥ **관리불가비용(Uncontrollable Costs)**		
임대료	14,300	11.9%
제세공과금 및 보험료	490	0.4%
지급이자	1,730	1.4%
감가상각비	1,810	1.5%
관리불가비용 합계	18,330	15.3%
⑦ **영업이익(Operating Profit)**	7,420	6.2%

예를 들어, 우리가 설렁탕을 먹고 지불한 8,000원 속에는 공급가인 7,273원(= 8,000 ÷ 1.1)과 부가가치세 727원(= 8,000 − 7,273)이 포함되어 있으며 레스토랑 입장에서의 매출은 7,273원인 셈이다. 부가가치세는 소비자가 국가에 내는 세금인데, 레스토랑과 같은 소매점들이 보관하다가 나중에 세무서에 대신 납부해 주는 것이다.

2) 원재료비

원재료비(Cost of Sales)도 음료매출 비중이 높은 경우에는 음식과 구분해서 표시한다. 그리고 포장용기, 포장지 등의 페이퍼(paper)류도 포함시킨다. 페이퍼 비용이 많아서 관리할 필요가 있으면 푸드(food)와 구분해서 별도로 표시하는 것이 일반적이다.

3) 매출 총이익

매출에서 원재료비를 제외한 금액을 말한다.

4) 관리가능 비용

관리가능 비용(Controllable Expenses)은 레스토랑의 점장이 레스토랑을 어떻게 관리하는가에 따라 금액이 달라질 수 있는 비용항목들을 말한다. 예를 들어 직원 인건비의 경우, 전체 금액중에서 점장이 직원들 근무스케줄을 어떻게 편성하는가에 따라 달라질 수 있는 부분이 많으므로 관리가능 비용으로 보는 것이다. 수도광열비, 소모품비 등도 마찬가지다.

5) 관리가능 이익

관리가능 이익(Controllable Profit)은 점장이 레스토랑을 어떻게 관리하는가에 따라 결정되는 이익이라는 뜻이며 매출 총이익에서 관리가능 비용을 뺀 금액이다. 이것은 임대료와 같이 각 레스토랑 여건에 따라 이미 결정된 비용과는 무관한 것이므로 점장의 성과를 측정하는 가장 기본적인 지표로 활용된다. 많은 외식업체에서는 관리가능 이익금액과 %를 근거로 점장의 인센티브 보너스 등을 산정한다.

6) 관리불가 비용

점장이 영향력을 행사할 수 없이 정해진 대로 지출되는 비용항목들이다.

7) 영업이익

레스토랑 단위의 모든 비용을 공제한 금액으로써 레스토랑 수익성을 파악하는 지표이다. 이 금액에서 소득세 등 세금을 제한것이 순이익이 되는데, 체인운영기업은 본사차원에서 세금을 납부하므로 레스토랑의 이익에는 반영하지 않는 것이 일반적이다.

손익계산서는 레스토랑의 운영상태를 한 눈에 파악할 수 있는 귀중한 자료이므로 작성과 활용이 중요하며, 다음과 같은 점을 염두에 두어야 한다.

① 기간이 마감되면 가능한 한 신속하게 작성한다. 월 손익계산서의 경우 늦어도 다음달 10일까지는 작성 완료한다.
② 전월과의 비교, 전년 동기간과의 비교, 타 레스토랑과의 비교 등을 통해 문제점을 파악한다.
③ 개선방안을 마련하여 직원들과 공유하고 실행한다.

02 성과향상방안

레스토랑을 포함한 어느 기업이건 궁극적인 성과는 이익으로 확인한다. 그러므로 이익을 극대화하는 것이 가장 중요한 과업인데 매출올리기와 비용줄이기라는 두 가지 방법을 적절히 활용한다.

1. 매출증대

매출은 객수에 객단가를 곱한 것이므로 이중 하나라도 늘어나면 매출이 증가하게 된다. 하지만 우선적으로 객수가 늘어나는 것이 보다 건강하고 바람직한 모습이다. 객수가 늘어나지 않고 객단가를 올려서만 매출이 늘어난다면 어느 순간에는 고객의 저항이 생기게 되어 객수가 감소하게 되고 그 결과 매출도 감소하게 될 위험이 생긴다.

(1) 객수증대

객수(transaction count)를 늘리는 것은 레스토랑을 처음찾는 신규고객을 늘리는 것과 기존고객의 방문횟수를 늘리는 것 모두를 포함한다. 전자는 얼마나 효과적인 마케팅 프로그램을 시행하는가에 의해 많이 결정되며, 후자는 음식맛과 직원들의 서비스가 어떤가에 의해 영향을 많이 받는다

(2) 객단가증대

음식값만 올린다면 객단가는 쉽게 올라가겠지만 경쟁업체의 가격도 고려하지 않으면 고객이탈이 발생하게 된다. 그러므로 세트메뉴를 구성하는 등 고객들에게도 혜택을 주면서 고객들의 심리적 저항을 줄이는 방법을 강구해야 한다.

어쩔 수 없이 음식값을 올려야만 한다면 그에 부합하게 서비스 등의 수준도 높여서 고객의 불만을 최소화하도록 해야 한다. 또한 권유판매를 시도하여 자연스럽게 객단가(average check)를 올리는 방법도 바람직하다.

2. 비용절감

매출은 늘어나는 부분 모두가 그대로 이익에 반영되지 않지만, 비용은 줄이는 부분만큼 레스토랑 이익에 그대로 반영된다. 예를 들어 〈표 11-1〉의 손익계산서 레스토랑인 경우 매출이 10,000원 늘었다면 최소한 원재료비가 추가로 소요되므로 증가한 매출로 인한 이익은 매출 총이익 %를 감안하여 640원 이하가 될 것이다. 그러나 수도요금을 10,000원 절감하면 이익은 10,000원 그대로 증가한다.

그러므로 레스토랑 관리자들은 성과향상을 위하여 우선적으로 비용절감을 시도할 수 있는데 주의해서 올바른 방법으로 시행해야 한다. 즉, 고객에게 제공하는 음식품질과 양, 그리고 서비스품질을 저해하지 않는 범위내에서 비용을 절감해야 한다. 그렇지 않으면 고객은 이런 변화를 알아차리고 점차 발길을 끊게되어 궁극적으로는 레스토랑 성과가 더 나빠지게 될 수 있다.

결론적으로 비용절감은 생산성향상을 통해 만들어야 한다. 레스토랑 곳곳의 운영상황을 모두 면밀히 관찰해서 각 비용항목별 낭비요소를 제거하는 것이 요점이다. 이때 예를 들면 다음과 같은 지표들을 사용하여 다른 기간 또는 타 레스토랑과 비교하면서 생산성을 파악하고 문제점을 확인할 수 있다.

① 식재료비 : 음식 한 그릇당 소요된 식재료별 원가 또는 양
② 인건비 : 직원 1인당 처리한 고객 수(FOH 경우) 또는 직원 1인당 매출액(BOH 경우)
③ 소모품 : 고객 100명당 사용한 금액 또는 수량

논 의 과 제

01 레스토랑 성과측정을 두 가지 관점에서 설명하시오.

02 매출향상방법 두 가지를 설명하시오.

03 레스토랑에서 발생하는 비용항목을 세 가지로 분류해서 설명하시오.

04 손익계산서의 구성을 설명하시오.

05 손익계산서의 관리가능 이익의 의미와 활용에 대해 설명하시오.

06 레스토랑 성과향상방법 두 가지를 설명하시오.

참 고 문 헌

국내문헌

권오정 · 길현섭(2006), 「맨주먹 서비스로 승부하라」, 예가

김경환 · 차길수(2002), 「호텔경영학」, 현학사

김경환(2013), 「호텔경영학」, 백산출판사

김병태 · 양종곤 · 이규상 · 임기평(2006), 「서비스운영론」, 대경

김성혁(2014), 「관광산업의 이해」, 백산출판사

김승욱 · 강기두(2008), 「고객관계관리(CRM) 원론」, 법문사

김영홍 · 나연숙(2010), 「고객만족경영을 위한 서비스 네비게이션」, 아카데미아

김의근 · 신동규 · 현경호 · 이철우 · 정호근 · 이상규(2013), 「외식산업경영론」, 백산출판사

김정근(2002), 「호텔경영론」, 대왕사

김종신 · 어금희 · 송현주 · 김맹진(2013), 「외식경영관리사」, 파워북

나정기(2014), 「외식산업의 이해」, 백산출판사

데니메이어 / 노혜숙 역(2006), 「Setting the Table」, 해냄

박기용(2009), 「외식산업경영학」, 대왕사

박대환 · 박동균 · 조보경 · 전우혁(2008), 「호텔객실영업론」, 백신출판사

서비스경영연구회(2012), 「스마트시대의 서비스경영」, McGraw Hill Korea

서비스경영연구회(2014), 「지속가능시대의 서비스경영」, McGraw Hill Korea

서비스경영연구회(2012), 「스마트 시대의 서비스 경영」, McGraw-Hill Korea

신강현 · 강인숙(2006), 「호텔경영학 개론」, 기문사

신경영실천팀(1995), 친절서비스는 이렇게」, 삼성전자

신재영 · 박기용 · 정청송(2001), 「호텔 · 레스토랑 식음료 서비스 관리론」, 대왕사

이순구 · 서원석(2004), 「호텔인사관리론」, 대왕사

이유재(2007), 「서비스마케팅」, 학현사

이정학(2008), 「호텔경영의 이해」, 기문사
이정학(2010), 「호텔경영의 이해」, 기문사
이정학(2006), 「서비스경영」, 기문사
자넬발로 · 클라우스 묄러/변봉룡 · 남주영 역(2010), 「불평하는 고객이 좋은 기업을 만든다」, 세종서적
전병길 · 김영훈 · 이승미(2013), 「식음료 원가관리실무」, 한올
전인수 · 배일현(2006), 「서비스 마케팅」, McGrawHill
전홍진 · 김홍일(2004), 「호텔객실실무론」, 현학사
전홍진 · 김홍일 · 손재근 · 이두찬 · 정헌정 · 채신석(2011), 「외식산업의 이해」, 신정
정규엽(2002), 「Hotel Hospitality Marketing」, 연경문화사
정영주(2007), 「고객의 가치를 높이는 서비스 기법」, 미래지식
정용주(2014), 「외식경영론」, 백산출판사
정종훈 · 한진수(2008), 「호텔 프런트 & 객실관리론」, 현학사
조셉미첼리/ 이미숙 역(2009), 「리츠칼튼 꿈에 서비스」, 비전과 리더십
조춘봉(2002), 「호텔식당경영론」, 신정
이순우(2012), 「손탁호텔」, 하늘재
이순구 · 박미선(2008), 「호텔경영의 이해」, 대왕사
이화인 · 김경환 · 차길수(2001), 「호스피탈리티산업의 이해」, 백산출판사
인하공업전문대학(2012), 「서비스실무」
원유석 · 박경호 · 김인용(2011), 「호텔경영학 총론」, 대왕사
채신석(2012) 호텔종사원의 감정노동이 감정부조화 및 행동의도에 미치는 영향, 관광학연구, 36권7호(통권103호) p237~258
최병호 · 유도재(2007), 「호텔경영의 이해」, 백산출판사
최정길(2007), 「원가관리(호텔 · 관광 · 외식사업 영업중심)」, 무역경영사
페기칼로 · 바슈다 데밍 지음 / 안미헌 역(2009), 「내고객을 10배로 늘려주는 서비스게임」, 한국경제신문
필립 코틀러 · 케빈 레인 켈러 / 윤훈현 역(2006), 「마케팅관리론」, Pearson Prentice Hall
테라다 나오코 / 정희봉 역(2013), 「호텔브랜드 이야기」, 이숲
허정봉 · 송대근(2011), 「호텔경영학의 만남」, 대왕사

호텔경영연구회(2005), 「호텔경영의 이해」, 대왕사
호텔롯데(1990), 「식음료 직무교재」

■ 국외문헌

Stutts, A.T., Wortman, J.F.(2006), *Hotel and Lodging Management*, Wiley

Barrow, C.W., Power, T. & Reynolds, D.(2012), *Introduction to Management in the Hospitality Industry(10th ed.)*, NJ: Wiley

Enz, C.A.(2010), *Hospitality Strategic management, Concept and Cases*, Wiley.

Payne-Palacio, J., Theis, M.(2005), *Introduction to Foodservice*, Pearson Pretence Hall

Barrows, C.W. & Power, T.(2009), *Introduction to Management in the Hospitality Industry*, Wiley

Hayes, D.K., Ninemeier, J.D.(2009), *Human Resources Management in the Hospitality Industry*, Wiley

Hussain, H.(2012), *Hotel Front Office Management*, Lambert Academic Publishing

Ninemeier, J.D., Kavanaugh, R.R.(2013), *Supervision in the Hospitality Industry*, American Hotel & Lodging Education Institute

Bardi, J.A.(2011), *Hotel Front Office Management*, Wiley

Walker, J.R.(2008), *The Restaurant from Concept to Operation*, Wiley

Walker J.R.(2010), *Introduction to Hospitality Management*, Pearson International Edition

Arduser, L., Brown, D.R.(2005), *The encyclopedia of Restaurant Training, Atlantic Publishing* Group, Inc

Gregoire, M.B.(2010), *Foodservice Organizations*, Pearson International Edition

O'Fallon, M.J., Rutherford, D.G.(2011), *Hotel Management and Operation*, Wiley

Sturman, M.C., Corgel, J.B., & Verma, R.(2011), *The Cornell School of Hotel Administration on Hospitality*, Wiley

Legoherel, P., Poutier, E., & Fyall, A.(2013), *Revenue Management for Hospitality and Tourism*, Goodfellow Publishers Ltd.

Kotler, P., Bowen, J.T., & Makens, J.C.(2010), *Marketing for Hospitality and Tourism*,

Pearson International Edition

Raghubalan, G. & Raghubalan, S.(2009), *Hotel Housekeeping Operations and Management*, Oxford University Press

Walker, J.R.(2009), *Introduction to Hospitality*(6th ed.), NJ: Pearson Education International

■ 기타자료

조선일보, 2014. 10. 9

파이낸셜뉴스, 2014. 11. 22

Nation' s Restaurant News http://nrn.com

www. ambatel.com
www. banyantrees.co.kr
www. conradseoul.co.kr
www. foodservice.com
www. hotelsmag.com
www. hoteljobs.com
www. hotelrating.or.kr
www. hyatt.com
www. ibhotel.com
www. ichotelsgroup.com
www. icheon.grand.hyatt.com
www. jw-marriott.co.kr
www. marriott.com
www.mcdonalds.com
www. olivegarden.com
www. orestaurant.org
www. restaurant.org
www. ritzcarlton.com
www. restaurant.org
www. seoul.hilton.co.kr
www. seoul.grand.hyatt.com
www. shilla.net
www. sodexhohousa.com
www.starbucks.com
www. starwoodhotels.com
www. tour.go.kr
www.yum.com
www. walkerhill.co.kr
www. wseoul.com
www. wttc.org

찾 아 보 기

ㅈ

ㅊ

ㅋ

ㅌ

ㅍ

ㅎ

저자소개

■정 유 경

· 연세대학교 식품영양학 학사, 석사
· 미국 University of Las Vegas Nevada(UNLV), Hospitality Administration 석사
· 미국 University of Missouri Columbia, Food Systems Management 박사
· 초록뱀 Media & Communication, CPM(수석프로젝트 매니저)
· 앰베서더 호텔그룹, Owning Company 차장
· 미국 University of Houston, Conrad Hilton College of Hotel & Restaurant Management, Fulbright Scholar & Exchange Professor
· 현) 세종대학교 호텔관광대학 외식경영학과 / 호텔외식관광프랜차이즈경영학과 교수

■장 기 룡

· 서울대학교 경영학 학사
· KAIST 경영과학과 경영공학 석사
· 세종대학교 대학원 호텔관광경영학과 호텔외식경영학 박사
· 한국맥도날드 영업 및 교육담당 매니저
· 선경유통 영업, 기획실 차장
· 세진푸드시스템 외식사업부 총괄이사
· 한국코카콜라보틀링 영업, 인사, SCM 이사
· 한국피자헛 영업본부장(전무)
· SPC그룹 파리바게뜨 국내가맹점사업 BU장(전무)
· 현) 세종대학교 호텔관광대학 호텔외식비즈니스학과 교수

■채 신 석

· 세종대학교 대학원 호텔관광경영학과 호텔관광경영학 박사
· 경복대, 남서울대, 동서울대학 겸임교수 역임
· 청운대학교 호텔경영 · 컨벤션학과 교수 및 학부장 역임
· 청운대학교 입학부처장 역임
· 18년간 서울시내 특1급 호텔 근무 및 프로젝트 참여(쉐라톤 워커힐 호텔 근무, 그랜드 인터컨티넨탈 호텔 식음료부 지배인, 코엑스 인터컨티넨탈호텔 식음료부 지배인, JW 메리어트 호텔 서울 식음료부 과장, 소피텔 엠배서더 호텔 식음료 총괄부장)
· 현) 지식경제부 와인강사
· 현) 서울대학교 경력개발과정 및 사회교육원 외래교수
· 현) 인하공업전문대학 호텔경영과 교수

호스피탈리티 산업의 이해

2016년 6월 30일 1판 1쇄 인쇄
2016년 7월 5일 1판 1쇄 발행

저 자 정유경 · 장기룡 · 채신석
발행인 류재식 · 류재원
발행처 도서출판 북 넷

서울시 용산구 효창동 5-3 대신빌딩 2층
등 록 2007. 11. 1 / 제203-90-00857
전 화 (02) 395-2341
팩 스 (02) 395-2303

정가 20,000원

ISBN 979-11-86947-07-4 (93320) e-mail : book2341@naver.com